El secreto
de
Carlo Acutis

POR QUÉ MI HIJO ES CONSIDERADO UN SANTO

ANTONIA SALZANO ACUTIS
con PAOLO RODARI

El secreto
de
Carlo Acutis

POR QUÉ MI HIJO ES CONSIDERADO UN SANTO

SAN PABLO

10.ª edición

Título original: *Il segreto di mio figlio. Perché Carlo Acutis è considerato un santo*
por Antonia Salzano Acutis con Paolo Rodari
Traducido por Juan Antonio Carrera Páramo, SSP
Fotografía de portada cedida por cortesía de la familia

© SAN PABLO 2022 (Protasio Gómez, 11-15. 28027 Madrid)
Tel. 917 425 113 - Fax 917 425 723
E-mail: secretaria.edit@sanpablo.es - www.sanpablo.es
© Mondadori Libri S.p.A., Milán 2021

Publicado por Mondadori Libri bajo el sello Piemme
Derechos de autor negociados a través de Ute Körner Literary Agent

Distribución: SAN PABLO. División Comercial
Resina, 1. 28021 Madrid
Tel. 917 987 375 - Fax 915 052 050
E-mail: ventas@sanpablo.es
ISBN: 978-84-285-6688-9
Depósito legal: M. 20.844-2022
Impreso en Artes Gráficas Gar.Vi. 28970 Humanes (Madrid)
Printed in Spain. Impreso en España

Dedico este libro a mi hijo Carlo, para que se cumpla su sueño de que toda la Iglesia universal, bajo la guía maternal de María santísima, viva cada vez con mayor fervor y convicción estas palabras: «La eucaristía nos enseña que la Iglesia y el futuro de los hombres están ligados a Cristo, la única roca verdaderamente duradera, y no a ninguna otra realidad. Por eso la victoria de Cristo es el pueblo cristiano que cree, celebra y vive el misterio eucarístico» (*Lineamenta* de la XI Asamblea general del Sínodo de los Obispos, 2005).

1

«No salgo vivo de aquí, has de prepararte»

Septiembre de 2006. Después de pasar unas semanas, primero en Santa Margherita Ligure y después en Asís, donde íbamos unos meses al año, llegamos al final de nuestras vacaciones. Antes de marcharnos, mi hijo Carlo, como todos los años, fue a la tumba de san Francisco para encomendarse a él y pedir su protección para el nuevo curso escolar. Estaba disgustado porque no lo dejaban entrar. Habían cerrado la basílica temprano, pero él seguía rezando desde fuera. Milán nos recibió con su habitual hervidero. Las calles ya estaban llenas de gente, atareada con mil ocupaciones. Yendo de un lado a otro. El trabajo diario no había tardado en reanudarse tras el intervalo de agosto.

A Carlo le encantaba empezar de nuevo. Tenía quince años. Y, como siempre, vivió los primeros días de septiembre sin especial nostalgia por el final del verano, sino más bien con una gran expectativa. Quería volver a ver a sus amigos, a sus compañeros de escuela, a sus profesores. Quería volver a ponerse en marcha. Estaba expectante; esta era una de las palabras que mejor lo describían, la actitud de quien sabe que cada instante tiene algo que ofrecer, puede ser un acontecimiento.

Al entrar a la casa encontramos entre la correspondencia un libro que nos había enviado un amigo editor, dedicado a los jóvenes santos. Carlo quería leerlo de inmediato. Tomándolo en sus manos me dijo: «Me encantaría hacer una exposición dedicada a estas figuras».

Las exposiciones eran una de sus pasiones. Había organizado varias; una en particular, muy apreciada en todo el mundo, estaba dedicada a los milagros eucarísticos. Las diseñaba a ordenador y luego dejaba que siguieran su curso; muchas de ellas se las pedían incluso de lugares lejos de Milán, de lugares de todo el mundo. Crear exposiciones era una de las maneras que tenía de satisfacer su gran anhelo de anunciar a todos la Buena Noticia. Lo animaba un deseo incontenible de sacar a la luz continuamente la belleza de los contenidos de la fe cristiana, de promover el bien en todas las circunstancias de la vida, de permanecer siempre fiel a ese proyecto único e irrepetible que Dios desde la eternidad ha pensado para cada uno de nosotros. No es de extrañar que «Todos nacen originales, pero muchos mueren como fotocopias» sea una de sus frases más conocidas.

Ese libro lo impactó particularmente. En él se narraban historias de heroísmo, vidas de jóvenes truncadas a temprana edad pero al mismo tiempo entregadas. Lo que más destacaba era la fe de estos jóvenes, su confianza, aun en las dificultades, en que siempre había algo bueno en el fondo, en que Dios, a pesar de permitir el sufrimiento y las contradicciones, nos ama infinitamente y nunca nos abandona. La vida les había dado muchas veces problemas y sufrimientos, pero en sus corazones supieron permanecer felices y encontrar caminos de luz.

Este mensaje fascinaba a Carlo. Se identificaba con él. Recuerdo, entre otras cosas, que en esos días había querido estar especialmente cerca de una de sus compañeras de escuela que había enfermado. Sus padres estaban muy preocupados porque al principio no sabían qué le ocurría. Sospechaban que podía ser leucemia. Carlo la había llamado a menudo durante el verano. Le dijo que se encomendara al Señor y al mismo tiempo que estuviera tranquila. Afortunadamente, la enfermedad resultó ser una simple mononucleosis. «El Señor todavía te quiere aquí», comentó bromeando por teléfono con ella.

Tampoco mi hijo se sentía particularmente bien durante esas semanas. Tenía pequeños dolores en los huesos. Unos pequeños moretones en las piernas. Pero no era nada que nos hiciera sospechar algo grave. Hacía mucho deporte y pensábamos que las molestias venían de ahí. Además, él solía restar importancia a las cosas. Así que no nos preocupamos demasiado.

La escuela comenzó a mediados de septiembre. Fueron días que recuerdo como particularmente brillantes. Milán estaba todavía en pleno verano, el otoño no parecía querer llegar. Las tardes eran soleadas, nos encantaba dar largos paseos por el parque Sempione. Comenzamos el año escolar con una sensación de alegría. Mis sentimientos, en particular, eran de alegría y serenidad. Habría podido pensar que podía pasarme cualquier cosa, o que podía pasarnos cualquier cosa, pero jamás imaginé que podía ocurrir lo que ocurrió, aquella tempestad, inesperada y violenta, que vino para golpear nuestra vida, para arrollarnos como una repentina tormenta de verano. Algo insólito.

El último día de escuela de Carlo fue el 30 de septiembre, un sábado. Cuando salió jamás imaginé que no volvería más. Y sin embargo, así fue. Cursaba el bachillerato clásico en el Instituto León XIII, dirigido por los padres jesuitas. Llegó de la escuela particularmente cansado. Había tenido una hora de educación física y el profesor le había hecho dar algunas vueltas corriendo alrededor del gran campo de fútbol. Pensábamos que ese era el motivo de su cansancio. Aun así, por la tarde se encontró con fuerzas para salir conmigo a sacar a pasear a Briciola, Stellina, Chiara y Poldo, nuestros queridos cuatro perros.

A la mañana siguiente, junto con mi esposo y mi madre, decidimos salir a comer. Sugirieron un restaurante cerca de Venegono, la ciudad donde estudian los futuros sacerdotes de la diócesis de Milán. Cuando Carlo bajó a la cocina a desayunar, noté que tenía una pequeña mancha roja en el ojo derecho, dentro de la parte blanca. Quizá había cogido frío. Una vez más, no me preocupé demasiado.

Antes de partir para Venegono fuimos a misa. Al final de la celebración, Carlo quiso recitar con nosotros la *Súplica a la Virgen de Pompeya*. Era una oración de la que era particularmente devoto. Ya conocíamos bien a nuestro hijo. Desde temprana edad vivió una estrecha relación con la Virgen María. Solía hablar con frecuencia de ello. Él siempre rezaba a la Virgen, y nos invitaba a que también nosotros lo hiciéramos. Y siempre accedíamos. Mi esposo y yo llevábamos varios años acercándonos a la fe. La habíamos descubierto gracias a Carlo. Fue él quien nos acercó al Señor. Antes de que esto sucediera, yo solo había ido a misa tres veces en mi vida: el día de mi bautismo, el día de mi primera comunión y el día de mi boda. Mi esposo, que, al contrario que yo, tenía padres más practicantes, asistía a la Iglesia de vez en cuando. No es que estuviéramos en contra de la fe. Simplemente nos habíamos acostumbrado a vivir sin ella. Éramos como muchas personas a nuestro alrededor: llenábamos nuestros días con muchas actividades, pero sin saber realmente su sentido, su significado. Séneca resume bien este modo de configurar la existencia: «Gran parte de nuestra existencia transcurre o bien mediocremente vivida, o directamente no vivida, o de tal manera vivida que ni siquiera merece llamarse vida»[1].

En este sentido, la llegada de Carlo a nuestra vida fue como una profecía, una invitación a mirar hacia otro lado, a ser diferentes, a profundizar.

Después de misa subimos al coche. Llegamos a Venegono, y allí comimos al aire libre. Briciola, Stellina, Chiara y Poldo también estaban con nosotros. Después del almuerzo dimos un paseo por los bosques de los alrededores y recogimos algunas castañas, hasta

---

[1] L. A. SÉNECA, *Cartas a Lucilio* I, 1, 1, Cátedra, Madrid 2018. (N. de la E.).

llenar una bolsa. Un poco de la luz del sol se filtraba a
través de las ramas de los árboles, haciendo que todo
el ambiente fuera casi como de cuento de hadas. Los
perros iban sueltos, y paseaban despreocupados de un
lado a otro entre los arbustos. De vez en cuando, Carlo
lanzaba ramas para que fueran a buscarlas. Se le veía
sonriente y feliz. Tengo un hermoso recuerdo de ese
día. La luz y la serenidad son los sentimientos que más
me vienen a la mente. De vuelta a casa, ya por la tarde, Carlo empezó a tener fiebre. Le subió hasta los 38
grados. Le di un paracetamol. Y decidí que no iría a la
escuela al día siguiente.

Lunes, 2 de octubre. Llamé a la pediatra y le pregunté si podía venir a visitar a Carlo. Llegó de inmediato y
solo observó que su garganta estaba un poco roja. Nos
recetó un antibiótico simple y se marchó. Yo seguía sin
estar preocupada. Además, me habían dicho que la
mitad de la clase tenía gripe. E imaginé que era eso lo
que le pasaba a Carlo también.

Mi hijo pasó el resto del día tranquilo. Rezó conmigo
el rosario, como me pedía muchas veces. Era algo natural para él interrumpir las actividades del día para orar.
Su relación con Dios era continua, incesante, todo lo
hacía pensando en el Señor, encomendándose a Él. Las
oraciones eran una ayuda, decía, para recobrar energías y retomar las ocupaciones diarias con más fuerza y
serenidad. Hizo sus deberes y trabajó un poco en el ordenador para sus exposiciones. Seguía con fiebre, pero
se mantenía activo y atento.

Como tenía fiebre, fuimos a su habitación para hacerle compañía mientras cenaba. De repente, pronunció esta frase: «Ofrezco mis sufrimientos por el Papa, por la Iglesia, para no ir al purgatorio e ir directo al cielo».

En ese momento pensamos que se estaba burlando de nosotros. Carlo siempre había sido alegre y divertido. Pensamos que estaba de broma y no le dimos especial importancia a estas palabras, que parecía haber pronunciado deliberadamente para hacernos sonreír un poco. La fiebre no le bajaba, pero tampoco empeoró. Carlo había tenido episodios de dolor de garganta otras veces, desde que era pequeño. Y siempre le había llevado al menos una semana, si no más, recuperarse por completo. Esta es también la razón por la que continuamos sin preocuparnos.

Miércoles, 4 de octubre. El sitio web que Carlo había creado durante el verano para ayudar al voluntariado jesuita a favor de los más pequeños y necesitados iba a ser presentado a todo el colegio. Le pidieron a Carlo que lo hiciera, porque estaba familiarizado con los ordenadores y con los programas informáticos complejos, y también porque, al ser joven, pensaron que, con su participación, los otros chicos lo seguirían con más gusto, y dedicarían, igual que él, su tiempo libre a favor de los demás. Los jesuitas me dijeron que cuando se realizaron las reuniones de la comisión de voluntariado, compuesta por algunos padres del colegio, todos quedaron muy impresionados por la viveza de la exposición de mi hijo, por la pasión que lo animaba y por su creatividad. Las madres quedaron literalmente fascinadas por la forma de proceder de Carlo y por su capacidad de liderazgo, por su estilo tan amable y a la vez vivo y eficaz.

Carlo ya estaba invirtiendo gran parte de su energía en aquellos que lo necesitaban. Lo hacía a diario, tanto en los horarios establecidos como cuando las circunstancias se lo permitían. Para él eran acciones naturales, indiscutibles. Le gustaba mucho el ejemplo de los santos que se habían dedicado a los últimos. Había transcrito unas frases de la madre Teresa de Calcuta que tanto le gustaban: «Muchos hablan de los pobres, pero pocos hablan con los pobres... No busques a Jesús en tierras lejanas: Él no está allí. Está cerca de ti. ¡Él está contigo!... Si tienes ojos para ver, encontrarás Calcuta por todo el mundo. Las calles de Calcuta llevan a la puerta de cada hombre. Sé que tal vez quisieras hacer un viaje a Calcuta, pero es más fácil amar a la gente que está lejos. No siempre es fácil amar a las personas que viven a nuestro lado».

Decidieron presentar la web del voluntariado aunque no estuviera Carlo. A primera hora de la tarde lo llamaron y le dijeron que le había gustado a todo el mundo. La presentación había sido un éxito. Carlo estaba radiante y se sentía halagado. Hacer cosas por los demás y hacerlas bien era motivo de alegría para él.

Salí y compré unos dulces de chocolate para la fiesta de San Francisco. Era algo que hacía todos los años. A Carlo le gustaban mucho. Ese día comió varios y de buena gana. Todavía estaba un poco cansado, pero, como siempre, sonreía y trataba de hacernos entender que todo estaba bien.

Jueves, 5 de octubre. Mi hijo amaneció con las parótidas un poco hinchadas. Llamé al médico de nuevo. Vino a verlo otra vez y dijo que probablemente tenía paperas. Nos aconsejó que siguiéramos con el mismo tratamiento que estábamos aplicándole, y así lo hicimos.

Pero al día siguiente nos llevamos otra sorpresa. Carlo presentó hematuria. Entonces la pediatra nos hizo tomar una muestra de orina para analizarla en un laboratorio clínico cerca de nuestra casa. El diagnóstico fue reconfortante: realmente parecía que no había nada grave.

Cuando mi hijo tenía dolor de garganta y le subía la temperatura, a menudo sufría episodios de terrores nocturnos, una perturbación no patológica del sueño bastante común en niños y adolescentes, que provoca parasomnias y pesadillas. Por eso yo prefería pasar las noches con él cuando estaba enfermo. Dormía en un colchón en el suelo junto a su cama. Recuerdo que la noche entre el 3 y el 4 de octubre soñé que estaba dentro de una iglesia. Estaba presente san Francisco de Asís. Arriba, en el techo, vi el rostro de mi hijo, de gran tamaño. San Francisco lo miró y me dijo que Carlo sería muy importante en la Iglesia. Y en ese momento me desperté.

No pude quitarme ese sueño de la cabeza en toda la mañana. Creí que era una pequeña profecía diciéndome que mi hijo sería sacerdote. Porque él había compartido conmigo varias veces este deseo suyo. Y me convencí de que el sueño estaba relacionado con eso.

La noche siguiente volví a acostarme a su lado. Antes de dormirme, recé un rosario. Cuando estaba a punto de dormirme escuché una voz que claramente me decía estas palabras: «Carlo se está muriendo».

Pensé que no era una voz que fuera a hacer ningún bien. Que era un mal pensamiento y que no debía consentirlo. Así que no le di ninguna importancia.

Sábado, 7 de octubre. Carlo se despertó temprano. Quería ir al baño, pero descubrió que no podía moverse. No podía levantarse de la cama. No tenía fuerzas. Sufría de una grave forma de astenia. Me llamó pidiéndome ayuda. Con mucho esfuerzo, junto con mi esposo, logramos llevarlo al baño.

Estábamos muy alarmados. Decidimos llamar al antiguo pediatra de nuestro hijo, un conocido profesor de Milán que ahora estaba jubilado y en quien confiábamos plenamente. Nos dijo que lleváramos a Carlo de inmediato a la clínica De Marchi, donde él había ejercido como especialista durante muchos años. Fue muy amable con nosotros. Antes de llegar a la clínica, alertó a los médicos. Y, en particular, advirtió al médico especialista en hematología pediátrica: tenía que investigar de inmediato y tratar de entender qué estaba pasando.

Fue un desafío llevar a Carlo al hospital. Rajesh, nuestro sirviente, se había tomado el día libre. Así que entre mi esposo y yo sentamos a nuestro hijo en la silla con ruedas de su escritorio y así pudimos llevarlo hasta

el ascensor y luego meterlo en el coche. Recuerdo que
Milán estaba acordonada por la maratón que se iba a
celebrar al día siguiente. De todos modos, con muchas
peripecias conseguimos llegar a la clínica. En la entrada, dos enfermeras se acercaron corriendo y llevaron
a Carlo dentro. Inmediatamente nos hicieron sentir
cariño y consuelo. Fueron muy amables con él y con
nosotros.

En el umbral de la clínica mis pensamientos se arre-
molinaron. Inmediatamente pensé que ya había estado allí, cuando el antiguo pediatra de Carlo lo había
vacunado contra la hepatitis B. Era 1996. La clínica
me había impresionado porque estaba especializaba en
enfermedades oncológicas infantiles. El profesor me dijo
que las madres que tenían niños enfermos recibían también el apoyo de voluntarios externos que se ofrecían
para brindarles consuelo. Estos voluntarios participaban
en cursos de formación denominados Grupos Balint, así
llamados por el nombre de su creador, Michael Balint,
quien había creado un método de trabajo destinado
principalmente a médicos, pero que en esa clínica habían extendido también a voluntarios externos. El trabajo, en esencia, consistía en ayudar psicológicamente a
los padres de los niños enfermos y también a los propios
niños, estando cerca de ellos, estando presentes y tratando de apoyarlos en su sufrimiento. Recuerdo que el
profesor me dijo que si quería podía unirme al grupo.
Cuando me lo dijo noté un sentimiento muy fuerte de
angustia y también de miedo. El pensamiento de esos
niños enfermos y sus madres me perturbó profunda-

mente. No me sentía preparada para tal compromiso. Además, como yo era particularmente hipocondríaca, la sola idea me aterrorizaba. También en parte porque, tal como soy, me habría puesto enseguida en el lugar de esas madres y creo que habría sufrido demasiado. Echando ahora la vista atrás, creo sinceramente que, a través de esa propuesta, el Señor, de alguna manera, quería prepararme para la enfermedad de mi hijo. Porque creo que de vez en cuando Dios nos permite tener experiencias que son como un ensayo de lo que luego tendremos que vivir también nosotros. Como bien subrayaba san Juan Pablo II, debemos recordar siempre que «el futuro empieza hoy, no mañana». Son las pruebas de cosas que solo Él conoce; solo Él sabe su desarrollo y su desenlace. La vida es un gran misterio. A veces nos llegan señales del cielo. Hoy digo que las palabras del profesor fueron como una primera advertencia: este es el dolor que también tú pasarás.

Ese pensamiento no fue el único de aquella mañana. Mientras las dos enfermeras llevaban a Carlo a la clínica, instintivamente me giré para mirar al otro lado de la calle. Me fijé en la iglesia de los padres barnabitas, donde se guardan las reliquias de san Alejandro Sauli. Conocía bien esa iglesia, pero esa mañana me sentí atraída por ella. Algo me dijo: date la vuelta, mira para allá. Inmediatamente entendí por qué. San Alejandro Sauli se convirtió accidentalmente en el compañero de vida de Carlo ese año. Cada 31 de diciembre en Milán es costumbre hacer «la pesca del santo». Se dice que el santo que sale acompañará de manera especial durante todo el año a la persona que lo «pescó». Por eso estamos invitados a conocer su historia, a hacer de él nuestro amigo. Carlo siempre había «pescado» a la Sagrada Familia, a Jesús o a la Virgen. Nos burlábamos de él por esto: le decíamos que tenía enchufe. Pero ese año le tocó san Alejandro Sauli, obispo barnabita, que vivió en 1500, patrón de los jóvenes, cuya fiesta cae el 11 de octubre, día que quedará para siempre grabado en la historia de mi Carlo. Me llamó la atención que esa iglesia estuviera justo en frente de De Marchi. Instintivamente lo encomendé a san Alejandro y entré en la clínica.

Como si fuera hoy, me vienen a la mente las palabras que nos dijo el médico de cabecera poco después de los primeros análisis: «Carlo sufre, sin lugar a dudas, una leucemia tipo M3 o leucemia promielocítica».

El especialista nos explicó, con aire serio y sin demasiadas palabras, que es una enfermedad silenciosa, que no se manifiesta hasta el último momento, de repente, sin signos precursores, y que no es hereditaria. Es una patología que provoca una proliferación muy rápida de células cancerosas. Básicamente, hace que no funcionen bien las células sanguíneas. Nos dijo que Carlo tenía que ser hospitalizado de inmediato para aplicarle diferentes tratamientos para tratar de salvarlo. A Carlo se lo comunicaron también. No le ocultaron nada.

Cuando el especialista nos dejó solos, Carlo logró mantener la calma. Recuerdo que nos dedicó una gran sonrisa y nos dijo: «El Señor me ha dado un toque de atención».

Me impresionó mucho su actitud, su capacidad de mirar toda situación con positividad y serenidad siempre y en cualquier caso. Todavía hoy esa brillante sonrisa que nos regaló vuelve a mi mente. Era comparable a cuando alguien, al entrar en una habitación a oscuras, de repente enciende la luz. Todo se ilumina y toma color. Esto es lo que hizo él. Iluminó nuestra hora más oscura, el impacto de las noticias impactantes. No desperdició palabras de preocupación. No dejó que la ansiedad o la angustia lo vencieran. Reaccionó confiando en el Señor. Y en esta entrega decidió sonreír. Además de la sonrisa, me llamó la atención su compostura. Creo que tenía claro que la situación era desesperada, pero se entregó confiado en los brazos de Aquel que venció a la muerte. A veces se me ocurre pensar en esos momentos, y me pregunto cuáles fueron los verdaderos sentimientos de mi hijo en esas situaciones, pero la única respuesta que puedo darme es que «solo Cristo sabe lo que hay dentro del hombre». Solo él «sabe», como dijo el papa Juan Pablo II con ocasión del discurso inaugural de su pontificado.

Después de todo, su serenidad fue uno de los rasgos distintivos que siempre acompañaron su corta vida. Sabía contagiar a todos su alegría y su gozo. Era capaz, incluso en los momentos más oscuros, de infundir tranquilidad y paz y calentar los corazones. Transmitía serenidad, calma, compostura. «La alegría que vive en el interior silencioso está muy arraigada. Es hermana de la seriedad; donde está uno, también está el otro», escribió Romano Guardini.

Carlo siempre fue optimista. Y aun cuando todo parecía desmoronarse, nunca perdió la esperanza ni se resignó. Como escribió el teólogo luterano Dietrich Bonhoeffer en una carta mientras, poco antes de su muerte, estaba preso en los campos de concentración de Flossenbürg: «Nadie debe despreciar el optimismo entendido como voluntad de futuro, aunque conduzca al error cien veces. Es la salud de la vida, que no debe ser contagiada por los que están enfermos». Un concepto que en otras circunstancias y con otras palabras también Juan Pablo II expresó bien: «No os abandonéis a la desesperación. Somos el pueblo de la Pascua, y Aleluya es nuestro canto».

Pasados unos minutos llevaron a Carlo a cuidados intensivos. Le pusieron en la cabeza una escafandra para suministrarle oxígeno y dar asistencia a la respiración. Le molestaba mucho. Le impedía moverse. No podía expectorar bien. El CPAP es el término técnico de este salvavidas, que hemos visto con frecuencia en las salas de cuidados intensivos durante esta terrible pandemia de la Covid-19 que azota al mundo desde 2020. Carlo me confió que este aparato era una verdadera tortura para él, pero que había ofrecido su sufrimiento por la conversión de los pecadores. Observando a toda esa gente hospitalizada con el CPAP por la pandemia, muchas veces mis pensamientos han retornado al 2006, el año de la muerte de Carlo, y he constatado que las profundas heridas causadas por esos terribles días de pasión todavía no se han cerrado.

Me permitieron quedarme con él en cuidados intensivos solo hasta la una de la mañana. Luego Carlo tenía que quedarse solo. Antes de irme, quiso que rezáramos juntos el rosario. Casi no podía hablar, pero quería hacerlo. Fueron momentos terribles para mí. Las palabras del libro de Job resonaban en mi interior sin que yo pudiera hacer nada para evitarlo: «El Señor me lo dio, el Señor me lo quitó; bendito sea el nombre del Señor. A pesar de todo esto, Job no pecó ni protestó contra Dios» (Job 1,21-22). El Señor estaba permitiendo esto. Una parte de mí quería bendecir, aceptar; mientras que otra se desgarraba al ver a mi único hijo sufrir en una cama de hospital sin poder hacer nada.

Fue en esos momentos cuando sentí surgir dentro de mí el deseo de hacer mi ofrenda a Jesús, independientemente de si el curso de la enfermedad de Carlo iba a ser positivo o no, decidí ofrecer mi profundo sufrimiento para que hubiera un amor cada vez mayor por el sacramento de la eucaristía en el pueblo de Dios. La eucaristía fue el gran amor de Carlo. Y, en consecuencia, se convirtió también en el mío. Junto a él, oré y ofrecí, también para que quienes no habían podido conocer el amor de Jesucristo pudieran experimentarlo al menos una vez en la vida. De modo especial pedí esta gracia para el querido y amigo pueblo judío.

Desde niña tuve la oportunidad de relacionarme con varias personas de la fe judía, muchas de las cuales fueron mis compañeras de juegos en Roma, donde nací. Vivía en un edificio en el centro en cuyo último piso vivía una familia judía con la que mis padres habían entablado amistad y, en consecuencia, también yo. Conocí a toda su comunidad.

Muchos de ellos eran parientes del rabino principal. Asistí a sus fiestas. También a menudo nos íbamos de vacaciones juntos. Irónicamente, conocía las costumbres judías mejor que las católicas. Siempre me llamó la atención que los niños no pudieran comer carne de cerdo, y eran muy estrictos en seguir todas las prescripciones que su religión imponía. Su atención a las reglas y preceptos fue para mí un gran testimonio de fe.

En Londres, cuando era estudiante, vino a vivir conmigo una chica judía. Era de Bruselas. La conocía porque yo era amiga de un chico belga que había sido su novio durante un tiempo. Habían vivido juntos, pero luego se separaron. La chica había tenido que dejar la casa y no sabía adónde ir. No disponía de muchos medios económicos. Recuerdo que estaba muy desmoralizada. Apenada por su situación, le propuse venir a vivir conmigo. Nació entre nosotras una gran amistad. Fue ella quien me enseñó a hablar francés mientras yo correspondía enseñándole italiano. Gracias a ella tuve la oportunidad de entrar en contacto con la comunidad judía inglesa que vivía en la capital. Una vez más aprendí a apreciarlos y amarlos, a quererlos bien. Por eso aquella noche, en cuidados intensivos, mientras mi Carlo sufría, quise ofrecer ese dolor también por ellos. Fue un gesto natural para mí y creo que dio sus frutos. Los caminos de Dios son a menudo misteriosos. No vemos inmediatamente el resultado de nuestras acciones y de nuestras oraciones. Pero las respuestas del cielo antes o después llegan, como y cuando Dios quiere.

Esa noche no fue fácil para mí. Junto a mi madre, me quedé en la clínica para estar presente por si surgía alguna eventualidad. Y convencí a mi esposo para que se fuera a casa a descansar. Al amanecer fui a misa en la iglesia de los padres barnabitas para pedir la intercesión del Señor y de la santísima Virgen. También recé a san Alejandro Sauli. Aprendí gracias a Carlo que los santos siempre están presentes. Y que, si les pedimos, nos ayudan desde el cielo. Y así lo hice.

Al poco tiempo volví a la clínica. Me permitieron ver a Carlo. Todavía tenía puesta su escafandra, y seguía con dolores. Me confió que no había podido dormir mucho.

Poco después, el médico que le estaba tratando decidió pedir su traslado al hospital San Gerardo de Monza, donde hay un departamento especializado en ese tipo de leucemia. No se nos permitió subir a la ambulancia con él. Pero el médico, muy amable, lo acompañó personalmente.

Mi marido, mi madre y yo los seguimos en nuestro coche. En Monza le hicieron inmediatamente un lavado de sangre especial que tenía como objetivo separar los glóbulos rojos de los glóbulos blancos. La operación tuvo éxito.

Nos llevaron al departamento de hematología pediátrica, al undécimo piso, donde nos habían reservado la habitación once. La planta me impresionó mucho. Disponía de una cocina moderna y otras instalaciones. Me dijeron que solían utilizarlas muchas madres que vivían allí con sus hijos, algunas incluso desde hacía años. Mentalmente, yo también me preparé para esta eventualidad. Era consciente de que la gravedad de la enfermedad podría obligar a Carlo a permanecer allí durante mucho tiempo.

Algunas enfermeras lo acostaron en su nueva cama. Una señora que se ocupaba de la educación a distancia vino a visitarnos. Nos tranquilizó hablándonos de la posibilidad de que continuase sus estudios y nos dijo que, aunque estuviera allí, Carlo no perdería el año escolar.

Carlo pidió que se le administrara el sacramento de la unción de enfermos. Las enfermeras llamaron al sacerdote capellán del hospital, que también nos trajo la comunión. Volvió varias veces durante los días siguientes.

Mi hijo tenía mucha fe en este sacramento y no era la primera vez que lo recibía. Escribió al respecto en su ordenador: «Unción de enfermos (y ya no como antes, extremaunción). El momento de morir, sentido o no, siempre está cargado de preocupaciones para la mayoría de las personas, ya que uno nunca está lo suficientemente purificado y preparado. Por eso hay un sacramento especial para el gran momento. Y hay oraciones especiales. Pero es necesario que participen también los fieles para estar preparados de antemano. Es decir, la vida debe ser una preparación continua para la muerte. No debemos caer en tentaciones aterradoras de humillación y terror, pero tampoco debemos ser superficiales y negligentes. Necesitamos un término medio, ante todo un gran equilibrio alimentado por la confianza y orientado hacia los puertos de la esperanza. Esta segunda virtud teologal debe ser faro y fortaleza. Las Escrituras nos advierten que "damos cuenta de la esperanza que hay en nosotros". Cuando la vida se ve golpeada por la enfermedad o cuando se ha pronunciado la sentencia definitiva de muerte, es necesario adaptarse voluntariamente a la voluntad divina. Además, es un excelente ejercicio para estar íntimamente unidos a la pasión y muerte del Señor. Pablo dijo que cumplió en él lo que faltaba a la pasión de Cristo: esto quiere decir que el cuerpo místico sube siempre al calvario y está constantemente sometido a opresiones, persecuciones y luchas. Como la creación, la pasión también continúa. Y continúa hasta el fin del mundo, de este mundo. Esta unión repercute en beneficio de todo el pueblo de Dios, estableciéndose así un círculo continuo de dolores, de ofrendas y de mártires. Este círculo se une al de las misas que se celebran en todo el mundo: cinco cada minuto. "Jesús, mi comunión". "Jesús, me uno a las misas del mundo". Son dos jaculatorias muy fructíferas. ¡Mucho! ¿Por qué no aprovecharlas?».

Recuerdo que las enfermeras y los médicos estaban muy asombrados por la manera en que Carlo afrontaba esos momentos. No se quejaba nunca. Sus piernas y brazos estaban hinchados y con acumulación de líquido. Y a pesar de ello, cuando lo llevaron de vuelta a la habitación desde el departamento de radiología, donde le habían hecho una tomografía computarizada, intentó ir él solo de la camilla a la cama. No quería que las enfermeras se tomaran demasiadas molestias. Era típico de Carlo: incluso en las situaciones más críticas pensaba en los demás en lugar de en sí mismo. Lo recuerdo moviéndose nerviosamente para llegar solo a su cama. Estaba nervioso, pero al mismo tiempo sonreía. A menudo repetía: «No yo, sino Dios». Y otra vez: «No el amor propio, sino la gloria de Dios»; «la tristeza es la mirada vuelta hacia uno mismo, la alegría es la mirada vuelta hacia Dios».

¡Cómo debieron resonar en él estas palabras en aquellos momentos!

Las enfermeras con el médico de turno le volvieron a poner la escafandra de respiración en la cabeza. Le preguntaron cómo se sentía y con una sonrisa respondió: «Estoy bien, hay gente que sufre mucho más que yo».

Se miraron incrédulas: sabían el sufrimiento que causa ese tipo de leucemia. Sin embargo, fue así como les respondió. Otros pacientes habían pasado por esos dolores. Son insoportables. No dan tregua. Carlo parecía tener una fuerza que no era suya. Recuerdo haber pensado que solo su fuerte y estrecho vínculo con el Señor podía hacerle afrontar esa situación de esa manera. No se trataba del heroísmo de un momento. Era el fruto de una relación que se cultivaba día tras día, hora tras hora. Sin saberlo, Carlo había construido la posibilidad de vivir ese momento de esa manera. La había construido con años vividos bajo la luz de Dios; bajo su protección, a la que siempre se había encomendado;

bajo su luz, siempre deseada. Muchos de quienes le vieron en esas horas en el hospital me dijeron luego que en esos momentos tuvieron la impresión de estar ante un chico especial, que gracias a una fuerza que parecía sobrehumana lograba no mostrar su sufrimiento, no molestar, sonreír en la tormenta. Durante la enfermedad que casi lo había paralizado en la cama a los dieciocho años, el filósofo cristiano Blaise Pascal escribió esta hermosa oración, que describe bien la actitud con la que Carlo enfrentó su «calvario»: «Concededme la gracia de no comportarme como pagano en el estado al que vuestra Justicia me ha reducido. Haced pues, Señor, que tal como soy me conforme a vuestra voluntad; y que estando enfermo como estoy, os glorifique en mis sufrimientos. Sin ellos no puedo llegar a la gloria; y Vos mismo, Salvador mío, no habéis querido llegar sino por ellos. Es por las señales de vuestros padecimientos por lo que habéis sido reconocido por vuestros discípulos; y es por los sufrimientos por lo que reconocéis también a los que son vuestros discípulos. Reconocedme, pues, por vuestro discípulo en los males que afronto en mi cuerpo y en mi espíritu por las ofensas que he cometido [...] Entrad en mi corazón y en mi alma, para sufrir mis padecimientos, y para continuar completando en mí lo que os faltó sufrir en vuestra Pasión» (*Plegaria por el buen uso de las enfermedades*).

Llegó la tarde y cayó la noche. Desde las ventanas del hospital de Monza miré hacia el oeste, hacia Milán. Y comencé a preguntarme si alguna vez volvería allí con mi Carlo.

Mi madre y yo pudimos dormir con él. Alrededor de la una de la mañana me quedé dormida durante unos minutos. Carlo, en cambio, no podía dormir por el intenso dolor. Sin embargo, escuché que pedía a las enfermeras de turno que no hicieran mucho ruido para que yo pudiera descansar. Pero me desperté poco después.

A pesar de tantas dudas y miedos, todavía esperaba que pudiera lograrlo, me aferraba a cualquier cosa con la esperanza de que sanara. Aunque las palabras que él mismo me dijo en cuanto llegamos a Monza volvieron a mi mente. Lo recuerdo bien, acaban de sacarlo de la ambulancia. Me miró y me dijo: «No salgo vivo de aquí, has de prepararte».

Me dijo estas palabras porque no quería que llegara desprevenida al momento de su muerte. También me explicó que desde el cielo me enviaría muchas señales y que por eso tenía que estar tranquila. Sabía muy bien lo apegada que estaba a él y el miedo que me embargaba. Creo que su mayor preocupación era dejarme aquí en la tierra sin él. Quería advertirme de alguna manera, para asegurarse de que su muerte no llegara a mi vida sin avisar.

Momentos antes de entrar en coma me dijo que le dolía un poco la cabeza. No me alarmé especialmente, porque, aunque lo seguía viendo sufrir, estaba sereno.

Pero unos momentos después cerró los ojos sonriendo.

Ya no volvería a abrirlos nunca más.

Parecía haberse quedado dormido, pero había entrado en coma debido a una hemorragia cerebral que a las pocas horas lo llevó a la muerte.

Los médicos declararon su muerte clínica cuando su cerebro cesó toda actividad vital. Eran las 17:45 horas del 11 de octubre de 2006. El 11 de octubre, el mismo día que había muerto su santo del año, Alessandro Sauli.

Me sentí como si estuviera viviendo en un sueño. Era algo que parecía imposible. ¡Carlo se había ido en tan poco tiempo! ¿Cómo era posible? Había poco que decir. Carlo ya no estaba allí. Esa era la realidad. El Señor se lo había llevado cuando apenas tenía quince años, en el apogeo de su juventud, en el apogeo de su energía, cuando estaba lleno de alegría y belleza.

Queríamos donar sus órganos. Pero no se nos permitió hacerlo, porque nos dijeron que habían quedado dañados por la leucemia.

Los médicos decidieron no desconectar el respirador hasta que el corazón dejara de latir por sí solo. Por eso nos mandaron a casa y nos dijeron que nos llamarían en cuanto el corazón dejara de latir.

Nos dieron la noticia de que el corazón de Carlo había dejado de latir a las 6:45 horas del 12 de octubre, víspera de la última aparición de Nuestra Señora en Fátima. Aquello no fue para nosotros una casualidad. Habíamos perdido a nuestro único hijo; era un dolor inmenso, pero nos sostenía la esperanza de que no había desaparecido definitivamente de nuestras vidas, sino que, al contrario, estaría más cerca de nosotros que antes y que nos esperaba para una vida mejor.

Recuerdo que, hasta el último momento, tanto mi marido como yo estábamos convencidos de que el Señor nos concedería el milagro de sanarlo. Pero no fue así. Después de que nos llamaron, inmediatamente fuimos a la habitación de mi madre, que vivía con nosotros, y le comunicamos que el corazón de Carlo había dejado de latir.

Recuerdo que mi madre me dijo que ya lo sabía, porque había escuchado la voz de Carlo decirle: «Abuela, estoy en el cielo entre los ángeles; estoy muy feliz, no llores porque siempre estaré cerca de ti».

El 12 de octubre por la mañana, el hospital de Monza nos dio permiso para llevar el cuerpo de nuestro hijo a casa. Una ordenanza del municipio de Milán lo autorizaba. Fue la funeraria la que fue directamente al hospital, preparó a Carlo y lo transportó a casa.

Transformamos su habitación en una capilla ardiente. Su cuerpo fue colocado sobre la cama. Lo miré y no parecía real: Carlo ya no estaba.

La noticia de su muerte se hizo eco en el barrio, en su escuela, entre conocidos y amigos, e incluso en las redes sociales del momento, como Messenger. Todos sus compañeros de clase, desde infantil hasta secundaria, estaban informados. El mensaje había llegado a muchas personas. Nadie podía creerlo, estaban todos consternados.

En casa, de inmediato comenzó un continuo ir y venir de gente. Muchos querían venir a verlo, a despedirse. Lo que más me quedó grabado en la memoria de aquellos tristes días fue el hecho de que, más que ser consolada, era yo quien debía consolar a los demás. Estoy agradecida por esto. Porque verme obligada a tener que consolar a los que lloraban, a decirles que tuvieran fe, porque nuestro Carlo ya vivía en la otra vida, fue lo que me ayudó a no desmoronarme; lo que permitió que mi profundo dolor se aliviara un poco. Misteriosamente, el hecho de que yo consolara a otros logró de verdad, de alguna manera, exorcizar este mismo dolor transformándolo en un don. Como nos recuerda la Sagrada Escritura, nuestro Dios «nos consuela en cualquier tribulación nuestra hasta el punto de poder consolar nosotros a los demás en cualquier lucha, mediante el consuelo con que nosotros mismos somos consolados por Dios» (2Cor 1,4).

Me escuchaba hablar y era como si me maravillara. Había perdido a mi único hijo y aun así logré transmitir esperanza y paz a todos aquellos que querían visitar su cuerpo antes del funeral.

Entre las muchas personas que vinieron a visitarnos también estaba un amigo de Carlo que vestía una sudadera amarilla. Ese color me recordó un episodio de mi infancia, cuando aún no había cruzado la línea que nos separa de la edad adulta. Repasé aquellos años durante unos instantes y, sin darme cuenta, recordé que cuando era adolescente ya había aceptado la muerte una vez en mi vida, aunque lo había borrado de mi memoria.

Era el verano de 1979. Como de costumbre, había ido a visitar a mi abuela, que estaba de vacaciones en

Anzio, un pueblo costero cerca de Roma. Aquí me reuní con muchos de mis amigos romanos, que también estaban de vacaciones en ese lugar. Uno de ellos me había presentado a una amiga suya, mayor que yo. Se llamaba Claudia. Era muy guapa, tenía un corazón bondadoso, era sencilla y sincera. Recuerdo que, cuando llovía, se ponía siempre chanclas amarillas y un impermeable del mismo color, como el de la sudadera del amigo de Carlo. Acababa de cumplir catorce años. A pesar de la diferencia de edad, inmediatamente entablamos una profunda amistad. Las vacaciones estaban a punto de terminar y, antes de que me fuera a Roma, Claudia insistió en llevarme a ver un mercado donde podías encontrar muchas cosas interesantes. Acordamos que nos encontraríamos temprano a la mañana siguiente para ir juntas. Quedamos en vernos frente a su casa, una pequeña villa cerca del mar. Al día siguiente llegué a la cita junto con otra amiga. Pasaron unos minutos, pero Claudia no llegaba. Llamamos por el intercomunicador. Y entonces vimos a un hombre taciturno salir de la casa. Caminaba deprisa y casi nos lleva por delante. Nunca olvidaré esa figura, tan oscura, algo lúgubre. Era un hombre calvo, de mediana edad, que casi daba miedo. Al vernos paradas frente a la casa, un poco entumecidas por la brisa cortante de la mañana, se detuvo y mirándonos gravemente, nos dijo: «Claudia ha muerto». E inmediatamente salió corriendo sin darnos más explicaciones. Nunca supe quién era. Quizás era el médico que había ido a constatar la muerte, pero todavía hoy sigo ignorando su identidad.

Pensamos que se estaba burlando de nosotras. No se nos habría ocurrido en lo más mínimo que nos había dicho la verdad. Nos quedamos esperando. Los minutos pasaban y se hacía tarde. Pensamos que Claudia se había olvidado de nosotras o que todavía no se había despertado.

Decidimos llamar de nuevo al intercomunicador. Alguien nos abrió la puerta sin preguntar quiénes éramos. Rápidamente subimos las escaleras hasta el primer piso, donde vivía Claudia. Cuando entramos a la casa encontramos a las hermanas mayores de Claudia, que nos recibieron junto con su madre. Todas estaban sumidas en un profundo llanto.

El padre de la muchacha no estaba allí, estaba en Roma por motivos de trabajo. Claudia había muerto de una hemorragia cerebral mientras dormía. La madre nos dijo que el día anterior se había quejado porque tenía un poco de dolor de cabeza. Por la noche, este dolor de cabeza la llevó a la muerte. Yo la escuchaba como paralizada por el dolor. Cualquier palabra que traté de decir murió en mi boca. Los versos del gran poeta Henrich Heine en una de sus canciones poéticas que forman parte de la colección *Heimkehr* («El crepúsculo de los dioses»: «Götterdämmerung») describen bien los sentimientos interiores que sentí en esos momentos oscuros donde me parecía que «un gran grito resonaba en todo el universo». Era el mismo grito que está bien representado en lo que se considera el manifiesto de la angustia existencial, *El grito,* del pintor Munch, imagen icónica de todas las tragedias del mundo. Cada vez que veo ese cuadro pienso en Claudia y en el desconcierto que sentí ese día.

Si lo pensamos bien, existe un término para describir a un hijo o una hija que pierde a sus padres (huérfanos), o a una esposa o esposo que pierde a su cónyuge (viudos), pero no existe ningún término para describir a un padre que pierde un hijo o una hija, porque es lo más antinatural y terrible que puede pasar en la vida de una persona.

Lo repito, sentí una inmensa desolación, mezclada con desconcierto. ¡Cuánta angustia y turbación! De repente toda alegría se había ido para dar paso a un profundo dolor que golpeó mi corazón y lo llenó de una inmensa tristeza. Estaba pensando en el padre de Claudia, que no se había enterado de nada, y me sentía mal ante la idea de que su madre aún tuviera que decírselo.

En un instante, misteriosamente, algo cambió en mí. Traté de hacerme fuerte y, como pude, comencé a consolar a su madre y a sus hermanas diciéndoles cosas hermosas. Mientras hablaba, me sorprendieron mis palabras. ¿De dónde venían? ¿Cómo era posible que fuera yo capaz de pronunciarlas? Dije que Claudia estaba ya en el cielo, entre los ángeles y la santísima Virgen. Me sorprendieron esas frases que salieron de mi boca casi inconscientemente. No sé si en ese momento estaba realmente convencida de lo que estaba diciendo o si solo fingí creerlo, pero de todos modos el resultado fue bueno, de alguna manera pude darles un poco de alivio.

Aquel chico de la sudadera amarilla había desatado en mí, sin saberlo, una serie de recuerdos que, aunque dolorosos, me ayudaron a reflexionar y me convencieron de que el Señor me había preparado una vez más para afrontar la muerte prematura de mi hijo. Es en las situaciones más trágicas de la vida donde sale lo mejor de nosotros mismos y aprendemos a conocernos de verdad a nosotros mismos. Estaba asombrada de mí misma, de la fuerza que hallé dentro de mí, de poder consolar a otros, como años antes, por la muerte de Carlo.

Pero esta vez, a diferencia de aquel otro año, las palabras que pronuncié para consolar a todas las personas que vinieron a saludar a mi hijo fueron el resultado de un camino de fe emprendido durante años, un camino iniciado sobre todo gracias a Carlo, un camino que me había abierto la mente a nuevas perspectivas siempre iluminadas por la palabra de Dios. El color amarillo de la sudadera de aquel chico me recordaba a Claudia. No pude evitar comparar a Carlo con ella. Ambos habían sido atrapados por la muerte a una edad que marca el límite entre el mundo de la infancia y el de la adolescencia. Ambos tenían aún rasgos inmaduros, apenas insinuados, semejantes a un paisaje matutino, cubiertos por una fina capa de escarcha que vela sus colores pero al mismo tiempo deja entrever todo su potencial.

Toda esa gente que había ido a casa para despedirse a Carlo me recordó a los amigos que habían venido a despedirse a Claudia por última vez, y que también en los días siguientes siguieron reuniéndose para exorcizar esa muerte prematura, para intentar llenar esa ansia de eternidad que tarde o temprano atormenta a todo aquel que se ve obligado a enfrentarse a la muerte. De algún modo su presencia revivió a Claudia, tal como bien describe el poeta Foscolo en sus *Sepulcros,* quien sustituye con una «correspondencia de amoroso afecto» la fe y la esperanza en el más allá y en un Dios creador y providente.

El encuentro con Claudia representó mi primer y verdadero encuentro con la «hermana muerte», por usar las mismas palabras de san Francisco. Esa muerte inesperada había conmocionado y marcado a muchas personas, incluyéndome a mí. Entonces pude dar consuelo, aunque aún carecía de una verdadera vida de fe. Los días posteriores a la muerte de Carlo me redescubrí, muy a mi pesar, en el mismo papel, pero cuanto más hablaba de ello, más sentía dentro de mí la verdad de lo que decía. Sentí a Carlo cerca, sentí que mientras consolaba a los demás no mentía: Carlo estaba realmente presente, aunque de manera misteriosa, a mi lado. Carlo estaba vivo, pero en otra dimensión. La esperanza ya no era una palabra vacía: la esperanza cristiana es la fe de las cosas que se esperan y no se ven. Era una certeza, algo a lo que aferrarse porque era real, porque era la verdad.

Antes de que naciera Carlo yo no tenía fe. Nací y viví durante años en el centro de Roma. Mis padres me enviaron a estudiar a un instituto de monjas. Aprendí algunas nociones de catecismo, algunas oraciones. Pero nada más.

Crecí como tantos adolescentes, sin una verdadera
vida espiritual, sin alimentar la relación con Dios, que,
hoy puedo decirlo, es, en mi opinión, algo decisivo para
todos, porque está en juego la realización personal. En
este sentido, estoy muy de acuerdo con lo que escribe
el teólogo Carlo Molari, autor de *El camino espiritual del
cristiano*. Según él, sin vida interior, sin vida espiritual, no
hay realización. Porque solo si dejamos espacio a la dimensión espiritual podremos adquirir nuestra verdadera
identidad, «o, como decía Jesús, nuestros nombres están
escritos en los cielos». Molari escribe: «Ahora nos estamos convirtiendo. ¿Y cómo nos convertimos? A través
de las experiencias que tenemos, los pensamientos que
desarrollamos, los deseos que alimentamos, las relaciones
que vivimos. El ejercicio interior sirve para aprender a
vivir las relaciones, a vivir las experiencias, a afrontar las
situaciones, a llevar adelante la enfermedad, a atravesar
la alegría, a soportar el sufrimiento para desarrollar nuestra dimensión espiritual y crecer como hijos de Dios». Y
sigue diciendo: «Esta es la razón del trabajo espiritual,
que no es solo para nosotros, sino para el mundo entero,
para la comunidad en la que estamos, para la ciudad
en la que vivimos, para nuestra generación, para todos
aquellos con los que nos encontramos, aquellos con
quienes mantenemos una relación, para difundir a nuestro alrededor aquellas dinámicas necesarias para la vida
de la humanidad, para que no se destruya a sí misma,
sino que pueda alcanzar nuevas formas de fraternidad».
Solamente con la llegada de Carlo a mi vida las
cosas cambiaron. Desde temprana edad vivió ligado

constantemente a Jesús. Esta relación suya me hizo ser diferente. Gracias a su presencia en casa, gracias a su fe, también yo tuve que ir haciéndome preguntas, volviendo profundamente hacia mí misma para identificar qué había que cambiar en mí.

Mientras Carlo yacía muerto en su cama, encontré fuerzas para llevar a los que entraban en la casa un poco de esta nueva vida, un poco de esta «Eternidad» que nos rodea sin abandonarnos jamás. Descubrí que tenía una luz dentro de mí, una luz que no era la mía; descubrí que decir ciertas cosas ya no era un esfuerzo.

Muchas de las personas que llegaban a casa estaban alejadas de toda práctica de fe. Eran no creyentes, para quienes la muerte no es más que un salto a la nada. Vi su angustia, vi su desesperación. Lo entendía y lo comprendía porque había sido también la mía.

Antes de que naciera Carlo yo también era como ellos. Fui prisionera de lo relativo, que es limitación, clausura, frontera, vínculo, esclavitud. Vivía en total ignorancia, como aquellos esclavos descritos por el filósofo Platón en su mito de la caverna. Desde niños habían estado encadenados dentro de una cueva, sin poder moverse, y creían que las sombras de las cosas externas que se reflejaban en la pared frente a ellos eran la única realidad. Un día uno de los presos logró liberarse de las cadenas y descubrir la verdad. Esto fue un poco lo que me sucedió a mí.

Carlo me mostró cómo vivir mi tiempo en clave de eternidad. Me enseñó a mirar siempre hacia el cielo, hacia lo absoluto, a no inclinarme hacia lo contingente, hacia lo relativo. Día tras día me ayudó a ver la salida de lo relativo y convertirme en una peregrina del absoluto que es sinónimo de sobrenatural, pero también de gracia. Y la Gracia no es otra cosa que el reconocimiento de este absoluto. Santo Tomás de Aquino escribió: «La vuelta del hombre a Dios no puede tener lugar sin que Dios lo vuelva hacia sí mismo. Ahora bien, prepararse para recibir la gracia significa precisamente volverse a Dios: como para quien no mira al sol, prepararse para recibir la luz significa volver la mirada hacia ella. Por tanto, es evidente que el hombre no puede prepararse para recibir la luz de la gracia sino mediante la ayuda gratuita de Dios que lo mueve interiormente». La gracia es el absoluto reencontrado. Gracia y absoluto están unidos por el calvario, por la muerte en la cruz de Jesús, acto supremo de amor y misericordia de Dios por los hombres. De aquí surgieron los sacramentos a través de los cuales recibimos la gracia.

Carlo me enseñó todas estas cosas, me ayudó a configurar mi vida cotidiana en clave de búsqueda del absoluto, de la gracia. Para ello es necesario recurrir continuamente a los Sacramentos, ir a buscarlos, frecuentarlos. Vivir apuntando al absoluto nos ayuda a ver cada momento de nuestra vida lleno de una luz inimaginable. Y así todo se transforma, todo se vuelve nuevo, la luz habita nuestra vida aun en días anónimos u oscuros. Todo está orientado hacia la eternidad.

Gracias a Carlo no llegué desprevenida a su muerte. A pesar del inmenso dolor, había hecho mía, había interiorizado, la certeza de que en el plan original de

Dios no estaba prevista la muerte, porque la muerte es una realidad negativa, mientras que Dios es el Dios de la vida y de las cosas buenas. Sin embargo, es un hecho, existe, pero se puede atravesar junto a Él. Como escribía Carlo, «el hombre habría pasado de esta existencia, limitada por el tiempo y el espacio, a la eternidad sin ninguna perturbación». Y de nuevo, prosigue Carlo en uno de sus textos más intensos: «Entonces vino el pecado, y con el pecado la muerte. La muerte, que antes no existía, ha comenzado a existir y se ha convertido en la realidad más terrible en la vida de cada persona. Todo ser racional reconoce que la muerte es *el problema.* El hombre lucha por buscar siempre nuevas respuestas sobre lo que hay o no después de la muerte. En efecto, la muerte representa para cada uno de nosotros la realidad más verdadera, más auténtica, más genuina frente a la cual no cabe duda alguna. La vida cotidiana se convierte entonces en una lucha a muerte contra la muerte, que, aunque imposible de evitar, tratamos por todos los medios de alejar y de hacer lo menos cruel posible. Día tras día luchamos con la muerte, cuando no contra la muerte. La muerte es, para la mayoría de las personas, el salto a la inexistencia, el abismo del después, del nunca, del siempre, del riesgo, del peligro, de la incertidumbre, del ocaso, del final, del rendimiento de cuentas, del balance. Todo esto nos oscurece, produce tinieblas. Las personas son la humanidad. Estos son los miles de millones que se suceden en el planeta. Son las existencias las que van y vienen. Son las vidas que se encienden y se apagan. Un hervidero de seres que miran, que oyen, que tocan, que huelen, que imaginan, que sueñan, que desean, que comprenden, que quieren, que eligen. Esa masa interminable, ese todo increíble, esa multitud que va y viene, que lucha, que quiere y no quiere, que toma y deja, que ama y odia, que sirve y manda, que ayuda y abandona, que... toda esa gente está, finalmente, iluminada. Iluminada, es decir, liberada, salvada, redimida. ¿De quién? De Cristo. Y también Jesús, que pudo elegir cualquier forma de redimir a la humanidad porque Él es infinito, eligió morir. Entonces, lo que para nosotros fue el momento más dramático, la duda más auténtica, el tormento más angustioso, se convirtió, por medio de Jesús, en elemento de redención y de liberación. Jesús eligió la muerte, la muerte más terrible, más cruel, más diabólica. En ese trozo de madera cruzada, golpeado de la manera más infame posible. Al elegir la muerte, Jesús nos devolvió la vida. El grano de trigo es Aquel que muriendo ha dado mucho fruto. Con Jesús, la muerte se hizo luz, fuerza, esperanza y confianza. Gracias a Jesús todo se volcó y la muerte se convirtió en vida. No es absurdo, es solo un cambio producido por su muerte, porque el grano de trigo cayó, murió y dio mucho fruto. La muerte es universal, así como el pecado es universal. Se desconoce la hora de la muerte. El alma separada toma el lugar de la persona y ejercita sus facultades intelectuales. Desde el punto de vista espiritual es necesario conocerse y sentir que no somos permanentes en esta tierra».

Cuando le preguntaban a Carlo sobre el futuro, porque le preguntaban un poco sobre todo, él respondía:

«Aquí abajo no tenemos una ciudad estable, pero estamos buscando el futuro. Hemos sido elevados al estado sobrenatural, redimidos y salvados, estamos destinados a la eternidad con Dios, a la coeternidad. La muerte no debe ser considerada como el final de todo. No es el final. No es la desaparición. No es la conclusión fatal. Es el paso a la coeternidad. Si nos consideramos de paso por este mundo, si actuamos como si todo fuera transitorio, si aspiramos a las cosas de arriba, si ponemos todo en el más allá, si basamos nuestra existencia en el más allá, entonces todo está ordenado, todo está en equilibrio, todo tiene sentido, todo adopta la forma de la esperanza. Si pensamos en el mañana como un futuro cercano para estar preparados, entonces entra en juego una de las virtudes más importantes de la espiritualidad: la esperanza. La esperanza, no como inspiración poética, no como implicación sentimental, y ni siquiera como escape que permite la falta de compromiso, sino por lo que es: la segunda virtud teologal infundida como semilla en el bautismo».

En definitiva, Carlo nos invitaba a prestar atención a toda una serie de conceptos artificiales y convencionales que muchas veces nos confunden. Repetía: «Solemos decir: aquí, allá, arriba, abajo. Esta forma de pensar y de decir lo relativiza todo. Estando inmersos en el aquí, relacionamos todo con el tiempo y el espacio que nos esclaviza, nos condiciona. Si nos liberamos de estas cadenas, si nos acostumbramos a las cosas de allá arriba, si nos familiarizamos con el más allá, si consideramos la vida como un trampolín hacia la Eternidad, entonces la muerte se convierte en un pasaje, se convierte en una puerta, se convierte en un medio. Pierde su dramatismo. Pierde su fatalidad. Pierde su carácter definitivo. Exorcizar la muerte. Espiritualizar la muerte. Santificar la muerte. Aquí reside el secreto. Entonces no pensaremos, no hablaremos, no mediremos en términos de absoluto, de no retorno, de destrucción total, sino que veremos la muerte en la luz, en el calor y en la victoria de Cristo resucitado».

El día del funeral fue un día hermoso, todavía muy caluroso, casi bochornoso. El sol brillaba en el cielo, a nuestro alrededor solo había luz. Era octubre, pero se sentía como agosto.

Los de la funeraria vinieron a preparar a mi hijo y a colocarlo en el ataúd. No quería quedarme allí con ellos. Preferí salir de la habitación y esperar fuera.

El tiempo parecía que no pasaba. Después la puerta de la habitación se abrió de nuevo y vi el ataúd con Carlo dentro.

Es muy difícil expresar los sentimientos que sentí. Sentía casi como si estuviera viviendo en un sueño. ¡Pensar que tan solo unos días antes todo era tan diferente! En esa habitación Carlo bromeaba, jugaba, reía, vivía su vida adolescente. Y ahora estaba ahí, yaciendo sin vida en una caja de madera.

Las risas de Carlo todavía resonaban en mi mente junto con su voz, siempre alegre. El destino había cambiado en unas pocas horas, el tiempo de dos semanas, el rumbo de mi vida y la vida de toda mi familia. De una cosa podía estar segura: lo que había sido ayer ya no era hoy.

Siempre había vivido a la expectativa de que algo tenía que suceder, de un futuro mejor que debería haber llegado. Siempre había apreciado poco el presente. Siempre he sido una gran soñadora.

El presente se me quedaba pequeño, porque me obligaba a tomar conciencia y a afrontar esas contradicciones y decepciones que tarde o temprano trastornan la vida de todos. Había aprendido a refugiarme en el futuro, en el sueño del futuro que, siendo desconocido para todos, dejaba espacio libre a mi imaginación. El pasado me interesaba poco, pues ya había pasado. Vivía proyectada en una época donde todo se hacía posible gracias a la imaginación.

Esencialmente, hasta la muerte de Carlo, nunca había sido capaz de percibir la bondad del momento presente. Siempre había dejado pasar los minutos y después los días y los años, consolándome con el pensamiento de que seguramente «mañana las cosas irían mejor».

Al ver salir el ataúd de la habitación con mi hijo dentro, me vinieron a la mente sus palabras cuando me dijo: «Mamá, aunque todos nuestros sueños se derrumben, nunca se debe permitir que el cinismo se apodere de nuestros corazones y los endurezca. De cada decepción siempre nacerá un nuevo sueño».

Carlo era así. Este era su constante optimismo. Eran sus sentimientos, los que siempre nos había dado.

Desde la muerte de Carlo he aprendido que, aunque todo parezca indicar lo contrario, nunca debemos dejar de soñar con pasión y de ser optimistas. El mañana no está en nuestras manos, pero tampoco lo está en las manos de un «destino» caprichoso que decide el desenlace de nuestra existencia. Es precisamente pensar que está en las manos de Dios lo que nos da la esperanza de que la muerte será vencida definitivamente, porque no es más que la puerta a la Eternidad.

Si se tiene esta conciencia, se aprende a vivir con pasión la realidad que nos rodea, somos capaces de ampliar los propios horizontes y emprender el vuelo hacia dimensiones que de otro modo serían inalcanzables. Lo real, si está iluminado por la fe, nos permite rasgar los velos que van más allá de nuestro pequeño mundo, hecho de apariencias y contradicciones, y abrirnos al infinito.

La repentina muerte de Carlo me obligó a cambiar mi perspectiva, sobre todo a reevaluar y apreciar el presente, junto con esas pequeñas cosas que normalmente pasamos por alto, porque estamos acostumbrados a ellas.

La falta de Carlo me hizo comprender mejor a los ancianos que viven de recuerdos. En este sentido, me viene a la mente un pasaje de *Por el camino de Swann* –la primera parte de un ciclo de siete de la célebre novela *En busca del tiempo perdido*, de Marcel Proust–, en el que el escritor cuenta cómo el sabor de un trozo de tarta, la magdalena, hizo que resurgiese en él el hermoso recuerdo de su tía Leonia y sensaciones largamente olvidadas: «Abrumado por el triste día que había pasado y por la perspectiva de otro tan melancólico por venir, me llevé a los labios unas cucharadas de té en el que había echado un trozo de magdalena. Pero en el mismo instante en que aquel trago, con las migas del bollo, tocó mi paladar, me estremecí, fija mi atención en algo extraordinario que ocurría en mi interior. Un placer delicioso me invadió, me aisló, sin noción de lo que lo causaba. Y él me convirtió las vicisitudes de la vida en indiferentes, sus desastres en inofensivos y su brevedad en ilusoria [...] Dejé de sentirme mediocre, contingente y mortal»[2].

Los recuerdos eliminan la distancia entre el presente y el pasado y se convierten en un tiempo único. Y esto es lo que ha sido para mí y sigue siendo un gran consuelo cuando pienso en Carlo. Si no hubiera habido pasado, no habría presente, que en todo momento se convierte en pasado. Si hoy, si ahora mismo, nos es posible, y también fácil, escribir sobre el pasado, significa que lo hemos vivido, lo hemos construido, lo hemos aprovechado. Y aunque en ese momento estaba experimentando una profunda oscuridad, sentía que ninguna dificultad, ningún miedo, sería lo suficientemente grande como para sofocar en mí el optimismo que siempre me ha caracterizado y me ha empujado a seguir adelante a pesar de todo. De nuevo cito las palabras de Carlo: «Nuestro estar en este planeta Tierra tiene sentido. Tiene sentido si lo entiendes como un camino directo, pero personal, hacia el Salvador. En-

---

[2] M. PROUST, *Por el camino de Swann*, Alianza, Madrid 2022 (edición digital). (N. de la E.).

tonces, nuestro problema, mi problema, tu problema, es este: acelerar este encuentro, realizar este encuentro, concretar este encuentro».

Por lo demás, así escribió también el poeta Alexander Pope: «La esperanza brota eternamente en el corazón del hombre» y nunca debemos dejar que esta muera dentro de nosotros. Siempre debemos estar dispuestos a apostar la propia vida en ella. Pensemos en los ojos de un niño: siempre están llenos de esperanza. No somos la suma de nuestras debilidades y fracasos; al contrario, somos la suma del amor del Padre por nosotros y nuestra capacidad real de convertirnos en imagen de su Hijo.

Mientras tenía a Carlo frente a mí tendido en el ataúd aún abierto, los pensamientos continuaron balanceándose indomables en mi mente. Rememoré algunos acontecimientos de su vida que había vivido con él.

Pensé en particular, por unos instantes, en un viaje que habíamos hecho juntos por Francia. Carlo tenía unos doce años. Con nosotros estaban mi madre y mi marido.

Fuimos a visitar el pueblo de Chartres. Íbamos en el coche, perdidos en los maizales de la inmensa campiña francesa, cuando de pronto surgió una magnífica catedral. Parecía estar suspendida entre el cielo y la tierra, solitaria, hierática.

Carlo se emocionó al ver tanta belleza. Quería fotografiarse frente a la fachada oeste, donde está la entrada principal. Recordó la puerta mística de la que habla la

Escritura y que conduce a la vida eterna. En la fachada hay un precioso relieve de Jesús glorificado y rodeado de imágenes del juicio final.

Después de la foto entramos. De inmediato nos atrajo la belleza de los ventanales que enmarcaban las naves por donde se filtraban rayos de luz que reflejaban una sinfonía de mil colores, creando una atmósfera surrealista.

Me llamó la atención el enorme laberinto dibujado en el suelo de la nave central. Construido en el siglo XII, tiene una circunferencia de casi trece metros, mientras que todo el recorrido mide 261 metros. Este antiguo laberinto siempre ha sido conocido como el camino a la «Jerusalén Celeste», porque representa la peregrinación del alma a la vida eterna. Se divide en cuatro áreas principales y once anillos concéntricos que deben atravesarse antes de llegar a la meta, representada por la flor compuesta por seis pétalos, cuyo elemento central falta, precisamente porque debe ser completada por quienes logran llegar hasta allí. Carlo comenzó a seguirlo. Rápidamente logró llegar al centro. Ese camino parecía realmente querer anticipar lo que sería su vida.

Todo sucedió en un instante. Al continuar la visita llegamos frente a la reliquia del velo que pertenecía a Nuestra Señora. Entonces tuve un pensamiento terrible, la percepción muy fuerte de que Carlo pronto moriría.

Me invadió una gran angustia.

Carlo era mi único hijo. Para él siempre había tratado de evitar incluso aquellos peligros mínimos considerados inofensivos por la mayoría de la gente. Probablemente heredé esta extrema precaución de mi padre, quien, aunque yo ya era mayor de edad y vivía sola en Londres por mis estudios, siempre me aconsejaba por teléfono que tuviera cuidado al cruzar la calle.

En Chartres todo sucedió en un instante. Un sentimiento de final, de muerte prematura que también le confiaba a mi madre, que, en cambio, por su naturaleza siempre tendía a minimizarlo todo y a tranquilizarme. Sin embargo, esa premonición era cierta.

La contemplación de mi hijo, acostado en la cama, sosteniendo en sus manos el rosario que lo había acompañado durante todos estos años, me recordó por un instante ese viaje a Francia, ese presentimiento que tuve entonces: Carlo moriría pronto. Una vez más fue como si el Señor quisiera advertirme. En Chartres, de alguna manera, quiso dar un paso adelante y revelarme lo que le sucedería a mi hijo. No sé por qué motivo. La única explicación que me doy es que, a veces, el cielo quiere prepararnos para lo que después nos tiene que pasar.

Se llevaron el ataúd. No quería ir detrás del ataúd de inmediato. Así que me quedé allí un rato, en la habitación de Carlo, sola. Todos los ruidos habían cesado. La gente había salido. Solo había vacío a mi alrededor. Dejé que un gran silencio invadiese mi corazón. No era un silencio de desesperación, de ira, de encierro en mí misma, sino un silencio que intentaba dejar que Dios me consolara y me ayudara a ser testigo de la vida a pesar de todo.

El destino me había separado temporalmente de mi hijo. Mi vida había cambiado. Mil pensamientos llenaron mi mente. De repente nos habíamos separado. Yo había sido relegada al más acá y Carlo al más allá. Recuerdo haber tenido un sueño extraño unos meses antes de que muriera mi hijo. Carlo, vestido de rojo, estaba tras una puerta, mientras que yo me había quedado fuera.

Podíamos hablar entre nosotros, pero seguíamos separados, él a un lado y yo a otro. Este sueño fue para mí una premonición de que nuestras vidas se separarían. En ese momento no le presté atención, pero luego me di cuenta de que esta pieza también coincidía con el «rompecabezas de mi vida».

Pero hubo una certeza que surgió repentinamente en mi corazón: a pesar de esta aparente derrota humana, Carlo había sido llamado para llevar a cabo una gran misión del cielo, una misión que se revelaría lentamente y de la cual yo, de alguna manera, sería parte. Me vinieron a la mente las palabras de san Pablo cuando en la Primera Carta a los Corintios reitera que mientras «los judíos exigen signos, los griegos buscan sabiduría; pero nosotros predicamos a Cristo crucificado: escándalo para los judíos, necedad para los gentiles; pero para los llamados –judíos o griegos–, un Cristo que es fuerza de Dios y sabiduría de Dios. Pues lo necio de Dios es más sabio que los hombres; y lo débil de Dios es más fuerte que los hombres» (1Cor 1,22-25). Como ya dije antes, Carlo decía que «desde el nacimiento nuestro destino terrenal está sellado: todos estamos llamados a subir al Gólgota y tomar nuestra Cruz».

Antes de salir de la habitación, me invadió otro pensamiento. El recuerdo de lo ocurrido el Viernes Santo de aquel año. Estábamos participando en el Vía Crucis en nuestra parroquia. Durante unos instantes, el sacerdote se detuvo con la Cruz, justo al lado de nuestro banco. Eso también parecía un poco de presagio: el Señor nos estaba llamando a compartir la Cruz con él.

El ataúd de Carlo bajó al coche fúnebre que se suponía que lo llevaría a la iglesia para el funeral. Tenía ante mis ojos el Vía Crucis de Jesús, un misterio incomprensible que revela el inmenso amor de Dios por nosotros y que, como dijo Carlo, «aunque no se pueda comprender del todo, solo se puede aceptar con gratitud y amor. Una vez aceptado, este misterio cambiará y transformará nuestro corazón y nuestra vida y nos ayudará a comprender qué es el verdadero amor según Dios y a no dejarnos engañar, por el contrario, por todos aquellos que son los sustitutos del amor que el mundo nos presenta y que no sirven para los hombres. El Verbo de Dios se encarnó y descendió del cielo para devolvernos la gracia perdida por el pecado original, y que seguimos perdiendo cada vez que cometemos los pecados actuales. Jesús había podido llevar a cabo su obra redentora sin dolor. Ciertamente no le faltaron medios y sistemas y métodos para llegar a la meta de la salvación sin tener que recurrir al sufrimiento. Pero no. Eligió el calvario. Eligió la cruz, eligió la humillación, eligió la pasión». También nosotros, como discípulos suyos, debemos aceptar los sufrimientos de la vida con fe y confianza, confiando en lo que nos dice san Pablo en su Carta a los Romanos, sabedores de que «a los que aman a Dios todo les sirve para el bien» (Rom 8,28).

Estaba pensando en Carlo, que decía que por su extraordinaria sensibilidad Jesús siempre sufrió, desde que nació, desde que asumió la naturaleza humana. Este detalle no se enfatiza lo suficiente. Para Carlo no fue tanto el pesebre, sino el paso de la divinidad a la humanidad lo que fue su gran humillación y sufrimiento. Ciertamente no fue una transición indolora: porque se trataba de pasar del infinito a lo finito. Nosotros, que no podemos tener una experiencia similar, que es única, y que somos incapaces de conocer la humillación que sufrió la Palabra. Se insiste demasiado en la pobreza y las privaciones. ¡Pero qué pobreza y cuánta privación en ese paso de lo infinito a lo finito! Después vendrá el exilio en Egipto, un viaje difícil, un viaje doloroso. Creció, pues, en el dolor, en la privación, en la miseria. Más tarde tuvo lugar su vida pública, de unos mil días. No se le otorgaron privilegios. Sufrió humillaciones, confrontaciones. Pensemos en la sorda lucha de los escribas, de los fariseos, de los saduceos, de los herodianos y de los sacerdotes, incluido el sanedrín. Lo siguieron, le pisaron los talones, lo espiaron. Continuamente trataron de atraparlo en algún error; los evangelios nos dicen que era un sufrimiento diario. Y luego llegamos a la famosa semana. Días de sufrimiento indecible. La huida de los discípulos. La detención con palos. El juicio público. Los insultos, las burlas, los desprecios. El Vía Crucis. Los clavos en las manos y los pies. Pero ¿por qué, pudiendo redimirnos sin sufrimiento, quiso elegir la muerte y la muerte en la Cruz? La única respuesta que puedo darme es que Jesús aceptó una muerte tan violenta solo por amor. Y yo también, por unos designios misteriosos de Dios, fui llamada a abrazar esta Cruz con Cristo.

Durante el calvario en el hospital, Carlo me había asegurado que me enviaría muchas señales y ayudas desde el cielo. Este pensamiento me consoló mucho, porque sabía que mi hijo era particularmente inspirado y cercano al Señor y, si decía algo, siempre cumplía sus promesas. Miré por la ventana de su habitación y seguí lo que ocurría fuera.

Después de que el ataúd de mi hijo fue colocado lentamente dentro del coche de la funeraria, se dirigió a la iglesia parroquial de Santa María Segreta, no lejos de nuestra casa. Observé toda la escena hasta que el coche dobló la esquina y dejó de estar visible a mis ojos.

En cuanto el coche desapareció de mi vista, me sentí envuelta en una profunda sensación de melancolía y de un profundo dolor. No volver a ver el coche con Carlo dentro puso de relieve el abismo, la ruptura que se había creado entre yo que me había quedado en la tierra y mi hijo que se había ido al cielo para siempre. Una voz, sin embargo, me llamó y me sacó de esos pensamientos. Me llamaron para que me diera prisa. Tuve que volver a la realidad.

Me arreglé y, junto con mi madre y mi tía, fui a reunirme con mi esposo, que ya había comenzado a ir a la iglesia. Cuando llegué la encontré ya llena de gente. Poco a poco se llenó completamente, hasta el punto de que algunas personas tuvieron que quedarse fuera porque no había más espacio. Vi mucha gente llorando desesperadamente, muchos rostros desencajados, emociones que dejaban vislumbrar esos rostros que me miraban avergonzados porque realmente no sabían cómo consolarme.

El funeral fue un testimonio de cuánto se estimaba y se amaba a Carlo. Estaban todos sus amigos, y también todos aquellos a quienes Carlo había ayudado. Los mendigos, los vagabundos y tantos extranjeros a los que había ayudado a lo largo de su vida estaban allí porque habían perdido a un verdadero amigo. Recuerdo haber visto a algunos de ellos allí por primera vez. Lo cierto es que Carlo había creado una gran red de amistad, una red silenciosa, no del todo visible cuando estaba vivo, pero que en ese momento se manifestó en toda su grandeza y belleza.

Muchos tuvieron la impresión de no estar en un funeral, sino en una fiesta. Parecía la celebración de un paso a otra vida, una vida real. Todos lloraban, es cierto, pero al mismo tiempo todos percibían la presencia de una intensa luz. Era como si la vida en la que había aterrizado Carlo quisiera de algún modo hacerse presente. En cierto modo, se hizo realmente presente.

Cuando el párroco dio la bendición final diciendo «la misa ha terminado, podéis ir en paz», por pura coincidencia las campanas de la iglesia comenzaron a sonar a fiesta. Y la celebración terminó precisamente al mediodía. Los numerosos sacerdotes que habían concelebrado nos decían que para ellos esta era la señal de que la muerte de Carlo era el comienzo de su vida al lado de Dios y, en efecto, a muchos así les parecía: sonaban las campanas y era como si Carlo quisiera hacernos participar en la fiesta que acababa de comenzar en el cielo con su llegada.

El vicario parroquial leyó uno de sus textos y comparó a Carlo con el profeta Jeremías.

Mi hijo realizó los primeros milagros el día del funeral. Una señora que tenía cáncer de mama y que aún no había comenzado la quimioterapia, invocó a Carlo y se recuperó. Otra señora de Roma de cuarenta y cuatro años, que había venido desde la capital con el propósito de despedirse de Carlo por última vez, le rogó porque no podía tener hijos. Le pidió a Carlo esta gracia y pocos días después del funeral supo que estaba embarazada. Nueve meses después nació una hermosa niña.

Espontáneamente, la gente comenzó a rezar a mi hijo, para pedir su intercesión. Era como si ya lo percibieran dichoso. La ascensión de Carlo a la gloria de los altares se inició desde el día del entierro, a través del testimonio de amigos y conocidos. Inesperadamente, la fama de su santidad se extendió muy rápidamente por todo el mundo.

Fue un evento espontáneo y popular. Los fieles, los amigos y las personas que mi hijo había conocido en su vida comenzaron a rezarle, confiando completamente en su capacidad de intercesión. Varios milagros sucedieron entonces y siguen ocurriendo hoy, porque la gente cree en la intercesión de Carlo. Es la Iglesia la que, por la devoción de los que le rezan, reconoce su santidad. Es su fe la que mueve el Corazón de Jesús, que concede gracias y milagros por su intercesión y sus méritos. Mi hijo me dijo que me ayudaría mucho desde el cielo, y así ha sido desde el día de su funeral, desde que salimos de Santa María Segreta y lo llevamos al cementerio para darle sepultura.

Recuerdo que aquellos días tuve un sueño extraño. Yo estaba con mi marido en la iglesia. Cruzábamos el largo pasillo que conducía al altar. La iglesia estaba llena de gente. Todos nos miraban como si fuéramos los protagonistas de algo especial. Fue así como me sentí inmediatamente después de la muerte de Carlo, protagonista de una historia importante no por mérito sino por voluntad divina. Carlo dijo su «sí» a Jesús y esta generosidad suya provocó el inicio de una historia de «misericordia» que continúa hoy, a pesar de que él vive en otra dimensión.

Después del funeral, el cuerpo de Carlo fue llevado al cementerio de Ternengo, en la provincia de Biella, donde se encuentra una de las tumbas de la familia, esperando que preparasen y terminasen la tumba que habíamos comprado en Asís de acuerdo con él. Mi hijo me había dicho varias veces que Asís era el lugar donde se sentía más feliz. Este era el lugar donde quería ser enterrado. Y así fue. Su tumba se convirtió inmediatamente en un destino de peregrinación, especialmente para grupos de jóvenes acompañados de sus educadores; un río embravecido que nunca ha dejado de fluir. Miles de personas recurren a Carlo y él ayuda continuamente a todos.

Poco después de su muerte vino a verme el párroco de Santa María Segreta, monseñor Gianfranco Poma, junto con el sacristán, que se llamaba Neel, un hombre de Sri Lanka.

Durante un tiempo Neel había regresado a su país para cuidar a su madre enferma. A su regreso me dijo que se había encontrado con Carlo, que ya era un jovencito, muy alto, y que en ese momento ni siquiera lo había reconocido. Fue él quien le recordó quién era. Me confió que le llamó la atención su forma de comportarse, muy diferente a la de sus compañeros, y me repetía que no era un chico como los demás. Era amigo de todos y respetuoso con todos. Recordó, por ejemplo, que nunca gritaba y siempre era amable con los demás. Siempre saludaba con una hermosa y resplandeciente sonrisa. Neel me trajo un hermoso poema que había escrito y dedicado a Carlo en el que lo comparaba con la estrella más brillante del firmamento. Escribió que nadie era como él y muchas otras cosas muy hermosas.

Me intrigó ese poema y pensé que Carlo había sido un gran amigo suyo. Pero me sorprendió mucho cuando supe que Neel nunca le había hablado directamente y que esos hermosos versos habían brotado de su corazón solo por cómo mi hijo lo había saludado cuando lo conoció. Un simple «hola» dicho por Carlo era como una flecha dorada que golpeaba el corazón de las personas. Y así fue con Neel.

También esta fue una gran lección de Carlo para mí: cada momento puede ser diferente si lo vivimos con la intensidad adecuada. Incluso un simple saludo acompañado de una hermosa sonrisa, que aparentemente puede parecer insignificante, puede ser muy significativo y afectar profundamente a la persona a la que nos dirigimos. En cierto sentido, esto es lo que también afirmaba la madre Teresa de Calcuta. Siempre decía que «nunca sabremos cuánto bien puede hacer una simple sonrisa» y que «no hay mejor momento para ser feliz que ahora». Para ella, cada momento era el momento de vivir plenamente, no otros del futuro. No se arrepintió del pasado y no vivió pensando solo en el mañana. No. Vivía en el presente, y Carlo también. Sabía cómo dispensar estos saludos especiales, estas sonrisas a cualquiera que conociera.

Entonces Neel me contó que a veces se encontraba con Carlo en la calle acompañado de nuestro sirviente, Rajesh, y veía que su relación era como la que se establece entre dos viejos amigos. Estaba profundamente convencido de que era un joven muy especial. Carlo siempre estaba sereno, nunca se mostraba melancólico, enojado o triste. Esa mansedumbre suya le había llamado mucho la atención, y decía que la mayoría de sus compañeros estaban más sujetos a los cambios de humor, lo que se hacía evidente hasta en sus rostros. También destacaba por su comportamiento en la iglesia: siempre lo vio sereno y sumergido en oración ante el tabernáculo. Ciertamente, el hecho de que Carlo asistiera a misa todos los días lo había conmovido profundamente, porque a los jóvenes, especialmente hoy en día, casi nunca se les ve en la iglesia. He aquí algunas estrofas del hermoso poema que escribió en su memoria, que a mi juicio son muy significativas: «Muchas son las estrellas que brillan en la noche del cielo, algunas emiten una luz más brillante, y hay una que se destaca por su brillantez, y me hace pensar en ti, Carlo. No todo el que mira al cielo nota la diferencia entre una estrella y otra. Tú, Carlo, eres inconfundible. Hasta ahora no he encontrado a nadie como tú».

Poco después de la muerte de Carlo, conocí al párroco de la iglesia a la que solíamos asistir. Me dijo que había descubierto que Carlo pertenecía a una familia importante solo a través de los periódicos, cuando había visto los obituarios dedicados a nuestro hijo. Con él, como con todos, Carlo siempre se había mostrado como una persona sencilla. Vestía ropa clásica y montaba una bicicleta rota. Nunca hablaba de sí mismo. El párroco nos dijo que siempre le había impresionado mucho su discreción. Escribió estas palabras sobre él: «Pasan los meses, y mientras tanto veo cada vez con mayor claridad que el paso del joven Carlo Acutis al tránsito de la pascua del Señor es un signo de Gracia, un insólito signo, excepcionalmente accesible y muy familiar. Tengo motivos personales para sentir su importancia y belleza, precisamente por lo que se refiere a la cotidianidad evangélica normal de su estilo de vida, que se me hizo manifiesto durante las frecuentes ocasiones en que entré en contacto con él. Pero hoy me sorprende cada vez más el eco que me llega, a través de testimonios espontáneos, de muchas personas –de todas las edades– que sienten la necesidad de decírmelo. Todos estos recuerdos radiantes tienen siempre un rasgo impresionante en común: la percepción de que Carlo vivía en un escenario de vida absolutamente normal pero con una armonía absolutamente especial. Ninguna ostentación, ninguna inclinación especial por aparentar, ningún deseo por construir una imagen de superioridad; al contrario, siempre se sentía cómodo dejando traslucir la integridad, el gusto por la vida en sus múltiples expresiones, la sencillez de sus gestos y de su lenguaje (en el sentido de que carecía espontáneamente de hipocresía o falsedad). Y era un chico dotado, como todo el mundo reconoce: inteligencia extraordinaria y un gran sentido de la responsabilidad, fino sentido del humor y un claro horizonte de valores innegociables, un chico franco y cariñoso, pero sin soberbia y ajeno a las maniobras posesivas, apasionado por la planificación de sus actos y desinteresado, en el que supo invertir energía, habilidad y amabilidad; puntualmente paciente en su empeño por llevar a cabo proyectos grupales, por lo general ajenos al resentimiento y la terquedad».

Carlo me había prometido varias señales una vez que ascendiera al cielo, y así fue. Poco después de su muerte, una mañana, me desperté sobresaltada. Una voz dentro de mí habló claramente y me repitió «testamento».

Estaba convencida de que fue Carlo quien me lo dijo. Quería que encontrara su testamento o algo así. En vida siempre estaba lleno de sorpresas, así que, pensé, incluso también cuando estaba muerto.

Emocionada, corrí a su habitación. Tenía la esperanza de encontrar una carta, un mensaje que se me había escapado hasta entonces. Pero busqué en vano.

Entonces decidí abrir su ordenador y comencé a mirar algunas de sus notas. En un momento, me atrajo un vídeo que estaba a la vista en el escritorio, que databa de hacía dos meses. Nunca lo había abierto. Lo hice en ese momento. Carlo se había filmado a sí mismo, creo que con su vieja cámara. Duraba unos segundos. Decía: «He engordado setenta kilos y estoy destinado a morir».

Sonrió al repetir estas palabras y miró felizmente al cielo, transmitiendo cierta serenidad. Me impresionó mucho ver ese vídeo. Y me consoló un poco. Era como si quisiera decirme: sentí que Dios me llamaba. Desde niño estaba convencido de que moriría de una vena que se le rompería en el cerebro, que fue en realidad lo que sucedió, porque la causa de su muerte fue una hemorragia cerebral. Y de vez en cuando, cuando Rajesh estaba preocupado porque su cabello comenzaba a ponerse blanco, bromeaba: «Yo siempre seré joven».

En el pasado ya habían sucedido algunos episodios en los que había dicho cosas que aparentemente no tenían sentido y que luego habían ocurrido. Y de alguna manera esto también se hizo realidad: Carlo murió joven, nunca conoció la edad de la madurez, la edad adulta.

El primer domingo de octubre, pocos días antes de la muerte de Carlo, hicimos juntos la *Súplica a la Virgen de Pompeya*. Pedimos a la Virgen María la gracia de ayudarnos a ser santos, de no dejarnos ir al purgatorio y de llevarnos directamente al cielo después de la muerte. Las solicitudes las había hecho directamente Carlo.

Poco después de su muerte –Carlo había fallecido hacía más de un mes– recibí confirmación de que habíamos sido escuchados. Fui con mi esposo en peregrinación al Monte Sant'Angelo, en el Gargano en Puglia. Conduje hasta este lugar sagrado, construido sobre una enorme cueva de piedra caliza, sobre un promontorio a más de ochocientos metros sobre el nivel del mar. En este Santuario, donde se dice que el Arcángel san Miguel se apareció cuatro veces, todos los días es posible obtener la indulgencia plenaria y la remisión de penas. Es el único lugar santo consagrado directamente por la mano del arcángel san Miguel.

Para acceder a él, se baja por una escalera angevina de casi cien escalones. A Carlo le gustaba mucho este lugar, y en más de una ocasión peregrinamos juntos allí. Cada vez que bajaba por esa escalera se emocionaba mucho; el largo descenso a la cueva le parecía simbolizar un poco un descenso místico «dentro de uno mismo», que cada uno de nosotros debería hacer para conocerse mejor, y así ser capaces de mejorar.

Escuché la última misa de la tarde con mi esposo. Terminó alrededor de las 16:30. La iglesia acababa de vaciarse. Ya no quedaba nadie. Así que decidí quedarme un poco más y me senté a rezar justo frente al altar donde se encuentra la estatua de san Miguel.

Empecé a pensar en Carlo, preguntándome si ya estaba en el cielo con Jesús, y de repente tuve una locución interior. Una voz me dijo estas simples palabras: «Carlo está en el paraíso y eso es suficiente para ti».

Esa respuesta me consoló mucho. Más tarde también tuve otras confirmaciones de sacerdotes devotos de Carlo, que vivían en el extranjero y que habían soñado con mi hijo, a quienes también les confirmó que había ido directamente al cielo después de la muerte, sin pasar por el purgatorio.

2

«Tengo sed»

El verano de 2006 fue el último que Carlo vivió en esta tierra. De esos meses recuerdo sobre todo los días que pasamos juntos en Santa Margherita Ligure, en la casa de los abuelos paternos. Recuerdo muchas cosas, pero quiero empezar por lo que aún me viene a la mente como lo más importante. Regresábamos de la misa de la tarde y caminábamos por la hermosa avenida que bordea el mar. Carlo, con la sencillez y al mismo tiempo con la franqueza que le caracterizaba, me preguntó qué pensaría yo si decidiera hacerse sacerdote.

En ese momento no supe qué decir. Lo escuché con cariño. Su amor por Jesús y por la Iglesia no me era desconocido. Por eso aquella revelación me resultó natural. Luego descubrí que también le había hablado de ese mismo deseo íntimo a mi madre, su abuela. Evidentemente llevaba tiempo pensando en la hipótesis de abrazar la vida religiosa. La vocación es «tomar conciencia de que Dios nos pide algo que ya tiene en mente y que cuenta con nosotros», escribió el cardenal Špidlik.

No le dije muchas palabras. Traté de hacerle entender que lo que más me interesaba era su felicidad. Si este deseo de abrazar la vida religiosa era algo serio y sincero, me alegraba mucho por él.

En el caso de que hubiera llegado a la ordenación sacerdotal, probablemente habría elegido convertirse en sacerdote diocesano. Los estimaba mucho. Apreciaba su trabajo diario en el anonimato y en el silencio, un trabajo dedicado a la vida de los fieles a ellos confiados. En definitiva, un cristianismo de la vida cotidiana. Para Carlo fue allí, en la vida cotidiana, donde Jesús se mostró y caminó entre su pueblo. No lo buscó en las grandes cosas, sino en los pequeños acontecimientos ordinarios de la vida.

Varias veces me he preguntado qué clase de sacerdote habría sido si hubiera abrazado la vida consagrada.

La respuesta más convincente me la da un gran sacerdote, el santo Cura de Ars: «El sacerdote continúa la obra de la redención sobre la tierra [...] Cuando veas al sacerdote, piensa en Nuestro Señor Jesucristo [...] Todas las buenas obras en el mundo juntas no son equivalentes al sacrificio de la Misa, porque son las obras de los hombres, y la Santa Misa es la obra de Dios [...] El sacerdocio es el amor del Corazón de Jesús». Estoy segura de que esta descripción es la que también Carlo sintió dentro de sí mismo.

Con aquella sencilla pregunta reveló un importante deseo que sin embargo me hizo con extrema naturalidad, sin miedo a mi crítica, con ese candor típico que le era característico. Por supuesto, si todavía estuviera vivo hoy, no significa que necesariamente hubiera abrazado ese camino. Nadie puede decirlo. A veces me gusta pensar que sí. El Señor, lo sabía bien, había excavado en lo profundo de su corazón para hacerse encontrar. Para él Jesús era su todo. Por eso era algo natural que él pensara en dedicarle su vida. El brillante ejemplo de algunas figuras sacerdotales había contribuido, ciertamente, a despertar en él el deseo de imitarlas. Al igual que muchas amistades, muy importantes para él más allá incluso de la vida familiar. Pero, insisto, más que nadie, en mi opinión, fue el Señor quien penetró directamente en su corazón.

A menudo en Santa Margherita tuvimos la oportunidad de hacer excursiones en barco. Porque mi suegro era dueño de un pequeño yate con cabina que nos permitía permanecer en el mar todo el día. Recuerdo varias salidas en dirección a Cinque Terre. Permanecíamos largas horas en el mar inmersos en la naturaleza virgen, en aguas limpias repletas de peces.

Uno de los últimos días de vacaciones llegamos hasta Porto Venere, no muy lejos de La Spezia. Navegábamos tranquilamente cuando de repente una multitud de delfines se acercaron a la embarcación y empezaron a nadar junto a nosotros. El abuelo dijo que nunca había contemplado una escena así en su vida. Puede ocurrir que uno o dos delfines se acerquen de vez en cuando, pero nunca tantas decenas. Nos acompañaba toda una manada. Los delfines saltaban alrededor del bote, nos seguían adondequiera que fuéramos. Tuve la sensación de que querían escudarnos y al mismo tiempo comunicarnos su alegría. Recuerdo la cara de Carlo: estaba extasiado, radiante.

Solamente después descubrí que en los días anteriores había rezado varias veces a Jesús para que, antes de volver a su vida cotidiana, le permitiera ver delfines en vivo. Porque eran unos de sus animales favoritos. La primera vez que los había visto fue en Gardaland, donde íbamos todos los años a pasar el día por su cumpleaños. Entre los diversos espectáculos también había uno de delfines. Se quedaron con nosotros durante varios minutos, cerca de la costa de Porto Venere. Echando ahora la vista atrás, estoy convencida de que su presencia ese día fue una gracia especial, diría una delicadeza del Señor, hacia Carlo. Además, desde temprana edad había sido objeto de una atención particular de Dios, su diálogo con Él era continuo y Carlo nos decía que el Señor, de alguna manera, siempre respondía a sus oraciones. Esto formaba parte de su secreto: el hecho de vivir en una constante relación de intimidad con Jesús, deseaba que todas las personas que encontraba pudieran tener esta relación como él. No lo consideraba un bien exclusivo. Estaba convencido de que esa misma relación que tenía él, era accesible para todos. Animaba a todos a acudir a Dios para cada necesidad: «Él escucha y responde», decía. «Sin embargo, debemos creer en ello, tener fe en que este diálogo es posible y real».

Carlo había estudiado en profundidad lo que representan los delfines en la iconografía cristiana: son el símbolo de la salvación traída por Cristo. En realidad, ya en la antigüedad, el delfín se consideraba un animal amigo del ser humano, protector de los marineros que lo encontraban durante sus travesías marítimas. Además, siempre se consideraba como un conciliador, un portador de paz y armonía, y también un punto de referencia para la humanidad. El mismo Dante, en *La Divina Comedia,* en el libro del *Infierno,* cuenta cómo los delfines advirtieron a los marineros de una tormenta inminente. Y, también, el historiador Franco Cardini recuerda que desde la época de las catacumbas «la iconografía cristiana había utilizado el delfín de dos formas fundamentales: para representar el alma del cristiano que llega al puerto de salvación a través de las aguas marinas de la existencia; para representar al mismo Cristo. En este contexto, el ancla podría asumir el papel de la cruz, y el tridente un papel similar»[1]. Tertuliano llama a los fieles «pececitos», y dice que deben inspirarse en el «Gran Pez», que es el Cristo. Paulino de Nola, escribiendo a un obispo llamado Delfín, juega con el nombre de su interlocutor y lo acerca al «Verdadero Delfín» que es el Cristo. «Hasta en las leyendas hagiográficas –continúa Cardini– hace su aparición el cetáceo: dos delfines traen a la orilla a san Calístrato, a quien Diocleciano había arrojado al mar; el cuerpo de Luciano de Antioquía es llevado por otro delfín; san Martiniano escapa de las tentaciones de la lujuria montando un delfín. Y en el suelo de mosaico de la catedral de Otranto, por ejemplo, pueden verse también

---

[1] F. CARDINI, «Mostri, Belve, Animali nell'immaginario medievale 12: Il delfino», en *Abstracta* 21 (diciembre 1987) 38-45. (N. de la E.).

unos personajes montando un delfín. Su fidelidad a la amistad y el episodio de san Martiniano también explican que el delfín –que entre los griegos es a veces compañero de Afrodita, lo que además es fácil de explicar, dado el origen marino de esta última– es tomado como símbolo de las relaciones especialmente conyugales de fidelidad»[2].

No sé si Carlo sabía todo esto a fondo. Pero lo cierto es que amaba a los delfines, sentía vivir una armonía particular con ellos, y conocía muy bien el significado que tienen en la vida de los creyentes. Carlo amaba toda la naturaleza, percibía que era un regalo de Dios, y en la naturaleza prefería a los delfines, las criaturas que más lo hacían sentir cerca del Señor, cerca de Cristo.

Recuerdo muchos episodios de este último verano pasado en Liguria. Recuerdo una noche en particular, cuando Carlo y yo nos quedamos solos en casa. Mis suegros habían sido invitados por unos amigos. Cenamos juntos y nos sentamos en la terraza con vistas al hermoso puerto de Santa Margherita, en la parte norte de la ensenada en forma de herradura sobre la que se levanta el pueblo. Era una hermosa tarde de verano, ligeramente ventosa. El aire cálido y ligero nos ayudó a no sufrir demasiado calor que en este lugar a menudo se vuelve muy bochornoso. A pesar del ligero murmullo de fondo de las voces de los que caminaban por la calle, disfrutamos de un discreto silencio. A lo

---

[2] *Ib.* (N. de la E.).

lejos, a lo largo de la costa, se vislumbraban las luces de las casas. Adornaban la naturaleza, y ayudaban a crear una atmósfera casi de cuento de hadas. La luna y las estrellas del cielo se reflejaban en el mar en calma y me recordaban aquel maravilloso cuadro de Van Gogh *La noche estrellada sobre el Ródano,* conservado en el Musée d'Orsay de París.

Empecé a trabajar con mi ordenador y Carlo también comenzó a estudiar para realizar así sus deberes de vacaciones. En cierto momento recibió una llamada telefónica de una amiga. Para no molestarme se alejó un poco, pero sin querer escuché toda la conversación. Nunca he sido una madre entrometida. Nunca he escuchado sus conversaciones. Realmente, siempre he tratado de mantenerme al margen. Pero esa noche fue inevitable escucharlo. Inmediatamente me llamó la atención lo que dijo Carlo. Recuerdo que él trataba a esta amiga suya de una manera muy paternal, pero a la vez severa. Así era Carlo: bueno, pero al mismo tiempo categórico, autoritario, se podría decir. Por lo que pude ver, su amiga había conocido a un chico en un club nocturno y había mantenido relaciones íntimas con él esa misma noche.

Carlo estaba muy interesado en ser fiel a la pureza. No era un fanático, todo lo contrario, pero reconocía en cada persona una dignidad especial que había que respetar. Pensaba que era necesario darse un tiempo antes de entregarse plenamente al otro. Solía reprender a sus compañeros cuando consideraba que se estaban adelantando a su tiempo o si se entregaban a la ligera a las experiencias prematrimoniales. La pureza no era un fin en sí mismo. No era por mero ascetismo por lo que lo sugería. Era más bien por la idea de que toda relación, si se vive como un don de Dios, puede dar el ciento por uno, la felicidad. Pero si se abusa de ella, no da los frutos que promete.

Debo decir la verdad, a veces casi me parecía que estaba escuchando hablar a un sacerdote, y sentía ganas de sonreír al escuchar cómo hablaba a los demás sobre la importancia del cuerpo como «templo del Espíritu Santo». Hablaba muchas veces de la Santísima Trinidad y decía que el Padre tiene un trono en el cielo, y también el Hijo, porque se sienta a su derecha, mientras que el Espíritu Santo tiene por trono nuestro corazón, que se convierte en templo de Dios.

Por eso afirmaba que debemos respetar lo sagrados que son nuestra alma y nuestro cuerpo, no banalizar el amor reduciéndolo a una simple «economía del placer», dirigida solamente a satisfacer deseos egoístas y no al verdadero bien.

Al escucharlo hablar, nuevamente, me pareció que estaba releyendo las hermosas páginas de la famosa novela *El Principito*, escrita por Antoine de Saint-Exupéry, en las que el protagonista explica la diferencia entre amar y querer bien a su pequeña rosa: «"Te amo", dijo el Principito. "Yo también te quiero", respondió la rosa. "Pero no es lo mismo", respondió él. "Querer es tomar posesión de algo; es buscar en los demás lo que llena las expectativas personales de afecto... Querer es hacer nuestro lo que no nos pertenece... Amar es *desear* lo mejor para el otro... Amar es permitir que el otro sea feliz aun cuando su camino sea diferente al nuestro. Es un sentimiento desinteresado que surge del deseo de entregarse, de ofrecerse completamente desde el fondo del corazón. Cuando amamos nos ofrecemos totalmente sin pedir nada a cambio"».

A Carlo le gustaba mucho *El Principito*. Quizás fue el libro en el que más se reflejó, aunque sus lecturas fueron variadas y en cierto modo inagotables. Puedo decir que creció con *El Principito*. Había sido su lectura desde una edad temprana. Lo había leído y releído muchas veces.

Cuando Carlo hablaba del amor, del enamoramiento entre un chico y una chica, siempre se refería a la enseñanza de muchos santos que eran capaces de amar a los demás sin querer poseerlos. Carlo supo mantener un desapego que no era desinterés, sino más bien dar a los demás a Dios. Todo hombre era sagrado para él, todo el mundo era un hijo de Dios, toda joven era hija de Dios. Por eso amaba todo y a todos sin imponerse a nadie, sin atarlos a sí mismo. Era como si, en el trato con su prójimo, dejara que hubiera una tercera persona entre él y los demás, precisamente el propio Dios. Dejó que Jesús entrara en sus relaciones, las habitara, y le dejó a él la última palabra, se las encomendó, seguro de que así nada le faltaría. Al creer que estaba realmente presente, no se atrevía a mancillar a los demás, no se dejaba vencer por el egoísmo, sino que trataba de amar con el mismo amor que nace de los evangelios, el amor de Jesús.

Carlo estaba muy preocupado por el tema de la pureza y por el sacramento del matrimonio. Porque estaba convencido de que los esposos, por el don del Espíritu Santo que reciben en el matrimonio, se hacen partícipes de esa capacidad de amar que es la de Cristo, que, si es acogida y hecha propia, les permite realizar plena y completamente los fines propios de la vida conyugal y familiar, permitiéndoles cooperar en ese plan de amor que Dios tiene para cada uno.

Decía que el matrimonio tiene sus raíces directamente en el corazón de Dios, nuestro Creador, y es un signo eficaz de la alianza de Cristo con la Iglesia: «Maridos, amad a vuestras mujeres como Cristo amó a su Iglesia», dice san Pablo en la Carta a los Efesios (Ef 5,25), hasta dar la vida por ella. Si alguno de sus amigos criticaba el sacramento del matrimonio banalizándolo, él siempre reafirmaba con profunda convicción que era necesario seguir las enseñanzas de Jesús y esperar al matrimonio antes de tener relaciones sexuales. Recuerdo haberle oído regañar en más de una ocasión incluso a aquellos de sus amigos que se jactaban de frecuentar páginas de pornografía o que leían cosas que él llamaba «perjudiciales para el alma» o decían abiertamente que practicaban el «autoerotismo». Les dijo que al hacerlo se volvían similares a los títeres del libro de Pinocho, los que usaba Tragafuegos para sus actuaciones, y luego los arrojaba directamente al fuego. Era su forma metafórica de ilustrar lo que les sucede a las almas que no pueden resistir las tentaciones y se dejan desviar y abrumar por sus propios vicios. Quiero reiterar esto. Para él, mantenerse alejado de páginas de pornografía o lecturas inapropiadas no era intolerancia. Era más bien la única forma de no contaminarse, de no abrir las puertas a actitudes que luego dejan un sabor amargo en la boca y que no te hacen feliz. La felicidad, decía, está en amar a los demás como Dios los ama y no en desahogar los propios deseos egoístas sobre los demás.

Carlo expresaba a menudo este punto de vista. Lo hacía sin miedo, incluso con personas a las que no conocía. Finalmente, recuerdo que un año antes, en el verano de 2005, en Asís, a veces íbamos a pasar unas horas a la piscina municipal, que se encuentra al aire libre y está rodeada por las bellas laderas verdes del monte Subasio.

Durante una de estas tardes noté que Carlo estaba un poco apenado. Lo vi levantarse de un salto y dirigirse al socorrista porque en el lado opuesto de la piscina había dos jóvenes de unos dieciséis años que se estaban besando frente a unos niños que los miraban un poco divertidos y un poco avergonzados. El socorrista inmediatamente se acercó a los jóvenes y les pidió que se detuvieran. Carlo era así: no soportaba la vulgaridad, sobre todo cuando era motivo de escándalo para las almas inocentes.

Si había que explicar con ponderación el pensamiento de la Iglesia en cuestiones delicadas, Carlo siempre estaba dispuesto. En particular, cuando se hablaba de la dignidad de la vida y del embrión. Ese verano se dedicó a una investigación que le encomendó su profesor de religión. Se trataba del tema de la fecundación asistida

según las diversas religiones. Le molestó mucho saber
que estas técnicas a menudo producen embriones exce-
dentes que luego se congelan o se utilizan para experi-
mentos médicos. Justo en esos días me confió que había
tenido una pesadilla. En un sueño había visto a varias
personas congeladas. Estaba muy impresionado. Dijo
que sería un trabajo sagrado si hubiera mujeres dispues-
tas a «adoptar» cada uno de estos embriones congela-
dos para darles la oportunidad de venir al mundo. Carlo
no estaba interesado en juzgar a las personas, decía que
solo Dios puede hacerlo. También evitaba a aquellos
católicos que atacaban con fuerza y casi con groserías
a los que, según ellos, eran culpables de crímenes, y
más bien trataba de buscar soluciones para el bien de
todos. Y para él el bien era simplemente tratar de dar a
luz a estas vidas. Su intención no era oponerse, como si
fuera necesario levantar muros contra los que piensan
diferente. Por el contrario, consideraba correcto dirigir
la mirada hacia la luz, para encontrar respuestas de luz
a la oscuridad, a lo que está mal.

A menudo pensaba en sus amigos. Los llevaba a
todas partes en su corazón. Siempre rezaba por ellos,
incluso ofreciendo pequeños sacrificios. La verdad es
que la amistad era muy importante para él. Querer el
bien de los amigos, desear su bienestar, significaba para
Carlo querer el bien de sus almas.

También en estas cosas se dejó enseñar en cierto
sentido por *El Principito*, lectura verdaderamente determinante en su vida. A menudo repetía la frase del

zorro que dice: «Lo que hace más importante a tu rosa es el tiempo que le has dedicado». Es el tiempo que dedicamos a nuestros amigos, repetía, lo que los hará especiales y únicos. Un tiempo que, sin embargo, debe tener siempre en el centro el amor a Dios. Entonces será verdaderamente un tiempo de calidad.

También desde lejos, incluso desde Santa Margherita Ligure, Carlo siempre estuvo cerca de sus amigos por teléfono o a través de Internet. Intentaba que todos se sintieran únicos, especiales, irrepetibles. Varios, después de su muerte, fueron testigos de esta mirada que tenía hacia ellos. Una mirada que siempre se convertía en acción. No fueron solo sus palabras. Las palabras y los pensamientos siempre siguieron a los hechos. En el libro de Saint-Exupéry, el zorro le explica al Principito que ambos se necesitan. Si el Principito se tomara su tiempo para domarlo, el zorro se volvería único para él. Y el Principito también sería único para el zorro.

Entonces, para Carlo, cada uno tenía algo que dar al otro: compartir, hacerse especial el uno para el otro y contribuir a la realización de todos. Dedicar tiempo a los demás te permite crear lazos únicos que resisten los elementos del tiempo. No fue casualidad que Jorge Luis Borges, otro autor que Carlo leía a menudo, escribiera: «No puedo darte soluciones para todos los problemas de la vida, no tengo respuestas para tus dudas o miedos, pero puedo escucharlos y compartirlos contigo». He aquí, este compartir era la amistad para Carlo.

Repetía que todo hombre lleva consigo la imagen reflejada de Dios, y por eso cada uno es único e irrepetible. No en vano, siempre recordaba: «Entre las huellas dactilares, no hay una parecida a la otra». Para decirlo de nuevo con *El Principito:* «Solo se ve bien con el corazón, lo esencial es invisible a los ojos». Somos responsables de lo que «domesticamos». En definitiva, el compromiso que ponemos en las relaciones con los demás implica la necesidad de que cada uno asuma sus responsabilidades, de implicarse y no huir, de lo contrario actuaremos como el geógrafo de *El Principito*, que, negándose a explorar su propio mundo, el que tiene más cerca, se refugia para investigar en lugares mucho más lejanos, perdiendo lo esencial de la vida y de las personas que lo rodean.

Recuerdo ese último verano como días y semanas en los que Carlo, aun desde la distancia, logró dedicar tiempo y energías a sus amigos. Lo cierto es que se preocupaba poco por sí mismo, cada día estaba dedicado a los demás, a este mundo suyo que era básicamente pequeño, pero en su corazón especial y único.

En Santa Margherita dormíamos en la misma habitación. Daba a la carretera principal, justo debajo. Siempre hacía mucho calor. Por la noche dejábamos las ventanas abiertas, con la esperanza de que entrara un poco de fresquito. Una noche, alrededor de las 2:30, nos despertamos de repente y escuchamos a unos niños gritar. Blasfemaban contra el Señor y se reían groseramente. Sus voces sonaban como las de demonios encarnados, realmente no sé cómo definirlos mejor. Carlo creía en la existencia del diablo. Sabía que el mal es casi siempre obra del hombre. Pero también sabía que el diablo es una criatura real capaz de empujar al hombre al mal. Casi reconoció su presencia. En las voces de aquellos jóvenes vislumbró sus acciones. A menudo repetía las palabras que los Papas dedicaban al mal y a su personificación, el diablo. Decía que nunca se debe hablar con él, que es muy peligroso hacerlo. Solo debemos confiar en el Señor. Y que cuando se percibe la presencia del diablo no se debe tener miedo porque el Señor es más fuerte que todo y que todos.

Carlo siempre había sido muy severo con los que insultaban a los santos, a la Virgen y a Dios, blasfemando. Entonces decidimos rezar un rosario por esos jóvenes que ciertamente, argumentó Carlo, no eran conscientes de lo que decían: «Lo hacen sin pensar», dijo con convicción. «Lo hacen porque su corazón está condicionado por aquellos que les quieren mal, no se dan cuenta de la gravedad de sus palabras, no tienen plena conciencia».

Para él eran víctimas de otras personas mayores que ellos de quienes, lamentablemente, habían aprendido esos malos hábitos. Interceder por estas personas no era nada nuevo: cuántas veces lo había visto orar por ellos, dedicar horas a la oración para pedirle al Señor que personas como estas entendieran la gravedad de sus acciones y de sus palabras.

Carlo decía que la blasfemia es un pecado muy grave que ofende mucho a Dios. Además de orar por ellos, muchas veces intervenía directamente. Nunca lo hizo bruscamente, sino siempre con suavidad. Qué sensación verlo, aún tan joven, ir al encuentro de jóvenes que no conocía y decirles que no debían seguir blasfemando, que era mejor que se detuvieran porque no se daban cuenta del mal que estaban haciendo.

En este sentido, durante una de nuestras estancias en la piscina municipal de Asís, que en verano es frecuentada por los niños de la zona, escuchamos a muchos de ellos decir palabrotas. Precisamente en esta ocasión, algunos de estos jóvenes a los que valientemente reprendió, invitándolos a dejar de despotricar contra Dios, le amenazaron. Pero él no se amedrentó, sino que reaccionó valientemente. Les citó lo que dicen los santos contra los que blasfeman. Había tomado nota de las palabras que el Padre Pío había dicho sobre la blasfemia: «Es la forma más segura de ir al infierno. Es el diablo en tu boca», les decía. También conocía bien a san Agustín, que tronaba contra todos los que ofenden a Dios: «La blasfemia es aún más grave que la muerte de Jesucristo porque quienes habían crucificado a Jesús no sabían lo que hacían y no reconocieron a Jesús como el verdadero Dios, mientras que los que blasfeman suelen saber lo que dicen y saben quién es Dios». Y luego, de nuevo, también las palabras de santo Tomás de Aquino: «La blasfemia es el mayor de todos los pecados». Y, por último, san Bernardino de Siena: «Es el mayor pecado que existe... mayor que la soberbia, el asesinato, la ira, la lujuria y la gula... La lengua del que blasfema es una espada que traspasa el nombre de Dios». Los chicos lo escucharon. Un poco aturdidos, no reaccionaron. Dejaron de amenazarlo y se fueron. No sé lo que pensarían entonces. Pero estoy segura de que una vez que llegaron a sus casas, las palabras de Carlo comenzaron a trabajar en sus corazones. Con los chicos en la calle de Santa Margherita, sin embargo, decidió no hacer nada. Cerró la ventana y me pidió que orara con él por ellos. Y así lo hicimos.

En Rapallo hay un hermoso santuario dedicado a la Virgen. Se encuentra en lo alto del cerro Montallegro. Muchos peregrinos van allí a rezar todos los años. Es un lugar considerado milagroso. En 1597 se dice que María se apareció al campesino Giovanni Chichizola pidiéndole que hiciera construir ese santuario en su memoria perpetua. Ella se presentó a él como la madre de Dios. Como señal de su aparición dejó un icono donde se representa su asunción al cielo y, al mismo tiempo, una fuente de agua considerada milagrosa.

Todos los años iba a Montallegro con Carlo. Ese verano tampoco hice una excepción, aunque nunca imaginé que sería nuestra última peregrinación juntos. Carlo también le pidió a María la gracia especial de poder ir directo al cielo sin pasar por el purgatorio. Habíamos traído algunas botellas de plástico vacías con nosotros. Las llenamos de agua del manantial milagroso y las llevamos con nosotros a Santa Margherita.

Carlo era muy aficionado a estos lugares de gracia donde María hacía brotar manantiales de agua bendita. Decía que es importante aprovechar estos dones del cielo, ya que todos estos dones gratuitos son útiles para avanzar en el camino espiritual personal, para crecer y ser ayudados a superar los propios defectos y las propias debilidades.

Ese día también había llegado en romería un grupo de discapacitados, algunos en silla de ruedas. Carlo se ofreció espontáneamente a echarles una mano. Porque les costaba mucho subir hasta el santuario. Y entonces Carlo los ayudó. Mi hijo era así: hasta en el supermercado, por ejemplo, si veía que a alguien le faltaba dinero para pagar, se ofrecía a pagarle. Estaba atento a todos, incluso en el metro o en el autobús, de nuevo por poner un ejemplo, siempre cedía el paso a la gente mayor. Ese día pasó mucho tiempo con esos niños discapacitados. Era natural para él.

Debo decir que tenía debilidad por las personas discapacitadas. Para él eran un regalo de Dios, siempre decía que vivían de una manera particular en el corazón de Dios. Muchas veces su discapacidad los hacía totalmente dependientes de los demás. Y al mismo tiempo capaces de reconocer la presencia de Dios de manera sencilla y directa. Carlo valoraba su capacidad de aceptar la realidad, su docilidad respecto a la condición en que habían venido al mundo. Para él eran un testimonio para mirarse, una referencia. Es cierto que era él quien a menudo se ofrecía a ayudarlos, a estar cerca de ellos, a hacerles compañía. Pero al mismo tiempo fueron ellos quienes le enseñaron las justas proporciones a tener en la vida, el justo sentido de las cosas, la justa medida.

Carlo había leído *Nacido dos veces*, el libro en el que Giuseppe Pontiggia relata la relación de un padre con su hijo discapacitado. Le llamó la atención el camino tomado por su padre. Con los años, Pontiggia, gracias a su hijo, entendió que lo importante no era tanto la llamada normalidad, sino ser uno mismo en cualquier situación que se encuentre viviendo. Carlo siempre releía el último párrafo del libro, citándolo como un ejemplo al que remitirse. Es el padre quien habla de su hijo. Él dice: «Traté de cerrar los ojos y abrirlos de nuevo. ¿Quién es ese chico que se tambalea junto a la pared? Lo veo por primera vez, está discapacitado. Pienso en cómo habría sido mi vida sin él. No, no consigo imaginarlo. Podemos imaginar muchas vidas, pero no podemos renunciar a la nuestra».

Carlo sentía un amor particular por los enfermos, especialmente por los que más sufrían, y al mismo tiempo por los ancianos. Cuántas veces lo he visto ayudar a señoras mayores a llevar la compra a casa. Se ofrecía espontáneamente. Me decía: «Tú vete a casa, que yo llegaré enseguida». Y desaparecía junto con aquellas damas que nunca terminaban de darle las gracias. Era conocido por todos en el barrio, muchos lo consideraban como un ángel. Pero no hizo cosas extraordinarias, solo cosas ordinarias, pero con un gran corazón.

En algunos aspectos, era solo un joven de otra época, no sé qué otro término usar. Ese verano, en Santa Margherita, Giovanna, la prima de Carlo, ocho años menor que él, vino a pasar unos días a nuestra casa. Carlo la quería mucho, jugaba con ella, siempre trataba de hacerla feliz. Era hijo único, así que para él era en cierto modo como esa hermanita que tanto deseaba tener. Recuerdo que antes de irnos de la playa para volver a casa, quiso comprarle un regalo con sus ahorros. Le entristecía pensar que cuando nos fuéramos, su prima se quedaría sola con la niñera. Porque también los abuelos paternos estaban a punto de irse. Y sus padres estaban de viaje de negocios. Le pidió a mi esposo que llevara a su prima pequeña con nosotros. Pero no pudo ser, porque nos fue imposible contactar con su madre, que en ese momento estaba en un país lejano. Él estaba muy apenado. Aquella fue la última vez que la vio.

En los años siguientes, con motivo de la misa que mandábamos celebrar cada aniversario de la muerte de Carlo, Giovanna siempre prorrumpía en un desconsolado llanto durante toda la celebración. Carlo también se había ganado su corazón. Ciertamente experimentó profundamente el amor que tenía por ella.

Una noche fuimos a cenar a Portofino. Al salir del restaurante, vi a Carlo apartarse un poco. Estaba como ausente. Parecía bastante pensativo y un poco melancólico al mismo tiempo. No le dije nada. De vez en cuando tenía estos momentos. Con el tiempo había aprendido a no invadir este espacio suyo. A dejarlo en paz. Pero de camino a casa me di cuenta de que estaba particularmente taciturno. Entramos en casa, saludamos a los abuelos y nos fuimos directamente a la habitación para dormir. Lo miré quizás un poco más de lo debido, tanto que se sintió obligado a hablarme. Tenía una gran sensibilidad. No quería preocuparme, así que tomó la iniciativa y me contó su estado de ánimo.

Me dijo que al salir del restaurante había oído una voz interior que le hablaba. Me dijo que había adivinado que era la voz de Jesús y que le había dicho estas dos sencillas palabras: «Tengo sed». Sí, las mismas palabras que Jesús había pronunciado en la cruz poco antes de morir.

Me explicó su interpretación: el Señor había querido que comprendiera cómo se sentía ante toda aquella pompa, ante la riqueza y la opulencia de Portofino. No hubo un juicio negativo, hubo más que nada la sed de Jesús por la salvación de todos, y de las personas que allí estaban en particular.

Me conmovieron mucho sus palabras. Comprendí una vez más cómo debía relacionarme con los bienes materiales, percibí de una manera más profunda que no es la riqueza la que da la felicidad y que la única preocupación real debe ser la salvación de nuestras almas y de las personas que encontramos: ¿Para qué sirve ganar el mundo entero si luego te pierdes a ti mismo? Después de todo, el mismo Carlo me había confiado varias veces que «un paso en la fe es un paso adelante hacia el ser y un paso atrás frente al tener».

Carlo siguió hablando conmigo. Me dijo que «si Dios posee nuestro corazón, entonces poseeremos el infinito». Y me explicó que quien confía solo en los bienes materiales y no en el Señor, es como si llevara una vida al revés, parecida a la de un conductor que, en lugar de ir derecho a su destino, viaja siempre en sentido contrario, en la dirección opuesta a su objetivo, arriesgándose constantemente a chocar con otra persona.

Una mañana, en los días siguientes, los abuelos invitaron a sus conocidos al barco. Algunos eran nobles. Si no recuerdo mal, uno de ellos era un conde. Antes de subir al barco, uno de estos amigos pidió a los dos marineros que cuidaban el barco, y que ayudaban a su abuelo en las maniobras de atraque y salida del muelle, que ayudasen al «conde» a subir a bordo. Lo dijeron recalcando la palabra «conde», como para subrayar su «estatus». Recuerdo que Carlo se sonrojó.

Estaba muy avergonzado por la forma de hablar de esos señores. Se sentía a años luz de aquel acto tan *snob* y estaba muy avergonzado. Era algo que le superaba.

Mi hijo era así. Era muy sencillo. No le gustaban los títulos y ni siquiera todos esos perifollos que algunos ponían delante de sus nombres y apellidos. Como si siempre existiera la necesidad de señalar una diferencia o fuera obligatorio diferenciarse de quien está en frente de nosotros. A Carlo no le gustaban los que se sentían importantes, los que hacían que los demás se sintieran inferiores a sí mismos, los que enfatizaban una diferencia económica o de estatus en sus formas y palabras. Para él, los valores, el dinero, eran básicamente «papel usado» destinado a la basura.

A menudo decía que uno no nace rico o noble por elección, que uno no tiene ningún mérito por serlo. Mientras que «nobles de espíritu, sí, se llega a serlo solo por elección, por voluntad propia, y quien lo consiga tendrá muchos méritos en el cielo». Sentía su corazón constantemente en simbiosis con los más débiles, cerca de los últimos. Reiteró que quien tiene muchos medios no debe hacer sentirse inferiores a los demás, no debe avergonzar a los demás, sino dar gracias a Dios por lo que ha recibido gratis y ayudar a todos aquellos que la Providencia pone en su camino y que son menos afortunados. Compartir era para él un imperativo categórico. Decía que dar nos hace a todos hermanos. Hacer que los demás disfruten de lo que tenemos y al mismo tiempo disfrutar de las riquezas de los demás. Todo el mundo tiene regalos para los demás, a menudo ocultos. Y estos regalos son para todos. Decía que la comunión de los santos no es algo que pertenezca solo al cielo, sino que hay que buscarla aquí, en la tierra, que puede comenzar en este mundo. El paraíso terrenal es precisamente este compartir, este poner en común lo que se es y lo que se tiene.

Carlo no podía soportar ninguna injusticia social. Siempre lo decía, hasta la saciedad: «Todos los hombres somos criaturas de Dios. Todos somos amados por Dios, nadie está excluido».

Recuerdo un episodio que no ocurrió ese verano pasado, pero que está ligado a este tema. Un noble perteneciente a una orden de caballería vino a visitarnos a Milán. Tenía una cita en la ciudad y quería pasar a almorzar con nosotros. Iba vestido con el traje de los caballeros. Su pecho estaba cubierto con tantas medallas que no se veía la tela de debajo. Carlo se divirtió mucho con esta persona. Como siempre, no tenía una

mirada crítica o acusatoria sobre él. Simplemente le
divertía su forma de hacer las cosas, sus movimientos y
su forma de hablar, un poco anticuadas. Cuando se fue,
Carlo, para hacernos reír, apareció con unas medallas
de papel que había diseñado pegadas en su pecho. No
lo hizo para denigrarlo, sino de alguna manera para
restarle importancia, para rebajar una actitud un poco
anacrónica: para Carlo las medallas más importantes tenían que quedar grabadas en el silencio de su corazón,
eran las medallas del amor, del compartir, de la caridad.
En su opinión, los adornos que se ponen a la vista de
todos sobre el propio pecho no sirven de nada.

Un invierno, nuevamente, los abuelos paternos, que
tenían una casa en Suiza, nos invitaron a las montañas
a pasar una semana de esquí. La casa estaba cerca de
la conocida estación de esquí de Gstaad. Estábamos
alojados en un pequeño hotel no muy lejos. Los abuelos tenían un especial interés en que Carlo aprendiera
a esquiar bien. Habían contratado a una monitora de
esquí muy buena y bien preparada para que le diera
clases durante quince días. Ella nos llevaba a esquiar
desde la mañana hasta la noche, íbamos siempre y solo
con ella. Tanto es así que al final de las vacaciones
Carlo había aprendido tan bien que se inscribió en una
pequeña competición en la que incluso ganó una medalla al clasificarse en el segundo puesto. Una mañana
una de sus primeras alumnas, una señora de mediana
edad, una baronesa muy famosa que hablaba inglés
con un acento propio de la gente de la alta nobleza, se
nos acercó para esquiar con nosotros. Carlo se divertía

mucho escuchándola hablar en ese inglés extravagante, tanto que incluso en los años siguientes, cada vez que quería bromear sobre alguien que se hacía pasar por un snob, empezaba a imitar su acento.

Recuerdo varios episodios como este. Un día, nuevamente, Carlo fue invitado a almorzar en casa de un amigo suyo en Milán cuya familia era muy conocida. Nuestro empleado doméstico, intrigado y emocionado por el hecho de que Carlo hubiera estado en casa de aquellas personas, lo acribilló a preguntas. Carlo fingió no escuchar, pero él insistía. A la enésima pregunta, Carlo cortésmente respondió que la casa era como todas las demás casas, que tenía una habitación, una cocina y también un baño. Lo dijo con su típico acento romano que me tomaba prestado de vez en cuando y que tanto me hacía reír. Lo usaba cuando quería restar importancia a una situación un tanto embarazosa, o echar agua al fuego y hacer reír un poco a sus amigos milaneses. Él no era un chismoso. No le gustaba dar satisfacción a aquellos que querían saber demasiado acerca de los demás. Más bien, amaba la confidencialidad, la discreción, especialmente cuando se mencionaban personas que no estaban presentes. No quería escuchar chismes o calumnias, sobre este punto no transigía. El mal, argumentaba, comienza con el pensamiento, pero hace daño cuando se convierte en palabra. Sabía que las palabras pueden ser como proyectiles, que pueden hacer mal, y disuadía a cualquiera de decir cotilleos.

Carlo quería mucho a su «cuidador» Rajesh, pero deseaba que fuera un poco menos materialista. Desde

temprana edad le escribió cartas a Jesús pidiéndole
gracias para cambiar el corazón de Rajesh. Recuerdo
que estaba literalmente sorprendido de que Rajesh
gastara todo el dinero de su salario en comprar ropa
y regalos para enviar a sus familiares en la República
de Mauricio. Quedó muy impresionado cuando una
vez lo vio llegar a casa con un enorme saco lleno de
zapatos. Se parecía a Papá Noel. Había encontrado un
puesto en un mercado que vendía de todo por un euro
y había comprado trescientos pares de sandalias para
enviárselas de regalo a su hermana. Para Carlo era una
exageración. Imaginad el asombro de Carlo, un joven
que, cuando yo quería comprarle dos pares de zapatos,
se enfadaba mucho porque decía que con uno era suficiente. «Con el dinero ahorrado –me decía– podemos
ayudar a los que ni siquiera tienen para comer».

Carlo podía estar meses con un único par de zapatos.
Se vestía con más sencillez que sus otros amigos. No
seguía para nada las tendencias. No prestaba atención
a las modas. Más bien, buscaba siempre la sencillez, la
economía, la moderación. Era elegante por su sonrisa,
y no por ir vestido de una u otra manera.

Recuerdo que un día le robaron en el colegio una
hermosa bicicleta que le habíamos regalado por su
cumpleaños. No lo lamentó en absoluto. Cuando le
dije que le compraría una nueva, respondió que no la
quería y que prefería usar una bicicleta vieja que estaba
arrinconada en el garaje. La arregló y comenzó a correr
con ella. Sonriente y feliz con su «nueva» bicicleta, res-
taurada pero aún bastante destartalada. Todavía lo veo

por las calles de Milán, deambulando con su bicicleta, deteniéndose para saludar a los muchos porteros y conserjes que encontraba a su paso, la gente más sencilla del barrio, cuando iba a visitar a los sintecho y a los necesitados de la zona. Como dote llevaba su sonrisa. Les transmitía su amor, un amor que brotaba de su corazón con extrema naturalidad. No había nada artificial en él.

Nunca se comparó con los demás. Era modesto, sencillo, no le gustaba alardear. No le gustaban los que criticaban a los demás y siempre trataba de no dejarse arrastrar por este tipo de discursos. Donde sentía fricción, se escabullía o intentaba cambiar de tema. Una vez me dijo al respecto: «¿Por qué disminuir la luz de los demás para hacer brillar la propia?». Sabía que la luz de los demás era un regalo para todos.

Lo sé. Debería hablar del último verano de Carlo, pero los recuerdos me llegan como un río embravecido y los dejo fluir. Trato de organizar un poco todos los recuerdos pequeños y grandes tal como me vienen a la mente. Me gusta pensar que Carlo está guiando mi escritura. Siempre lo siento cerca y estoy convencida de que realmente así es. Es él quien habla a través de mí en este libro. Suya es la voz que recuerda a través de la mía.

Un día fuimos de compras. Había visto un protector solar expuesto en un escaparate que costaba unos cincuenta euros. Estaba un poco indecisa, no sabía si comprarlo o no. La necesitaba. También era de marca y por lo tanto me inspiraba con confianza. Carlo estaba un poco escandalizado por el precio, porque no entendía cómo una simple crema podía costar tanto. Habíamos tratado el tema de los gastos innecesarios varias veces. Sabía que yo, a diferencia de mi esposo, era un poco más derrochadora. Y por esto de vez en cuando me reprendía.

Ese día aprovechó para catequizarme. Me contó la historia de la beata Alejandrina María da Costa; había leído algunos libros sobre ella para preparar uno de los paneles de una exposición que organizó para los milagros eucarísticos. Esta mística, según dicen los biógrafos, había vivido durante catorce años alimentándose únicamente de la eucaristía. Carlo la amaba mucho. Entre otras cosas, decía que había recibido una pequeña señal de ella: un amigo nuestro que trabajaba en Radio Vaticana y que se había ocupado de los reportajes sobre la beatificación de Alejandrina, le había enviado inesperadamente una reliquia suya como regalo. A Carlo le gustaban mucho las reliquias de los santos, pero aquella reliquia de Alejandrina la guardó celosamente. Decía que era una de las cosas más preciosas que tenía. Me contó cómo Jesús, al dirigirse a Alejandrina, se quejaba de aquellos que gastaban demasiado en el cuidado de su cuerpo y se convertían así en prisioneros de su propia vanidad.

Me dijo que una vez el Señor le hizo comprender que no amaba a las personas vanidosas, a las que estaban demasiado apegadas a la imagen exterior de sí mismas. En particular, Carlo no entendía por qué los hombres se preocupaban tanto por la belleza de su cuerpo, sometiéndose a torturas y esfuerzos agotadores para mejorarse, mientras que no prestaban atención a la belleza de su alma. Era una incongruencia demasiado grande ante sus ojos. Estaba convencido de que vivir para los demás era un compromiso personal, que debía ser asumido por cada uno individualmente. Por ejemplo, decía: «Renunciar a lo superfluo para ayudar a los demás es un esfuerzo que afecta a cada uno individualmente: es un compromiso que nos ayuda a convertirnos en esa luz que tanto necesita el mundo». Le resultaba demasiado fácil sacar a relucir discursos vagos, como el de la lucha contra la carrera armamentista, que tiene toda la razón, pero no nos afecta personalmente porque atañe a los gobiernos. Si bien, por ejemplo, renunciar a un vestido o una joya para ayudar a alguien, esto sí nos involucra.

Pasaban los días y se acercaba el final de nuestras vacaciones en Liguria. Yo no sabía que sería el último verano con mi hijo.

Decidimos regresar a nuestra casa en Asís, la ciudad donde a Carlo le gustaba estar más que en ninguna otra. Asís significaba para él redescubrir la sencillez de vivir, una ciudad inmersa en la naturaleza, en el silencio y en esa espiritualidad franciscana que tanto amaba. San Francisco fue un faro para él, el santo que eligió estar con los últimos, que no tuvo miedo de besar a los leprosos, a los marginados de su tiempo, que vivió configurado con Jesús, que lo buscó en el silencio y en la oración, en el recogimiento y en la entrega a los demás.

Asís fue el lugar donde el alma de Carlo voló hacia cumbres inexploradas, su corazón encontró el espacio propicio para proyectos de amor, compromisos de entrega por los necesitados, que para él no eran solo los pobres, sino todos aquellos que estaban privados de una vida interior.

A Carlo le encantaba retirarse a algunos lugares queridos por san Francisco y aquí buscaba el silencio. Lo recuerdo caminando por los campos que rodean Asís, entre los olivos donde los pájaros hacen sus nidos. La tranquilidad para él no era un escape del mundo, sino un lugar para vivir con Dios y escuchar su voz. Sabía que cuando te sumerges en el océano de tu interioridad, el cielo puede descender a la tierra y comunicar sus tesoros. Si, por el contrario, estás continuamente inmerso en mil ruidos, si vives rodeado de caos, esta voz no puede alcanzarte o al menos te es difícil escucharla.

Antes de abandonar Liguria fuimos a abastecernos de *focaccia*. A Carlo le gustaba mucho. El olor de esa *focaccia* comprada en una panadería junto al mar todavía vuelve a menudo a visitarme. A veces parece que lo percibo. Sin embargo, desde ese verano no he podido volver a Santa Margherita.

Gran parte del verano lo dedicó a trabajar para sus exposiciones virtuales y para la web de los jesuitas dedicada al voluntariado. Trabajaba en ello principalmente por las noches. A veces se quedaba despierto hasta las tres de la mañana. Fue un compromiso que cumplió con mucha determinación, siempre con alegría. A finales de ese verano también iba a publicarse un catecismo dedicado a los niños que se preparan para la primera comunión, que estábamos realizando junto con la Libreria Editrice Vaticana para la diócesis de Roma. Desde hacía algún tiempo mi familia era propietaria de una editorial dedicada a textos históricos y científicos, pero yo había querido crear una línea editorial para difundir textos católicos valiosos que en mi opinión no tenían espacio en el segmento editorial católico. Por poner un ejemplo, nuestras son las *Sources Chrétiennes Italia*, que aún publicamos en colaboración con el Estudio Dominicano de Bolonia. Carlo también me ayudó mucho con este catecismo. Incluso se improvisó como ilustrador. En realidad, algunos de los dibujos de ese libro fueron diseñados por él con algunos programas gráficos.

A pesar de trabajar hasta altas horas de la noche, era muy madrugador. Íbamos juntos a misa muy temprano, ya sea a la iglesia de San Francisco o a la de Santa Clara. A veces sucedía que por la noche decidíamos asistir a una segunda misa en la Basílica de Santa María de los Ángeles, donde el Santísimo Sacramento estaba expuesto todas las tardes para la adoración eucarística. Amaba mucho esa Basílica, especialmente la pequeña capilla de la Porciúncula, allí conservada, donde, una noche de 1216, Jesús y la Virgen María se aparecieron a san Francisco, inmersos en una luz muy brillante, sobre el altar, rodeados de una multitud de ángeles. Pasaba mucho tiempo allí adorando a Jesús, que en realidad estaba presente en el tabernáculo. Permanecía allí en silencio, como inmerso en un diálogo íntimo y personal con el Señor. Decía que le gustaba estar en ese lugar especial: «Él me mira –explicaba– y yo lo miro a él. Este mirar es enriquecedor. Dejo que el Señor me observe, que ahonde dentro de mí, que dé forma mi alma, que la moldee. Está realmente presente, no es una invención. Está ahí. Si todos pudieran ser conscientes de ello cómo correrían. Si todos creyeran esta verdad, cómo cambiaría su existencia y cómo mejorarían».

En un pasaje de las *Fuentes franciscanas* se relata un diálogo que san Francisco tuvo con el Señor: «Te ruego que todos los que, arrepentidos y confesos, vienen a visitar esta iglesia, obtengan un amplio y generoso perdón, con una completa remisión de todos los pecados». El Señor concedió esta gracia especial que aprobó el entonces Pontífice Honorio III. Cuando el Papa le preguntó por cuántos años deseaba esta indulgencia, san Francisco respondió: «Santo Padre, no pido años, sino almas». Y el 2 de agosto de 1216, junto con los obispos de Umbría, radiante de alegría, anuncia a todo el pueblo reunido en la Porciúncula: «¡Hermanos míos, quiero enviaros a todos al paraíso!». Carlo contaba a menudo esta historia. Y decía: venir aquí a orar significa abrir las puertas que nos llevan a nuestra salvación.

Hacia la hora de comer, como decía, fuimos a la piscina municipal, donde Carlo se había hecho amigo de los socorristas. De vez en cuando les ayudaba a limpiar la piscina. También se alegraba cuando podía sustituir a alguien que estaba de guardia en el bar para permitirle que fuese a comer y tomarse un descanso. También me pidió permiso, para el año siguiente, para poder trabajar él mismo como camarero. En primer lugar, quería tener una experiencia directa para comprender mejor el valor del dinero ganado con sus propias «fuerzas», y no tener que depender siempre de nosotros los padres y también para tener más medios disponibles para ayudar a los más necesitados. Y con sus ahorros había apadrinado a algunos niños. A través de ciertas asociaciones especializadas, deseaba aumentar el número de niños adoptados.

Carlo se dedicó de manera particular al ecumenismo. A pesar de ser muy joven, se sintió atraído por este tema, por la búsqueda de la unidad entre los cristianos.

Cuando íbamos juntos a Roma, donde siempre vuelvo con mucho gusto, frecuentábamos a algunos amigos pertenecientes a las órdenes de los dominicos y de los jesuitas. Ellos han sido los primeros en hablar con Carlo sobre el ecumenismo, sobre el intento de fomentar el diálogo no solo entre las diversas religiones, sino sobre todo entre las diferentes confesiones cristianas.

Para mi hijo, este esfuerzo era muy importante. Siempre seguía lo que decía al respecto el papa Benedicto XVI, quien hizo de este diálogo una prioridad dentro de su pontificado.

En la medida de sus posibilidades, también había seguido los esfuerzos realizados al respecto por Juan Pablo II, pero fueron sobre todo las palabras pronunciadas sobre el tema por el papa Benedicto XVI, inmediatamente después de su elección, las que lo impresionaron.

En agosto de 2005 siguió con intensidad el viaje de Benedicto XVI a Alemania. Le conmovió mucho el discurso que el Papa pronunció improvisadamente el 19 de agosto ante los representantes de las Iglesias protestantes y ortodoxas. Ratzinger explicó que no creía en un ecumenismo totalmente centrado en las instituciones. Para él la cuestión seria era cómo la Iglesia debía dar testimonio de la palabra de Dios en el mundo: un problema afrontado por el cristianismo ya en el siglo II y resuelto desde entonces con decisiones que, según él, también deberían aplicarse a la Iglesia de hoy.

En otro pasaje, Benedicto XVI rechazó «lo que podría llamarse ecumenismo de retorno: es decir, negar y rechazar la propia historia de fe». Porque la «verdadera catolicidad» es pluriforme: «Unidad en la multiplicidad y multiplicidad en la unidad».

Carlo estaba fascinado por el papa Benedicto XVI. Siempre decía que Nuestra Señora estaba muy interesada en la unidad entre los cristianos y que por eso era necesario rezar y sacrificarse. Cada año, en enero, con motivo de la oración por la unidad de los cristianos, Carlo hacía siempre una novena. Estaba atento a las necesidades de la Iglesia, y también le gustaba seguir los acontecimientos eclesiales, como la visita del papa a Alemania.

Había llegado a conocer a varios sacerdotes ortodoxos. Apreciaba mucho sus liturgias y sus cantos. También era muy aficionado a los iconos, y atesoraba con gran devoción una reproducción de la madre de Dios de Vladimir que le habían regalado unos familiares y que guardaba colgada en su dormitorio. Decía que con iconos es posible comunicarse. Para él no eran simples pinturas: no representan figuras realistas, sino que representan, con una ventana que concede, a quien los contempla y adora, el acceso a un mundo totalmente espiritual. El propio término «icono» hace referencia a la idea de aparecer, ser similar a una imagen ideal, a algo que va más allá de la dimensión de la realidad. Los iconos nunca son obras artísticas en sí mismas: su calidad estética será tanto mayor cuanto más logren ser expresión de una profunda verdad de fe, instrumento que nos envuelva y nos permita entrar en una relación con Dios, Jesús, María y los santos.

No en vano, el teólogo y doctor de la Iglesia san Juan Damasceno argumentaba que cada icono es «como lleno de energía y de gracia», es una participación entitativa del cuerpo de Cristo y de la Virgen, que transmiten su santidad a la materia con el que están pintados. En definitiva, los iconos, para la historia del cristianismo, han sido mucho más que pinturas. Al presentar un personaje o un evento, recuerdan al que representan. Son una especie de teofanía, de manifestación divina: constituyen por tanto una presencia y crean un vínculo concreto, tangible, entre los fieles y la divinidad misma. Algunos iconos son todavía hoy objeto de extraordinaria devoción. Carlo conocía estos conceptos y, comprendiendo la sacralidad que representan los iconos para toda la cristiandad, los consideraba importantes también dentro del diálogo ecuménico.

En Roma, pero también en otros lugares de Italia, Carlo había entrado en contacto con varias comunidades religiosas que trabajaban por el diálogo entre cristianos. Estaba fascinado con ellos. Siguió sus esfuerzos y oró por ellos. En Umbría, por ejemplo, en Umbertide, existe la rama masculina de la comunidad monástica de Belén, que, a pesar de estar inspirada en la Orden de los Cartujos fundada por san Bruno, ha abrazado la liturgia oriental. Fuimos allí varias veces con Carlo e hicimos pequeños retiros, participando en su liturgia. El convento está rodeado de una hermosa naturaleza que invita al recogimiento y la oración.

El interés de Carlo por el Oriente cristiano nació sobre todo de la profunda convicción de que uno de los desafíos más importantes del cristianismo en el tercer milenio sería restablecer la anhelada unidad entre todos los cristianos. Carlo decía que la Iglesia había sido fundada por Cristo como una y única, sin embargo, muchas comuniones cristianas se proponen a los hombres como la verdadera herencia de Jesucristo. Todos dicen ser discípulos del Señor, pero piensan diferente y caminan de manera diferente, como si el mismo Cristo estuviera dividido. Para Carlo esta división contradice abiertamente la voluntad de Dios, y es un escándalo para el mundo porque daña la causa de la predicación del Evangelio a toda criatura.

Como hemos dicho, a Carlo le gustaba mucho *El Principito*. Respecto al diálogo ecuménico, repetía a menudo que le hacía pensar en aquel pasaje del libro en el que el aviador de niño, que es el propio autor, muestra a los adultos su dibujo, la boa que ha engullido a un elefante, pero nadie lo entiende y todos ven en el dibujo un simple sombrero. Decía que para volver a la unidad, es necesario volver a la eucaristía. Para Carlo las palabras de Jesús en el evangelio de Juan –«Para que todos sean uno, como tú, Padre, en mí, y yo en ti, que ellos también sean uno en nosotros, para que el mundo crea que tú me has enviado» (Jn 17,21)– debían interpretarse correctamente como un mensaje de unión y de unidad en el vínculo de la eucaristía.

Agregó que al diablo le interesa mucho que los cristianos estén desunidos y que por eso provoca la deserción de la eucaristía. Para Carlo, el verdadero motivo de la separación entre los cristianos se debió principalmente al lento, pero inexorable, enfriamiento general que a lo largo de los siglos ha comprometido el fervor hacia la eucaristía. Siempre decía que «el Espíritu Santo, tal como prometió, fue transmitido. El pueblo de la Nueva Alianza, la Iglesia, fue llamado. Este pueblo estaba unido en la fe, en la esperanza y en la caridad, es decir, las virtudes teologales, que son el tejido de unión. La fe nos lleva a un solo Dios. La esperanza nos hace esperar en un solo Dios. La caridad nos hace amar a un solo Dios. Las virtudes teologales juntas crean la unidad. Cuando se cree menos, cuando se espera menos, cuando se ama menos, la unidad se desvanece y desaparece. El termómetro y el barómetro de la unidad son las virtudes teologales. Por tanto, es necesario medir y sopesar la consistencia de estas virtudes en cada creyente». Lo sé, son discursos algo difíciles y casi para adultos. Pero los pensamientos de Carlo eran realmente estos, y no puedo evitar repetirlos. Para Carlo, el Apóstol Pablo es muy claro sobre la unidad de los cristianos, especialmente cuando dice: un solo cuerpo, un solo Espíritu, una sola esperanza, un solo Señor, una sola fe, un solo Bautismo (cf Ef 4,4-6).

Evidentemente el Apóstol solo tiene en mente la unidad y la tiene en mente porque, con razón, cree que es, para la Iglesia, una realidad de absoluta importancia. En los años 1054 y 1517 hubo dos traiciones contra el mismo Apóstol, las dos escisiones más sensacionales, la del cristianismo oriental y occidental y la interna de Occidente. Esas prácticamente han destruido su obra apostólica. El cuerpo místico para Carlo «es la realidad que constituye la esencia misma de la Iglesia». Decía: «La cabeza es Cristo, los miembros son los fieles. La cabeza más los miembros son el cuerpo místico. Esta maravillosa realidad que la gracia nutre a través de todos los sacramentos y de cada uno de ellos tiene unidad en sí misma y produce unidad. Esta unidad, que no se encuentra en ninguna organización pasada o presente, se concreta y vive en la única fe, la única esperanza, la única caridad. Las virtudes teologales encuentran su actualización en los sacramentos».

Carlo sabía bien que, desde el punto de vista organizativo, la jerarquía trabaja en conjunto. Unión, decía, no unidad. La unidad es proporcionada por la fe y los sacramentos. La unión se mantiene por la jerarquía legítimamente constituida y legalmente operativa. Carlo solía decir que «entrar en el tercer milenio con el manto discreto de Cristo rasgado en tres partes es un crimen que clama venganza a los ojos de Dios». También explicó que si bien se recuerdan las dos fechas de 1054 y 1517 y se reconoce que ha pasado demasiado tiempo desde entonces sin llegar a una unificación, se debe esperar que en el primer siglo del tercer milenio se pueda alcanzar una nueva unión. Jesús habló de «un solo rebaño y un solo pastor». No dijo dos o tres o más, sino uno solo. Y entonces, proseguía diciendo que mientras se espera tal objetivo, no hay que quedarse en las palabras, como se ha hecho hasta ahora y en exceso, sino pasar a los hechos. Y los hechos son: reconocernos los unos a los otros, pecadores y corresponsables; estudiar las causas esenciales de las diferencias; con humildad y sencillez para apuntar a la verdad, que solo puede ser una; retornar a la pobreza evangélica; redescubrir la voluntad de la reevangelización desde dentro: no se puede, ni se debe, fijar la mirada en las ovejas de los otros rediles, cuando las propias vagan sin orden ni regla. Solo así la Iglesia particular no será un peligro, como puede ocurrir, sino una auténtica y genuina riqueza. «Para tener más gracia, es necesario ser asiduos al sacramento de la eucaristía», decía Carlo, que continuaba afirmando: «Los sacramentos no son siete, sino seis más uno. Seis dan o restauran la gracia. El séptimo, la eucaristía, es la fuente de la gracia. Por tanto, *en, con* y *para* este sacramento, cuanto más nos acercamos a él, más gracia se derrama sobre nosotros. Las oraciones, novenas, peregrinaciones, semanas por la unidad de los cristianos, etc., sin la eucaristía, son palabras vacías».

Para Carlo «es necesario que cada uno se adapte a la comunión, es decir, cada persona debe hacer un esfuerzo diario para mejorarse a sí misma. ¿Cómo? Pues eliminando un defecto tras otro y conquistando una virtud tras otra. Aquí está el secreto. Si han pasado tantos siglos desde el cisma de Oriente y la revuelta protestante, ha sido porque intentaron estudiar demasiada teología y demasiada historia, pero olvidaron hacerse santos. El designio de la bondad de Dios es que la gracia circule de tal manera que los cristianos de las tres confesiones se sientan impulsados a la unidad. Cada día la vida cristiana debe caracterizarse sustancial y esencialmente por esta acumulación, este almacenamiento, esta capitalización de la gracia. Todo lo demás es algo marginal o, como mucho, aportaciones y nada más».

Carlo entendió bien que el patrimonio de la Iglesia oriental es de un valor incalculable. Son ritos estupendos diseñados con todo lujo de detalles, de modo que la variedad en la Iglesia no solo no perjudique su unidad, sino que la manifieste, la fortalezca y la embellezca. Me he dado cuenta de que eran discursos inusuales en la boca de un adolescente. Pero eran sus discursos. Carlo era un chico muy sencillo, pero a la vez muy profundo.

3

Pequeños signos

Somos el fruto de nuestras decisiones y acciones. Carlo lo sabía bien. Asimismo, gracias a ser consciente de ello, rápidamente logró y completó los objetivos que se había propuesto alcanzar. Generoso, desinteresado, un chico siempre atento a los demás. Actuó como lo más noble de su corazón lo impulsó a hacer y así se convirtió en lo que muchos conocen y adoran hoy en día.

Podemos decirlo de otra manera: Carlo se ha entregado a la parte de sí mismo que siempre lo ha animado hacia una dirección específica. Todos podemos elegir lo que consideramos «bueno» para nosotros mismos, qué ser y qué no ser. Carlo eligió simplemente el bien supremo: amar a Jesús y ponerlo en el centro de su vida, y, a través de él, amar a todos los que se cruzaron en su camino.

Hay algo en el ADN de mi familia que une a nuestras generaciones, puedo decirlo al menos desde mi abuelo hasta Carlo. Algo que, siento, nos sigue uniendo a pesar de que muchos de nosotros han pasado ya a la otra vida. Son pequeños signos, pero me dicen mucho. A pesar de los traspiés y caídas, siempre presentes en la vida de todos, cada día se me hace más evidente que es ese hilo el que Carlo ha decidido hacer suyo. El hilo de la generosidad, del altruismo. Ese hilo que, estoy segura, fue característico de la vida de mi abuela, la madre de mi padre.

Nacida en Nueva York, se mudó a Salerno cuando tenía unos dieciocho años. Era conocida por ser una mujer muy generosa y religiosa. Cuando ella murió, fueron muchas las personas que espontáneamente comenzaron a rezarle, a pedir gracias de intercesión, especialmente entre los pescadores del puerto de Salerno. Muchos de estos han testificado que le han rezado y recibido gracias de ella. Conocí a su director espiritual, el padre Theodori. Había sido misionero en China durante treinta años. Perteneció a la Orden de los padres Javerianos. Fue él quien me contó lo especial que era mi abuela y me dijo que su hija, Renata, de apenas quince meses, murió prematuramente. Por tanto, al igual que yo, también ella experimentó este gran dolor.

Hemos tenido varios santos en la familia. De la rama de mi madre fue santa Caterina Volpicelli y de la rama de mi padre fue santa Giulia Salzano. Además, junto a esta hubo varios prelados, incluido uno enterrado en la iglesia de San Domenico en Nápoles. Pero también está el padre de mi madre, el abuelo Renato, que se había mudado a vivir a América. En realidad, se vio obligado a huir de Italia durante la segunda guerra mundial. Huyó a Venezuela, donde tenía amigos. Había sido un partidario republicano, que luchó y arriesgó su vida para salvar a varios judíos de la deportación a los campos de concentración. Era muy buen esquiador. Durante la persecución nazi ayudó a muchos judíos a cruzar la frontera italiana para refugiarse en Suiza. No era particularmente religioso. Sin embargo, había estudiado en el Colegio Nazareno de Roma, donde había recibido una educación cristiana. En Venezuela también ayudó a otros. Se hizo amigo de un misionero, con quien fletó una avioneta. Sobrevolaron las áreas de la selva amazónica habitadas por los pueblos indígenas que aún no habían recibido el anuncio de Cristo. Desde la avioneta arrojaban su comida, objetos de interés y hasta sus fotos. Entonces los nativos se acostumbraron a sus caras y les resultó más fácil hacer amigos. Una vez mi abuelo logró salvar a un niño que estaba a punto de ser asesinado durante un rito de sacrificio en honor a los dioses amazónicos. Estoy convencida de que su gran coraje, junto con su fuerte espíritu misionero, es algo que le transmitió a Carlo.

Repito: son muchos los hilos que nos unen de generación en generación. Llevar el mejor hilo entre ellos es trabajo de todos. Carlo creía mucho en esta transmisión. Reiteró que debemos pedir ayuda sin miedo y con insistencia a aquellos de nuestros seres queridos que ya no están. Somos nosotros quienes los necesitamos, no al revés. Es una relación, la que tenemos con nuestros seres queridos, que no termina, sino que continúa. Desde el cielo nos pueden ayudar, desde el cielo pueden enviarnos un poco de su luz.

No todos los días los padres asisten a la beatificación de un hijo. El camino de la santidad, sin embargo, es un

camino para todos. Cada uno de nosotros puede reco-
rrerlo. Cuanto más nos abrimos a la gracia de Dios, Él
más nos abre caminos de bien que luego debemos seguir.
No quiero que Carlo sea recordado como un *Superman*.
Carlo fue un niño y luego un adolescente como tantos
otros, pero que siempre quiso y supo confiar en el amor
de Dios. Su camino –repito– fue posible para todos.

Si pienso en todo lo que me ha pasado, me doy
perfecta cuenta de que realmente hay un hilo que me
asegura que nada sucede por casualidad. Puedo decir
que desde niño la mano de la Providencia ha trabajado
discretamente dibujando ese gran designio que el Señor
tenía para Carlo. No descubrí este diseño inmediatamente. Solo después de su muerte entendí su significado más profundo.

Muchas cosas han pasado en mi vida y han sido
signos importantes. Todos tenemos señales enviadas
desde el cielo durante nuestra existencia. Tenemos que
estar dispuestos a reconocerlos. Mi marido Andrea, por
ejemplo, nació el mismo día que mis padres se conocie-
ron en Roma.

Recibí la confirmación en 1980, mientras estudiaba
en Cortina d'Ampezzo con las Ursulinas. Era el 3 de
mayo, el mismo día que nació Carlo. Creo que la fecha
en que recibí este sacramento, que me convirtió en un
soldado de Cristo, como se enseñaba una vez, explica
que Carlo sería la «misión» más importante de mi vida.
Porque gracias a él inicié un camino de conversión, que
sé que debo continuar y probablemente terminar en el
purgatorio.

Conocí por primera vez a mi marido Andrea en Forte dei Marmi en el verano de 1986. Ese mismo año nos comprometimos. Andrea se graduó en economía política en la Universidad de Ginebra. Dos meses después de graduarse, comenzó su servicio militar en el Cuerpo Alpino de Aosta. Destacó por su seriedad y destreza: se convirtió en alumno destacado. Luego se le permitió unirse a los Carabinieri en el Cuartel Cesare Battisti en Roma, donde yo vivía. Después de su servicio militar se fue a Londres a trabajar en un banco comercial inglés. Yo también, con la excusa de perfeccionar el idioma, fui a Londres. Me matriculé en un máster en economía y gestión de empresas editoriales. Me mudé con una amiga a una hermosa casa en el área de Knightsbridge, cerca de donde vivía Andrea. Pasamos mucho tiempo juntos. Poco antes de casarnos, alquiló una casa nueva donde nos mudaríamos juntos inmediatamente después de la boda. Era un apartamento pequeño, pero muy especial y original. Se ubicaba en la planta baja y formaba parte de una serie de casas adosadas que formaban una especie de óvalo dentro del cual había un maravilloso jardín comunitario. Nuestro dormitorio tenía enormes ventanales que daban a ese mismo jardín y me regalaban hermosas vistas todos los días. Había muchas variedades de flores que florecían en todas las estaciones y por lo tanto el jardín nunca estaba desnudo.

Nuestra casa estaba a pocos minutos de los grandes almacenes Harrods, uno de los «templos laicos» más famosos de la ciudad. Recuerdo que en esta tienda compré el primer juguete para Carlo, un corderito de pelo blanco. Esa elección fue una inspiración celestial. También era –estoy segura– una señal. Yo misma aún no sé por qué decidí llevarme ese peluche, ya que me gustaban mucho las cebras, las jirafas y los perros. Fue como una premonición.

También para el bautizo de Carlo elegí una tarta que siempre hacían en Harrods, en el departamento de alimentación, en forma de cordero, recubierta con glaseado blanco y por dentro con crema de mantequilla, licor y nata. Una tarta diría que memorable, dado el éxito que tuvo. Para mí sigue siendo un misterio por qué también en ese momento me atrajo un dulce con apariencia de cordero.

Desde temprana edad, Carlo se encariñó mucho con su peluche, que siempre guardaba con especial cuidado. Creo que ese corderito prefiguró un poco su destino, ya que antes de morir, a imitación de nuestro Señor, que ofreció su vida por nosotros, también él ofreció sus sufrimientos por la salvación de las almas.

Unos meses antes de que muriera mi hijo tuve un sueño muy extraño, en el que a un corderito lo desangraban y lo dejaban morir, mientras una voz en árabe decía palabras que significaban sacrificio y víctima. Yo no sabía árabe, pero buscando en internet pude encontrarlas exactamente como las había oído en el sueño y entendí su significado: parecían verdaderas y proféticas, sobre todo si las observamos a la luz de la agonía de Carlo, que durante los últimos días de su vida tuvo muchas hemorragias. Ese sueño, en cierta medida, presagiaba la muerte sangrienta de mi hijo, en medio de tantos sufrimientos y dolores físicos.

Estoy profundamente convencida de que Carlo, a imitación de Jesús, fue víctima agradable a Dios para la salvación de muchos. Mi pensamiento es que Jesús lo asoció de manera particular a su pasión: los frutos de la misericordia y las gracias que he visto llover del Cielo a tantas personas después de su muerte me lo confirman cada día más.

Carlo se inspiró para ofrecer sus sufrimientos por la Iglesia. Su vida fue verdaderamente una oblación sin más. Su gesto de ofrenda ha dado y sigue dando muchos frutos, que son el merecido premio después de tantos sufrimientos y cristiana aceptación.

A imitación de Carlo, durante aquellos días de enfermedad ofrecí también este dolor, que el cielo me obligó a aceptar sin más y sin peros, por la Iglesia, por la conversión de los pecadores y por el triunfo de la eucaristía. Hice ese ofrecimiento teniendo en cuenta las hermosas palabras descubiertas por Carlo en los *Lineamenta* de la XI Asamblea general del Sínodo de los Obispos en 2005: «La eucaristía nos enseña que la Iglesia y el futuro de los hombres están ligados a Cristo, la única roca verdaderamente duradera, y no a ninguna otra realidad. Por eso la victoria de Cristo es el pueblo cristiano que cree, celebra y vive el misterio eucarístico».

Andrea y yo nos casamos el 27 de enero de 1990 en Roma en la Basílica de Sant'Apollinare, cerca de Piazza Navona, en Rione Ponte, una zona muy querida por

mí porque me recordaba mi infancia. Inmediatamente
después de la ceremonia en la iglesia, organizamos un
almuerzo con algunas personas en un antiguo restaurante no muy lejos. Deseamos que solo los familiares y
amigos más cercanos estuvieran presentes en nuestra
boda. Al día siguiente regresamos inmediatamente a
Londres. No pudimos disfrutar de la tradicional luna
de miel porque Andrea tenía pocas vacaciones, y queríamos reservarlas para otros momentos. Además, cualquiera que entre en un banco de inversiones debe estar
dispuesto a sacrificar los fines de semana, las noches y
la vida familiar. La providencia, sin embargo, vino en
nuestra ayuda de todos modos. Porque poco después
Andrea tuvo que irse a Barcelona por motivos de trabajo. Decidí acompañarlo. Era, de alguna manera, nuestra
pequeña luna de miel. Estuvimos en Barcelona casi una
semana. Así que pude visitar esta hermosa ciudad por
entero. Descubrí incluso los rincones más remotos y
normalmente accesibles solo para aquellos que viven
allí permanentemente.

Volví a Barcelona varias veces después, también con
Carlo. Recuerdo bien la primera vez que llegamos allí
con él. Regresábamos de Valencia, la ciudad donde se
guarda el Santo Grial: según la tradición es el mismo
cáliz que usó Jesús durante la última cena y que luego
usó José de Arimatea para recoger unas gotas de la
Sangre que salía de la herida que tenía en el costado.
Había que llegar hasta Gerona, pequeña población
que en 1297 fue escenario de un importante milagro
eucarístico. Aquí habíamos reservado un hotel para

una noche antes de regresar a Francia y luego a Italia. Hacía tiempo que Carlo había comenzado a dedicarse a sus exposiciones sobre los milagros eucarísticos. Quería fotografiar la custodia que se encuentra en el Museo de la Catedral de Santa María, que además de ser famosa por tener la nave gótica más grande del mundo cristiano, guardaba el corporal manchado por la sangre derramada de una Hostia consagrada que se transformó en carne. Lamentablemente, el corporal fue destruido durante la guerra civil. La distancia que separa Valencia de Gerona es de casi 500 kilómetros. Decidimos hacer una parada a mitad de camino, justo en Barcelona, que está a menos de dos horas de Gerona. Era primera hora de la tarde y aparcamos el coche cerca de una de las calles principales, en las Ramblas, que bordea el Barrio Gótico. Carlo tenía muchas ganas de participar en la celebración eucarística de la tarde en la Catedral de la Santa Cruz y Santa Eulalia, también famosa por las características ocas que tienen en su interior, en uno de sus patios. Estábamos un poco desorientados. No sabíamos qué camino tomar para llegar a pie de la manera más rápida. De repente apareció un sacerdote detrás de nosotros, y Carlo le preguntó en español dónde estaba la Catedral. Carlo sabía español, era una lengua que le gustaba mucho, y había decidido que en el futuro daría clases para aprender a hablarlo mejor. El cura, con una sonrisa, nos dijo en catalán que se dirigía a la Catedral y nos hizo señas para que lo siguiéramos. De este modo, gracias a esta guía inesperada, pudimos llegar a tiempo para asistir a la misa.

Eran los típicos manjares, los pequeños signos, que el Señor, a través del Ángel de la Guarda, siempre reservaba para Carlo. Quedó muy impresionado por la belleza de la Catedral. Todas esas luces, las numerosas estatuas de madera ataviadas con suntuosas ropas, las veintiséis capillas que adornan las naves laterales nos dejaron boquiabiertos. Carlo se enamoró de inmediato de esta hermosa ciudad, donde se respira un ambiente surrealista, casi una fiesta constante, con su triunfo de colores y luces.

Recuerdo que en los callejones se sentían los olores de las comidas catalanas, que no sé por qué me hacían pensar en Oriente. Por el camino había puestos de dulces y otras delicias como los deliciosos churros con chocolate, de los que Carlo y yo éramos muy golosos. Hoy todavía sigo haciéndolos para mis hijos gemelos, Francesca y Michele, ya que a ellos, al igual que su hermano Carlo, les gustan mucho. De ese día recuerdo el murmullo de las voces de los transeúntes, mezclado con las de los niños jugando en la calle y los comerciantes tratando de vendernos artilugios originales que nunca había visto en Italia. Después de la misa salimos inmediatamente para no llegar demasiado tarde a Gerona, pero Carlo nos hizo prometer que lo llevaríamos de vuelta a esta hermosa ciudad para visitarla con más tranquilidad. Estaba radiante porque había podido asistir a la misa. Lo deseaba y gracias al Señor, así nos dijo, lo había logrado.

4

El cáliz amargo

Los recuerdos de Carlo oscilan en mi mente avanzando y retrocediendo en el tiempo. Los veo descender y luego subir, se asemejan a los vuelos de las gaviotas que se sumergen en el mar y luego se elevan para ir alto en el cielo. Me provocan sentimientos encontrados. No es fácil para una madre recordar a su hijo que ya no está. Sin embargo, me consuela la certeza de su santidad, el hecho de que su vida no ha sido en vano.

A veces los recuerdos me llegan de repente, sin querer. Son como las olas del mar que vienen a arrollarme. Otras veces, sin embargo, el murmullo del agua me inunda de dulzura y me ayuda a concentrarme en lo que ha sido mi pasado y el de mi hijo. Vuelvo a ver a Carlo como un niño, luego ya como un adolescente, y todo parece unirse en una imagen más grande que yo pero que tiene su propio significado preciso.

Por supuesto, los recuerdos son a menudo rasguños que lastiman mi corazón de madre. No siempre estoy preparada para soportarlos. A veces el cáliz es amargo.

Cuando murió Carlo pensé que con el tiempo las aristas de mi sufrimiento se redondearían. Pero no es así. Cada momento de la vida de mi hijo vuelve a revivir en mí. Y a veces la onda expansiva es difícil de controlar.

Pero he aprendido a defenderme. Cuando el recuerdo causa demasiado dolor, no lo combato. Dejo que me embista. No me opongo y no me defiendo. Así, poco a poco, la paz va y viene.

El dolor expresa bien el vacío que Carlo ha dejado en mi vida. Pero me alienta a buscarlo en el cielo, a través de la oración, para poder volver a vivir con certeza la vida cotidiana, reconfortada por el hecho de que ahora reparte gracias a muchas personas, como cuando aún estaba entre nosotros y se ocupaba tanto de los pobres materiales como de los pobres de corazón que encontraba en su camino. Su vida, gracias a la eucaristía, se transformó entonces en una autopista al cielo, como le gustaba definirla. Y una autopista al cielo son todas las gracias que concede continuamente a los que le rezan.

Cuando estaba embarazada de Carlo, mi embarazo fue muy tranquilo. Por supuesto, a menudo sentía náuseas. Y sufría de acidez estomacal que me obligaba a comer cantidades muy pequeñas de comida y saltarme la cena. Pero en general fue un embarazo feliz. Todavía no había empezado a trabajar y pasaba la mayor parte del tiempo sola. Porque mi marido salía todas las mañanas a las siete para ir a trabajar. La oficina donde trabajaba estaba a más de una hora en metro de nuestra casa. Por la tarde siempre regresaba después de las ocho. A veces iba a buscarlo durante la pausa para almorzar juntos.

Me había hecho amiga de algunas madres del barrio donde vivíamos, mujeres de diferentes nacionalidades que, como yo, se habían casado recientemente y estaban en Londres por el trabajo de sus respectivos esposos. Yo era la más joven del grupo. Muchas de estas señoras habían dado a luz recientemente y me daban buenos consejos sobre dónde ir de compras para el futuro bebé. De vez en cuando salíamos a pasear juntas y a tomarnos un café.

Hasta unos días antes del nacimiento de Carlo, permanecí siempre muy activa. Además de ocuparme de las tareas del hogar (no tenía ayuda en ese momento), encontraba tiempo para ir por la ciudad a comprar cosas para Carlo. No tenía ninguna idea de lo que necesita un niño y compraba todo al azar. Compré un libro que daba algunos consejos útiles, pero en general lo hice a mi manera. Entonces no había internet. Tampoco tenía cerca de mí a mi madre y mi abuela. Llamar a Italia en esa época costaba mucho y tenía que hacerlo con moderación. Nadie me aconsejó. En la ciudad, a menudo puedes encontrar cosas en oferta a excelentes precios. Esto me llevó a acumular cosas solo porque eran «buenas ofertas». El resultado fue que el guardarropa de Carlo estaba lleno de trajecitos inapropiados o de tallas incorrectas que nunca usó. Mis amigas se burlaban de mí y decían que ni un famoso cantante de rock tenía tanta ropa. Más tarde, por suerte, encontré a quién regalársela.

Entre las compras para el futuro bebé que adquirí con un gran descuento había una verdaderamente anacrónica: un cochecito estilo principios del siglo XX, tan grande que ni la primera niñera, muy experta, la escocesa Patsy –apenas era un poco más alta que el cochecito–, podía maniobrar. Nos habíamos convertido un poco en la broma del vecindario. Y a pesar de vivir en Londres, una capital que a lo largo de los siglos se ha ganado la reputación de estar entre las metrópolis más avanzadas del mundo y donde todos pueden sentirse a gusto en cualquier situación, la ciudad por excelencia donde no hay tabúes y donde la originalidad se convierte casi en un dogma, ese cochecito no podía pasar desapercibido.

Desde que nació tuve la impresión de que Carlo siempre iba por delante de los acontecimientos. Era precoz en todo. Era como si el reloj de arena que marca el transcurrir de la vida siempre hubiera estado adelantado para él. Las palabras del profeta Isaías cuando escribe que «los que esperan en el Señor renuevan sus fuerzas, echan alas como las águilas» resumen perfectamente lo que fue la vida terrena de mi hijo.

Desde temprana edad desarrolló una relación personal con el Señor. Era su apoyo y su refugio. Era como si por gracia natural supiera, sin que nadie le hubiera enseñado, que solo si uno está profundamente unido al Señor puede aspirar a subir a la cima del pico más alto del «monte de la santidad», donde el cielo parece inclinarse sobre la tierra. Era como si conociera la verdad de las palabras del pasaje evangélico que explica que, así como el sarmiento no puede dar fruto por sí mismo si no permanece en la vid, nosotros, si no permanecemos en Dios, no daremos tampoco ningún fruto, porque sin Él no podemos hacer nada. Así como hizo con el pueblo de Israel, que merecía ser liberado de la esclavitud en Egipto por haber creído en él, así también hará con todos los que confían en su ayuda: «Vosotros habéis visto lo que he hecho con los egipcios y cómo os he llevado sobre alas de águila y os he traído a mí», leemos en Éxodo 19,4. Y así fue: Carlo se atrevió a volar tan alto como las águilas, y miró a lo lejos. Desde el principio aprendió a ver todo desde la perspectiva de Dios y no desde la del mundo.

Repetía a menudo que una cosa es ver una habitación desde un ángulo, mejor que desde otro, y otra cosa es verla desde arriba: solo así podremos conocerla en todos sus aspectos. Para explicar este concepto usaba el ejemplo de la pelota: si la diseccionamos, veremos que está formada por muchos pequeños círculos de diferentes tamaños, que al unirse forman una esfera. Por lo tanto, la pelota se puede percibir en su totalidad solo si está unida a cada una de sus partes. Lo mismo sucede cuando se quiere conocer toda la verdad: si se la mira desde la perspectiva de uno solo de los elementos únicos que la componen, siempre será limitada y parcial.

Muchas fotos de Carlo lo muestran con una mochila al hombro. En mi opinión, esto no es una coincidencia. Carlo vivió asumiendo esa actitud propia de los peregrinos, siempre en camino a un destino lejano. Sin embargo, mantuvo vivas sus raíces, que lo ligaban al pasado, pero al mismo tiempo lo proyectaban hacia el futuro. El verdadero peregrino debe estar invadido por una insatisfacción que no deriva de la amargura o el desengaño, sino de una esperanza, de un anhelo de infinito que justifica la partida. Carlo fue un perfecto peregrino del infinito, siempre comprometido en la búsqueda del Absoluto. Pero para emprender esta búsqueda, repitió que es necesario conocerse bien, para poder realizar ese éxodo de uno mismo que permita ir más rápidamente al encuentro de Dios y de los demás. En palabras del filósofo Søren Kierkegaard, que leía a menudo: «Aquellos que se pierden en sí mismos no tienen mucho espacio, y pronto se dan cuenta de que están encerrados en un círculo del que ya no pueden salir».

Carlo a veces usaba esta expresión: «El anti-yo es el otro aspecto del yo o mejor de mí mismo». Decía que «el encuentro con el enemigo es encontrarse con el anti-yo, que es comparable a la otra cara de la luna cuando no está iluminada por el sol. Es decir, en mí queda un área oscura y un área inexplorada que guarda sorpresas increíbles. Para progresar es necesario iluminar esa parte, levantar los velos que no me dejan ver, sondear las propias "profundidades". Esto puede llegar a ser doloroso. Tarde o temprano hay que enfrentarse al anti-yo para conseguir que se reequilibre, se vuelva a armonizar, se purifique».

Para Carlo «la conversión no es un proceso de suma, sino de sustracción: menos yo para dejar espacio a Dios». A menudo citaba esta parábola: «Uno tenía una higuera plantada en su viña, y fue a buscar fruto en ella, y no lo encontró. Dijo entonces al viñador: "Ya ves, tres años llevo viniendo a buscar fruto en esta higuera, y no lo encuentro. Córtala. ¿Por qué va a perjudicar el terreno?". Pero él le contestó: "Señor, déjala todavía este año y mientras tanto yo cavaré alrededor y le echaré estiércol, a ver si da fruto en adelante. Si no, la puedes cortar"» (Lc 13,6-9).

Aún me parece seguir oyendo su voz cuando repite que «en la parábola de la higuera estéril el Señor nos dice que quiere ver nacer los frutos. Condena las cosas realizadas a medias. Él nos dio medios extraordinarios, los sacramentos, a través de su muerte en la Cruz, y continúa apoyándonos, pero quiere nuestras respuestas. Toda la revelación es una pregunta que exige de nosotros respuestas constantes. Los sacramentos instituidos por él también son una pregunta. Y la eucaristía es la pregunta por excelencia. Por lo tanto, necesitamos respuestas completas y rápidas. Es necesario poner en práctica esta metamorfosis del yo que es, ante todo, liberarse de una mentalidad pagana, del post-pecado original. Es la mentalidad de aquí abajo la que prevalece hoy, una mentalidad meramente horizontal, materialista, sin ideales, sin empujes hacia arriba».

Para él, «la conversión implica mirar las cosas desde la perspectiva del cielo, de lo contrario corremos el riesgo de verlas como a través de una pequeña grieta que impide que nuestra mirada se desvíe hacia horizontes más amplios. Hoy pensamos y calculamos encaminados a metas que no van más allá de la muerte, donde todo se alinea al nivel del yo, cuyo ideal es explotar la existencia para un refinado egoísmo. Si hojeamos los textos históricos, si examinamos los documentos de archivo, si nos remontamos a los siglos antes de Cristo, nos encontramos con esto: personas que no llegan al cielo». Como diría santa Teresa de Ávila en su *Castillo interior* o *Las moradas*, en la piara de cerdos encontramos gente hostigada. «Los ideales son la barriga, la cartera, la carrera. Los valores están todos relacionados con lo que se puede utilizar para disfrutar, tanto como sea posible. Jesús, en cambio, pide urgentemente un cambio de mentalidad. ¿De lo contrario? De lo contrario, ruina total, global y universal. No hay otra alternativa. Es un ultimátum. Por lo tanto, una mentalidad para cambiar. Hoy también es así. ¿Qué estamos esperando? ¿Qué se puede hacer para cambiar la mentalidad? Es necesario darse la vuelta. Convencernos de que no hay escapatoria, de que no hay otro camino. No existe una tercera vía». Así que ponte a trabajar y pronto, diría Carlo.

Para mi hijo, «ante todo debemos examinarnos, sondearnos. Mirar, hasta el final, en qué condiciones nos encontramos. Equilibrio de virtudes y vicios, de fortalezas y debilidades. Estadísticas de méritos y deméritos. Y esto sin excusas, sin redondeos, sin concesiones. Una vez que esto está claro, se debe planificar la corrección. Por ejemplo, un proyecto similar, que a primera vista puede parecer obvio, casi banal, es eliminar cada año un defecto, conquistar cada año una virtud». En el examen de conciencia diario, debemos hacer como Carlo y ver cuánto y cómo nos esforzamos por esa corrección y esa conquista. «Sin embargo, debemos ser sinceros y leales en el examen. Estar listos y decididos. Además, Procurar re-sobrenaturalizar nuestro clima interior a través de la oración, la meditación de la palabra de Dios y la frecuencia asidua de los sacramentos, especialmente de la comunión y la confesión, junto con una buena dirección espiritual siempre que sea posible».

Carlo había leído *Juan Salvador Gaviota. Un relato* (1972), del escritor Richard Bach. Le gustó mucho. Sobre todo le habían llamado la atención estas hermosas palabras que se aplican perfectamente a él: «Aquellas gaviotas que no tienen un destino ideal y que viajan solo por viajar, no llegan a ningún lado, y van despacio. En cambio, quien aspira a la perfección, aun sin emprender ningún viaje, llega a cualquier parte, y en un santiamén». Y Carlo, podemos decir con certeza, logró alcanzar su meta, el cielo, muy rápidamente. Juan Salvador Gaviota, como Carlo, se interesó por otros horizontes: «Para la mayoría de las gaviotas volar no cuenta, lo importante es comer. Pero a esa gaviota, en cambio, no le importaba tanto conseguir comida como volar. Más que nada en el mundo, a Juan Salvador Gaviota le gustaba volar en el cielo». Así es, esta gaviota se parece mucho a mi hijo.

Por supuesto, a pesar de estar siempre vuelto con la mirada hacia el cielo, Carlo también tuvo que lidiar con este mundo desde su nacimiento. Se dice que nacer y morir, si bien es algo muy natural para nosotros, también es lo más difícil de afrontar. Y para Carlo tampoco fue fácil nacer. El embarazo transcurrió sin problemas, pero en el momento del parto me preocupó mucho. Las contracciones del parto comenzaron como a las cinco de la tarde del jueves 2 de mayo de 1991. Mi esposo y yo decidimos ir de inmediato a la clínica de Portland, donde inmediatamente le informaron al ginecólogo que me hacía el seguimiento que el bebé estaba a punto de nacer. Di a luz el viernes 3 de mayo a las once cuarenta y cinco, dieciocho horas después. El parto duró mucho tiempo. Solo al final, al ver que Carlo se había colocado con la cabeza torcida, el ginecólogo decidió usar fórceps para dar a luz. Fue providencial tenerlo como médico. Porque el profesor Peter Saunders, que también había sido presidente de los ginecólogos europeos, logró que diera a luz sin que mi hijo corriera ningún peligro, a pesar de haber utilizado un instrumento que, si se usa incorrectamente, puede causar daños cerebrales muy graves al niño.

Era un día primaveral en Londres, el 3 de mayo de 1991, cuando di a luz a mi primer hijo. La clínica de Portland, como parte de su práctica, comunicó de inmediato la noticia del nacimiento de Carlo al periódico Times, que aún conservo. Pensando en retrospectiva, nunca imaginé que este mismo periódico, que tiene un enfoque muy laico, habría hablado de Carlo no solo al nacer, sino también varias veces después de su muerte. Si es cierto el dicho de que toda madre reconoce el llanto de su bebé, el de Carlo me resultó inconfundible. Cuando tenía hambre, sus gritos se escuchaban hasta mi habitación, que estaba en el mismo piso que la sala de neonatos. Supe con certeza que era él, y a los pocos minutos, en su cuna móvil, llegó «the baby», como lo llamaban las enfermeras. Me dieron de alta de la clínica a los dos días y, a pesar de mi inexperiencia, me las arreglé bastante bien, en parte porque me ayudó una enfermera de maternidad, Patsy, pagada por la bisabuela. Además, en Inglaterra es práctica que una matrona venga a casa cada semana para pesar al bebé y comprobar que todo está en orden. Y a pesar de que Carlo midió 57 centímetros al nacer y pesó tres kilos y medio, al principio creció poco porque tenía poca leche. Por eso me aconsejaron que lo alimentara artificialmente y dejara de amamantarlo. La nueva leche, sin embargo, le dio cólicos terribles. Esto nos preocupó mucho, al menos hasta que empezamos a darle alimentos sólidos. Recuerdo que todas las noches, apenas llegaba mi esposo del trabajo, comenzaban los cólicos. Para calmar al niño, Andrea lo levantaba en brazos y comenzaba a caminar por toda la sala, alternando canciones y haciendo extrañas exclamaciones, como: «Banga, binga, bongo, bungu». Notamos que caminar lo calmaba y así continuábamos hasta cerca de las once de la noche, hasta que se dormía. Andrea tenía mucha paciencia con su hijo y muchas veces, cuando no tenía una niñera que me ayudara, la dejaba que lo bañase porque era mucho más detallista que yo.

Carlo recibió el bautismo el 18 de mayo de 1991 en la iglesia Our Lady of Dolours, de Fulham Road. El padrino fue el abuelo paterno, Carlo, y la madrina fue la abuela materna, Luana. El nombre de esta iglesia fue, en mi opinión, profético porque ya revelaba de alguna manera que nosotros también, a imitación de la Virgen María, beberíamos el cáliz amargo de la pérdida prematura de un hijo. Carlo dijo que al monte Gólgota, que es el lugar donde crucificaron a Jesús, tarde o temprano todos subiríamos allí. Puedo decir, sin embargo, que unos padres que pierden a un hijo prematuramente llegan temprano al Gólgota, cuando aún está vivo, porque un evento similar realmente hace que tú también mueras un poco.

Cuando vivía en Roma con mis padres, nuestra casa estaba ubicada cerca de Piazza Venezia. Para llegar a la escuela secundaria, que estaba en una calle lateral de Via Veneto, tenía que tomar dos autobuses. El primero me llevaba a Piazza San Silvestro. Aquí me bajaba y tomaba otro que me llevaba justo enfrente de la escuela. A menudo, a mi regreso, cuando tenía algo de tiempo, me gustaba entrar en la Basílica de San Silvestro in Capite, donde se puede rezar en una capilla lateral, aislada de la iglesia principal, donde hay una hermosa estatua dedicada a Nuestra Señora de los Dolores que sostiene en sus brazos el Cuerpo sin vida de su Hijo Jesús. Justo frente a la estatua de la Virgen de los Dolores se guarda la reliquia de la calavera que se dice es la de san Juan Bautista. Esto hacía que el lugar fuera aún más especial. Siempre me encomendaba a esa Virgen para los exámenes o cuando tenía que afrontar cuestiones difíciles. Iba a menudo a rezarle, incluso con la poca fe que tenía, por personas que conocía o que estaban en grandes dificultades, incluida una amiga mía de la infancia, Federica, unos años mayor que yo, que tuvo un accidente automovilístico muy grave y durante mucho tiempo permaneció en coma, pendiendo de un hilo entre la vida y la muerte. Afortunadamente, al final se salvó. Al recordar mis visitas solitarias a Nuestra Señora de los Dolores, reconozco que ya entonces fui llamada a vivir, aun con todas mis limitaciones, esos mismos dolores que Ella sufrió. Nuestra Señora de los Dolores fue como un hilo conductor en mi vida. Su presencia en mi juventud, después en Londres el día del bautismo de Carlo, y luego más veces, fue como una premonición de algo por lo que yo también tendría que pasar. Y que en realidad viví en los días de la enfermedad y muerte de mi hijo. También me esperaba un «Stabat Mater».

Para Carlo, «María Santísima, Madre del Salvador, caminó con Jesús todas las etapas de su existencia terrena, y aún hoy, hasta el final de los tiempos, seguirá recorriendo todas las épocas de la historia, acompañando de la mano a aquellos que se encomiendan a ella con confianza y abandono filial, reconociéndola como ejemplo luminoso y mediador de todas las gracias. Decir Madre del Salvador es decir Madre del dolor, de la Pasión, de la Crucifixión, del camino de la Cruz. Una maternidad de calvario fue la de María, mártir de un martirio incruento, pero no menos crucificante».

Y fue precisamente este compartir el dolor con la Dolorosa lo que nos impulsó a elegir para la decoración de la tumba donde Carlo fue inicialmente enterrado en Asís una escultura de bronce que representaba una

Piedad. Encontramos este bajorrelieve en una tienda especializada en bronces, cerca del cementerio monumental de Milán, en medio de toda una serie de pedazos de hierro polvorientos y rotos, que nos vendieron a muy bajo precio. Nos sorprendió mucho que el precio fuera tan barato, porque por un objeto tan bonito en las tiendas nos habrían hecho pagar mucho. Atribuí este descubrimiento a un regalo de mi hijo. Aunque nuestro calvario fue breve, no fue menos intenso. Ver a un hijo tan hermoso, en la flor de la juventud, semejante a un campo que se llena de flores en primavera, transfigurarse en pocas horas por el dolor hasta perder incluso su aspecto – porque tenía la cara hinchada por las hemorragias, y los ganglios inflamados desfiguraban sus facciones– fue para nosotros una gran prueba de fe.

5

Nada nos separará

Desde pequeño, Carlo sintió un fuerte vínculo con las personas que ya no están, con los muertos. Siempre decía que la relación con ellos se mantiene, aunque se viva de otra manera. Hay un hilo que nos une a ellos, un hilo de amor que continúa para siempre. Por eso es justo dialogar con ellos, la relación está destinada a durar para siempre.

Él lo entendió bien cuando murió mi padre. Nos dejó a los cincuenta y nueve, por un infarto repentino. Había una armonía especial entre Carlo y su abuelo. Porque mi hijo, cuando aún era pequeño, había pasado mucho tiempo con él y con mi madre en su casa de Roma y junto al mar, y esto había fortalecido su vínculo.

Unos meses después del fallecimiento de su abuelo, Carlo me confió que se le había aparecido vestido de azul. Dijo que le había pedido que orara por él porque estaba en el purgatorio, pero que todavía estaba bien porque estaba a salvo. Carlo me dijo estas cosas con sencillez y con una confianza desarmante. No tenía dudas: su abuelo le había hablado. Más tarde me confió que había tenido otras señales interiores a través de las cuales el Señor le hizo comprender que era importante mantener una relación con los muertos: orar por estas almas y pedirles que nos ayudaran. Los medios privilegiados de Carlo para ayudarlos eran la eucaristía y el rezo del rosario. Muchos santos, como san Pío de Pietrelcina, han recibido la confirmación de algunas almas del purgatorio de que la forma más eficaz de ayudarlas a ir al cielo es que se celebren misas en su sufragio. Porque es Jesús mismo quien se ofrece al Padre por nuestro amor. Carlo decía que, si en vida nos diéramos cuenta del valor infinito de una sola misa para la vida eterna, las iglesias estarían tan llenas que ya no sería posible entrar. Para Carlo, ¿quién más que un Dios, que se ofrece a Dios, puede interceder por nosotros? En los escritos oficiales sobre san Pío de Pietrelcina se cuenta que un día una señora le preguntó: «Padre, ¿por qué no me das una idea del purgatorio?». Y él le respondió: «Hija mía, las almas del purgatorio quisieran arrojarse a un manantial de fuego terrenal, porque para ellas sería como un manantial de agua fresca».

El papa Francisco, en su Carta encíclica *Laudato si'*, dice que en el sacramento eucarístico encontramos todo el cosmos y, por tanto, también a nuestros muertos. Une el cielo y la tierra, abraza y penetra toda la creación: «En la eucaristía lo creado encuentra su mayor elevación. La gracia, que tiende a manifestarse de modo sensible, logra una expresión asombrosa cuando Dios mismo, hecho hombre, llega a hacerse comer por su criatura. El Señor, en el colmo del misterio de la encarnación, quiso llegar a nuestra intimidad a través de un pedazo de materia. No desde arriba, sino desde dentro, para que en nuestro propio mundo pudiéramos encontrarlo a él. En la eucaristía ya está realizada la plenitud, y es el centro vital del universo, el foco desbordante de amor y de vida inagotable. Unido al Hijo encarnado, presente en la Eucaristía, todo el cosmos da gracias a Dios. En efecto, la eucaristía es de por sí un acto de amor cósmico: ¡Sí, cósmico! Porque también cuando se celebra sobre el pequeño altar de una iglesia en el campo, la eucaristía se celebra, en cierto sentido, sobre el altar del mundo. La eucaristía une el cielo y la tierra, abraza y penetra todo lo creado. El mundo que salió de las manos de Dios vuelve a él en feliz y plena adoración. En el pan eucarístico, la creación está orientada hacia la divinización, hacia las santas bodas, hacia la unificación con el Creador mismo. Por eso, la eucaristía es también fuente de luz y de motivación para nuestras preocupaciones por el ambiente, y nos orienta a ser custodios de todo lo creado» (n. 236).

Carlo decía que, sobre todo a través de la adoración eucarística, que no es otra cosa que adorar a Dios, redescubrimos toda la creación. Y le gustaba recordar que, prolongando esta santa práctica por lo menos media hora, se puede ganar la indulgencia plenaria, en las condiciones establecidas por la Iglesia, para ser aplicada por uno mismo o por los difuntos que se encuentran en el purgatorio. Comentó que, si bien no es fácil alcanzar la principal condición exigida, es decir, la exclusión de toda atracción por el pecado, aunque sea venial, no debemos despreciar estas gracias que se dispensan gratuitamente en virtud de los méritos de Jesucristo, de los santos y de la concesión hecha a Pedro de poder atar y desatar (cf Mt 16,19).

Carlo también hizo el llamado acto heroico de dedicar todas sus buenas obras y oraciones a las almas del purgatorio y a las intenciones de Nuestra Señora, que, al ser Madre nuestra, decía, intercede por todos los que se dirigen a ella, especialmente por los más necesitados.

A él le gustaba repetir que nuestros difuntos nos llaman a la vida eterna, a lo que nos espera en el más allá. Nos recuerdan que hay un después, nos dicen cómo ha de vivirse nuestro día a día y nos ayudan a no cometer esos errores que pueden hacer peligrar nuestra salvación. Afirmaba que muchos de ellos están en el purgatorio, están sufriendo, y por eso piden nuestro auxilio, porque así aceleramos su entrada en la bienaventuranza eterna. Juntos nos dan un ejemplo de cómo debemos vivir para poder, nosotros también, alcanzar la salvación.

Después de la muerte de Carlo, tres sacerdotes que no se conocían entre sí, uno de Perú, otro de Brasil y un tercero de Costa Rica, me escribieron para decirme que habían soñado con Carlo que les decía que rezaba de una manera particular tanto por las personas que pidieron su intercesión como por quienes lo habían conocido en vida y por las almas del purgatorio.

Para mí aquello supuso una importante confirmación: inmediatamente después de la partida de mi hijo al cielo, como regalo para él, pedí que se celebrasen misas gregorianas todos los días en un monasterio de clausura, en rotación continua, los 365 días del año. Esta piadosa obra comenzó con san Gregorio Magno, papa y gran doctor de la Iglesia: consiste en celebrar una misa al día por el alma de un solo difunto durante treinta días consecutivos. El papa Gregorio había dado órdenes al prior del monasterio en el que se encontraba para celebrar una misa durante treinta días consecutivos en sufragio del alma de un monje que no había vivido bien el voto de pobreza. Y después de la celebración de las treinta misas el alma del monje se apareció a un hermano al entrar en el cielo. Pensé que Carlo podría aplicarlas tanto para ayudar a los fieles que continuamente acuden a él en oración, como para ayudar a las almas en el purgatorio.

A los pocos días de la muerte de mi hijo, encontré entre sus apuntes estas reflexiones sobre el purgatorio: «El purgatorio consiste en limpiar bien nuestra ropa, hasta la última mancha. Se entra en la coeternidad con el vestido blanco. Como escribió santa Catalina de Génova, "la esencia divina es pura y limpia –mucho más de lo que el hombre puede imaginar– y el alma que tiene en sí misma la más mínima imperfección preferiría arrojarse a uno o mil infiernos, antes que encontrarse en la presencia divina con una mínima mancha. ¡Pero la tarea del purgatorio es quitar la mancha! El alma elige este lugar para encontrar en él la misericordia que necesita para poder limpiarse de sus culpas"».

El pecado, que es una separación voluntaria del amor de Dios, conlleva culpa y castigo. La culpa es remitida por la absolución que reciben los que, arrepentidos, se acercan al sacramento de la reconciliación. La pena se cumple con la penitencia o el purgatorio. Y aquí los dolores, las penas, las dolencias, los contratiempos, las pruebas, las adversidades y las enfermedades encuentran su razón. Dios no las permitiría si no derivara de ellas un bien mayor en las almas que le aman.

Las almas del purgatorio no pueden ayudarse a sí mismas. Necesitan ayuda, pero pueden interceder por nosotros. Si pensamos en el purgatorio, nos acostumbramos a evitar el pecado venial. Nos acostumbramos a expiar ya aquí los pecados.

Carlo había vivido experiencias místicas sobre las realidades últimas, sobre todo era consciente de que la vida nos presenta continuas pruebas de que si nos revestimos de Cristo seguramente podremos vencer. Le gustaba hacer la comparación con los «12 trabajos de Hércules», obra de la mitología griega, que cuenta la historia del héroe Hércules, que nació de una relación entre Alcmena y Zeus, rey de los dioses. Hera, la legítima esposa de Zeus, estaba muy celosa de su esposo y de su hijo, a quien persiguió desde su nacimiento. Incluso puso dos serpientes venenosas en su cuna para hacerlo morir. Pero Hércules, que era muy fuerte, logró matarlas. Sabemos también que el diablo ha luchado, lucha y luchará contra esta pobre humanidad hasta que haya nuevos cielos y una nueva tierra. Son muchos los hombres que acaban siendo subyugados por Satanás, pero sabemos que encomendándonos a Cristo saldremos victoriosos. Como en *Las aventuras de Pinocho*, del escritor

Collodi, al principio todos somos como «títeres», pero sabemos que, comportándonos con virtud, respetando todos sus mandamientos por amor del Señor, podremos transformarnos y convertirnos en hombres de verdad, según el designio de Dios. Los mandamientos se resumen en la ley del amor. Dios nos manda amarlo por sí mismo y amar a nuestro prójimo por amor a Dios; pero si Dios ama, ¿por qué manda? Porque afirma con todas sus fuerzas y sin posibilidad de negación: «Estas acciones os apartarían del bien». Y si son mandamientos, lo que entra en juego es mi libre albedrío. Porque el amor no es un sentimiento, sino nuestra libre elección por el bien. Como decía Carlo, una vida será verdaderamente hermosa si es posible poner a Dios en primer lugar y no a las idolatrías de fachada que ofrece el mundo por «treinta denarios» y que no nos traerán más que sufrimientos y muerte eterna.

Nuestro buen Dios, amor en esencia, nos pregunta personalmente a cada uno de nosotros: «¿Me amas?». La vida terrena es la oportunidad que se nos da para responder: «Sí, te amo, ayúdame a amar». Somos libres para llenarnos del amor de Dios, pero también somos libres para negarnos a ello, y si rechazamos el bien supremo, ¿qué nos quedará para la eternidad? Solo la compañía de personas de ideas afines. Esta es la esencia de nuestra libertad: aceptar o rechazar el amor de Dios.

Así, en las pruebas y penalidades entrenamos nuestra voluntad para desear y perseguir firmemente el bien, siempre. Y si caemos, arrojémonos inmediatamente en los brazos de Jesús, que ha vencido el mal, de una vez para siempre, también por nosotros.

Con la ayuda del Señor venceremos nuestra batalla y mereceremos la felicidad eterna al lado de Dios; pero si lo perdemos, nos arriesgamos a la condenación eterna, es decir, a nuestra elección libre y definitiva contra el amor, que lleva a separarnos para siempre de Dios.

Carlo quedó muy impresionado con la lectura de las *Memorias* de sor Lucía de Fátima. En sus relatos, Lucía relata que en la aparición del 13 de mayo de 1917, ella y los otros dos pastorcitos le preguntaron a María si dos de sus amigas de dieciséis años fallecidas recientemente, Maria das Nives y Amalia, ya estaban en el cielo. La Virgen confirmó que la primera niña ya estaba en el cielo, mientras que la segunda permanecería en el purgatorio hasta el final de los tiempos. Inmediatamente después los pastorcitos preguntaron si ellos también serían llevados al cielo, y la Virgen respondió que Lucía y Jacinta sí, pero que Francisco tendría que rezar muchos rosarios. Un día, poco después de haber leído esto, muy preocupado, Carlo nos dijo: «Si Francisco, que era tan valiente, tan bueno y tan sencillo, tuvo que rezar tantos rosarios para ir al cielo, ¿cómo puedo merecerlo yo también que comparado con él soy tan impío?».

Entre los numerosos escritos que Carlo reunió para su exposición «Infierno, cielo y purgatorio», hubo uno que le preocupó especialmente, tomado del *Diario* de santa Faustina Kowalska, en el que la monja describe el purgatorio de la siguiente manera: «En un momento me encontré en un lugar nebuloso, lleno de fuego y había allí una multitud de almas sufrientes. Estas almas estaban orando con gran fervor, pero sin eficacia para ellas mismas, solo nosotros podemos ayudarlas. Las llamas que las quemaban, a mí no me tocaban. Mi Ángel de la Guarda no me abandonó ni por un solo momento. Pregunté a estas almas ¿cuál era su mayor tormento? Y me contestaron unánimemente que su mayor tormento era la añoranza de Dios. Vi a la Madre de Dios que visitaba a las almas en el Purgatorio. Las almas llaman a María "La Estrella del Mar". Ella les trae alivio. Deseaba hablar más con ellas, sin embargo mi Ángel de la Guarda me hizo seña de salir. Salimos de esa cárcel de sufrimiento. [Oí una voz interior] que me dijo: "Mi misericordia no lo desea, pero la justicia lo exige"»[1].

Desde muy temprana edad Carlo estuvo animado por un fuerte deseo de espiritualidad. En este sentido también fue importante la presencia e influencia en la casa de la niñera Beata, que era una joven polaca. Llegó cuando Carlo era pequeño, a través de un amigo de mi padre que poseía un albergue en Nápoles por el que pasaban muchos estudiantes polacos que acudían allí en verano, cuando había mayor flujo de turismo, tanto para trabajar como de vacaciones. Beata se quedó con nosotros desde 1992 hasta 1996, justo antes de que mi hijo cumpliera seis años.

---

[1] F. KOWALSKA, *Diario: La Divina Misericordia en mi alma*, Editorial de los Padres Marianos de la Inmaculada Concepción de la Virgen María, Stockbridge MA, 2002, 34. (N. de la E.).

Fue ella quien inicialmente le enseñó a Carlo muchas nociones de fe. Empezó a hacerle rezar por los que ya no estaban, ayudándole a comprender que hay una continuidad plena entre la vida terrenal y la espiritual.

Recuerdo bien la primera vez que entró en nuestra casa; tenía una bolsa llena de estampas de Nuestra Señora de Czestochowa. Su presencia también era importante para mí. La muerte prematura de mi padre me sorprendió desprevenida para afrontar todos los problemas laborales que se derivaron de ella. Por aquel entonces mi fe aún era muy inmadura y Beata me ayudó a vivir cristianamente aquel acontecimiento que para mí fue una gran tragedia, pues también yo era hija única. Ella también había vivido momentos difíciles, pues había crecido durante la persecución de los cristianos por parte del régimen comunista y era una muchacha acostumbrada desde su nacimiento a numerosas penalidades y dificultades.

Beata me hablaba a menudo de Carlo. Me decía que era un niño muy precoz, que siempre hacía preguntas más propias de una persona mayor. Y es que Carlo era particularmente curioso; estaba interesado por la historia de Jesús y cuando iba a misa con ella se quedaba triste porque no podía comulgar. Con Beata, mi hijo también comenzó a rezar el rosario; algunos lo recuerdan cuando aún era muy pequeño y mostraba su hermosa corona.

Mi hijo siempre fue muy sociable, vivaz, divertido, abierto a todos y un gran animador. Era pacífico y bondadoso, pero era como si todo eso no fuera suficiente para él. Tenía sed de infinito y en todo trataba de imitar a Jesús, y por eso se encomendaba a él, pidiéndole que lo ayudara a ser cada vez más bueno.

Era muy obediente con nosotros. Realmente puedo decir que nunca he tenido un problema con él. Siempre estaba dispuesto a hacer lo que le pidiéramos. Esta disposición a obedecer lo llevó a veces a no rebelarse ni siquiera contra sus compañeros de escuela que le jugaban malas pasadas. Recuerdo que Beata se enfadaba con él porque quería que fuese más decidido y no dejase que los otros niños se burlaran de él. Pero Carlo respondía diciendo que Jesús no estaría feliz si reaccionaba violentamente. Y seguía comportándose igual.

Un día fuimos a un supermercado. Beata y mi madre entraron, pero yo me quedé fuera con Carlo sentado en un taburete. Tenía unos cuatro años. Se acercó una niña pelirroja con muchos rizos que llevaba un globo azul en la mano. Se acercó a Carlo y comenzó a hacerle burla, como si quisiera jugar, pero también en parte para fastidiarle un poco. También comenzó a tirar de la manta que tenía en las piernas. Carlo permaneció impasible. Entonces la niña empezó a hacerle muecas, a sacarle la lengua y a hacer pedorretas. Impertérrito, Carlo la miró con gran dulzura y le sonrió. Todavía recuerdo hoy, después de tantos años, la cara de asombro de aquella niña que no podía entender tanta docilidad. Sin embargo, Carlo tenía un carácter muy fuerte y sabía lo que quería. Pero él configuraba su vida de acuerdo con su amistad con Jesús y siempre se remitía a él cuando tenía que decidir cómo comportarse. Jesús era para él, a lo largo del día, un modelo en quien fijarse. Se inspiraba en él. Lo sentía presente, muy cerca.

Este deseo suyo de ser como Jesús fue el acicate para hacerse cada vez más benevolente con los demás, sobre todo, con sus amigos y con los que vivían cerca de él. Su naturaleza, ya de por sí generosa, le ayudó mucho a ello. Era tan alegre que transmitía su alegría y su vivacidad a todos. Sentía una especial debilidad por los pobres. Beata contaba que, ya desde muy niño, siempre que se encontraba por la calle con algún vagabundo, se acercaba a él para ver cómo estaba y decirle unas buenas palabras.

Un verano, Beata nos contó que ese año se vio obligada a quedarse en Milán y renunciar a sus vacaciones porque no podía permitírselo. Tenía un hijo de tres años, Konrad, y al no tener disponibilidad, decidió que él también se quedaría en Milán con ella. Carlo se enteró de esta dificultad suya y nos convenció para que la invitáramos a ella y a su pequeño a la casa de campo que tenemos en Cilento durante todo el verano. Quiso dejarle a Beata y Konrad su habitación para que pudieran dormir juntos. Beata todavía recuerda con nostalgia aquel verano, cuando entraba en bares y heladerías con Carlo, que siempre saludaba a todo el mundo con su típico carácter abierto mediterráneo. Uno de sus dones particulares es que sabía estar tanto con niños de su edad como con adultos.

Recuerdo que le encantaba jugar con los Lego y grabar vídeos con una cámara pequeña, pero si había alguien que no podía permitirse comprar juguetes, siempre estaba dispuesto a darle los suyos. Y no solo eso: cuando era necesario, también sabía pasarse horas jugando él solo para no molestarnos a los adultos, y se entretenía simplemente con un poco de lápiz y papel, haciendo sus dibujos favoritos. Su misma actitud paciente y tranquila también se veía a la hora de comer. Nunca se quejaba de la comida que le llevaban a la mesa y, aunque no le gustara, nunca hacía un berrinche y siempre se la comía toda. Cuando se servían dulces o golosinas, prefería que se las dieran primero a los demás y, si sobraban, entonces también él comía.

El interés por las cosas de Dios, como ya he dicho, no le vino a Carlo solo por la positiva influencia que Beata tuvo sobre él. Tenía dentro de sí un terreno fértil para acoger la gracia divina y los impulsos del Espíritu Santo. Necesité un tiempo para entender que su deseo era que yo también lo siguiera en este camino de búsqueda de Jesús.

En esta primera parte de su vida él solo, por su cuenta, creció en la amistad y en la relación de intimidad con Dios. Mi esposo y yo no aún no lo comprendíamos del todo, y en ese momento no lo ayudamos ni lo animamos a corresponder a la gracia divina. Fue él quien nos atrajo a la práctica cristiana. Fue él quien nos dio «un toque de atención», quien nos llevó a seguir a Jesús en medio de las dificultades y alegrías de la vida, para hacer de Cristo la estrella de nuestra existencia. Sin Carlo, todo esto no hubiera pasado, o al menos no de esta manera.

A Carlo le apasionaba leer la Biblia ilustrada que le habían regalado sus abuelos y descubrir la vida de los santos. Con Beata iba a menudo a las iglesias que encontraba al salir de casa. Le gustaba saludar a Jesús; cuando íbamos a pasear le encantaba recoger las flores que encontraba en los prados, para llevarlas a la iglesia de Nuestra Señora. A los cuatro o cinco años me empezó a pedir que fuera a las iglesias y lo acompañara ante al sagrario para saludar a Jesús. La relación que tenía con los que se iban de esta vida también la tenía con Jesús, era su manera de relacionarse.

El camino que estaba tomando Carlo ahora estaba claro y bien encaminado. Al principio no supe acompañarle y no pude responder a lo que, directa o indirectamente, me pedía en referencia a la fe. E incluso hubo momentos en que tuve problemas porque no sabía qué responder a sus preguntas. Ni siquiera sabía la diferencia entre el evangelio y la Biblia, ignoraba muchas de las verdades de la fe. Entonces pensé en estudiar catecismo y teología, simplemente porque quería poder responder a mi hijo.

Le pedí consejo a una amiga sobre qué hacer y ella me remitió a un buen confesor, un sacerdote de Bolonia, el padre Ilio Carrai, que muchos consideraban como otro Padre Pío. Era la primavera de 1995 cuando fui a Bolonia por primera vez a conocerlo. A partir de ese día fui a verlo una vez al mes hasta que falleció, el 14 de marzo de 2010. La primera vez que lo conocí me dijo que me había estado esperando durante años y que yo tenía una misión que cumplir. Me confesó y me contó muchas cosas de mi pasado. Me habló de Carlo, explicándome que había sido elegido por Dios para una tarea especial y me confió los hechos que luego se hicieron realidad a lo largo de los años. Me sorprendió mucho lo que escuché, pero ahora entendí que con Carlo las sorpresas nunca terminarían. El padre Ilio me aconsejó que estudiara teología para profundizar mi fe. Me matriculé en la Facultad de Teología del Norte de Italia, donde comencé a asistir a cursos, pero no completé el grado y, por tanto, no me gradué, aunque sí hice varios exámenes. Pero aquellas lecciones me ayudaron a comprender mejor los misterios de la fe y a poder responder competentemente a las preguntas que me hacía mi hijo. Hasta entonces, había sido Beata quien le leía las vidas de los santos y pasajes de la Biblia. El consejo del padre Carrai fue que los padres también nos familiarizáramos con las Sagradas Escrituras y el catecismo. Así que compramos documentales, libros y películas sobre las principales apariciones de la Virgen María y sobre algunas figuras de santos.

A menudo observaba a mi hijo, que siempre me asombraba y me intrigaba. Lo observaba mientras se detenía a rezar frente al crucifijo después de encender las velas. En casa, a veces lo notaba lanzando besos a una estatua del Niño Jesús de Praga que le habían regalado, o al crucifijo que colgaba de una pared de la casa. Una vez, incluso jugó a ser sacerdote y con sus gestos rememoraba los momentos de la liturgia como si estuviera celebrando la misa. Recuerdo que tenía cuatro años

cuando le regalé una cadena de oro con una medalla
del escapulario de la Virgen María del Carmen. Me lo
regaló mi bisabuela el día de mi bautizo. A partir de ese
momento no se lo quitó más y me dijo: «Así siempre
tendré a Jesús y a la Virgen cerca de mi corazón».

Más adelante regalaría medallas como esa a muchas
personas. El escapulario era una de las devociones a las
que mi hijo estaba más apegado. Cerca de nuestra casa
en Milán había un convento de los padres carmelitas y
a menudo asistíamos a misa con ellos. Entre otras cosas,
su iglesia estaba dedicada al Corpus Domini que Carlo
amaba tanto. Este conocimiento de la Orden Carme-
lita despertó en él el deseo de llevar el escapulario que
le había impuesto uno de los sacerdotes carmelitas
cuando tenía siete años. Alternó el escapulario de tela
con el de oro que le habían regalado. El papa san Pío X
había dado permiso para sustituir, si fuera necesario,
el escapulario de tela por una medalla que presentaba
en un lado la imagen del Sagrado Corazón y en el otro
la de la Virgen. La devoción al escapulario nació el 16
de julio de 1251 cuando la Virgen María se apareció
a san Simón Stock, padre general de la Orden de los
Carmelitas. Mostrando el escapulario Nuestra Señora
dijo: «Toma este escapulario. Quien muera vistiéndolo
no sufrirá el fuego del infierno. Será símbolo de salvación, protección de los peligros y promesa de paz».
Esta gran promesa fue confirmada unos ochenta años
después, cuando la Santísima Virgen se apareció al papa
Juan XXII diciéndole que «los que hayan sido revesti-
dos de este santo hábito serán sacados del purgatorio

el primer sábado después de su muerte». En Fátima y Lourdes las apariciones terminaron con la visión de Nuestra Señora del Carmen con el escapulario en la mano. Y la Virgen María le confirmó a sor Lucía que el rosario y el escapulario son inseparables.

Carlo fue un ejemplo para mí, no solo por el amor que tenía al Señor, sino también por la gran generosidad y caridad que mostraba hacia los demás, que estoy segura de que fue alimentada por el mismo Jesús. Él me ayudó a ser más esencial y a abrirme cada vez más al amor por los demás, a comprender que aquella primera intuición inicial que tuve durante mi viaje a la India en 1991, debía y podía ser el camino de toda mi vida. Cuando llegamos a la India, me robaron unas maletas carísimas con mis iniciales grabadas que llevaban mucha ropa dentro. Tuve que conformarme con ropa bastante feúcha, comprada por muy pocas rupias en un bazar. Ese robo fue un acontecimiento muy instructivo para mí. Estoy convencida de que el Señor quería que comprendiera que toda la ropa que había llevado conmigo era completamente superflua. Mi «despojamiento» había comenzado. El Señor acababa de darme un tratamiento de choque. Por otra parte, mi santo más querido siempre ha sido san Francisco, el amante de la pobreza de la Virgen, que se desprendió de la ropa que le había comprado su padre para vestirse con el manto del obispo de Asís Guido, que simboliza el vestirse de Cristo, y comenzó así su camino de conversión. En mi opinión, el santo con el que nos sentimos más conectados y atraídos no es casual. Estoy convencida de que es el cielo quien organiza todo. Realmente necesitaba que san Francisco me ayudara a ser menos materialista y egoísta. Y el hecho de que mi hijo esté hoy en el Santuario del Despojo me confirma aún más que mi intuición fue acertada.

Después del robo, continué mi viaje con el traje que llevaba puesto en el avión y con la poca ropa que compré en ese bazar. Me di cuenta de lo absurdo que era gastarse tanto dinero en ropa que tal vez era fabricada en esos lugares por los diseñadores que luego la revendían a precios mucho más caros que su costo real. Fue una lección muy importante para mí, ya que era bastante malcriada y derrochadora.

Este episodio me dio una gran lección de vida y de estilo que luego, gracias también al ejemplo de Carlo, se convirtió en el trasfondo de mi vida. El hecho de haber tocado tanta pobreza, inimaginable en Occidente, el ver a tantos niños indios que en cada una de nuestras visitas a algún lugar de interés artístico nos rodeaban, persiguiéndonos solo con la esperanza de que les regaláramos algo, me hizo reflexionar mucho, y en unos instantes invertí toda mi forma de ver las cosas. Se podría decir que tuve una metamorfosis espiritual instantánea que desencadenó en mí un proceso de conversión.

Mi marido y yo nos fuimos de luna de miel con retraso, unos meses después del nacimiento de Carlo. Decidimos irnos sin él. Lo dejamos con mis padres en Roma. Carlo no sufrió nada por nuestra ausencia. Fueron semanas providenciales. Porque mi padre pudo disfrutar de la presencia de su nieto antes de dejar este mundo poco tiempo después. Esos días juntos contribuyeron a crear un vínculo muy fuerte con él que continuó incluso posteriormente. Además, después de la muerte de mi padre, mi madre decidió venir a vivir a Milán y nos ayudó mucho a criar a Carlo. Su presencia fue una gracia para mí. En realidad, desde entonces podía tomarme algo de tiempo libre para ir al trabajo sin preocuparme demasiado: sabía que mi hijo estaba en buenas manos.

La misma noche que murió mi padre, una amiga de la hermana de mi padre, la tía Rosario, hija espiritual del Padre Pío y que no sabía aún que había muerto, soñó con él, que le decía que tenía que ir a Milán para ayudar a su hija Antonia a criar a Carlo. Fue una buena señal para mí, que me dio mucha confianza. También fue una señal la visión que tuvo Carlo de su abuelo, que acababa de morir, y esa relación de amistad y diálogo con él que Carlo siempre logró mantener viva aun después de su repentina muerte. Mi padre siempre estuvo vivo para Carlo, aunque estaba ahora en otra dimensión.

6

«Los ojos son la lámpara del alma»

Ningún encuentro que tuvo Carlo fue nunca acci-
dental, sino un regalo enviado del cielo. No había
acontecimiento, palabra o simple saludo que no fuera
vivido por mi hijo como una posibilidad de crecimiento
espiritual ofrecida por Dios. Especialmente las visitas a
los lugares vinculados con la fe, donde el cielo se había
manifestado, eran para él oportunidades muy importantes para avanzar en el camino de la santidad. Por ello
hicimos muchos viajes a varios santuarios europeos.
Recuerdo en particular una visita a Francia, donde,
entre las distintas etapas, también fuimos a París. Nos
alojábamos en el Barrio Latino, donde se encuentra la
famosa iglesia de Saint-Sulpice, muy popular entre los
turistas extranjeros ya que se menciona en el libro más
vendido de Dan Brown, *El Código Da Vinci*. Durante
nuestra estancia en esta hermosa ciudad, por la mañana siempre íbamos a misa en esta iglesia a las siete
de la mañana. Uno de los sacerdotes que oficiaba la
celebración nos confió entre risas que incluso venían
de América a hacer peregrinaciones para ver «esas su-
puestas señales secretas», mencionadas por Dan Brown

en su libro, y nos contó un poco de la historia. Según el autor, existen numerosos indicios en la iglesia de Saint-Sulpice que confirmarían su delirante tesis según la cual el Santo Grial no es, como siempre ha creído la tradición, la copa donde se recogió la Sangre de Cristo, sino una persona, María Magdalena. Al escuchar esta tontería, nos reímos mucho con Carlo. Solía hablar con mi hijo sobre la extrañeza de la sociedad en la que vivimos, donde la verdad a menudo lucha por encontrar su camino y reina un subjetivismo muy peligroso. Durante ese viaje, Carlo quedó muy impresionado con la visita que hicimos al Museo de Arte Pompidou, donde pueden contemplarse muchas pinturas famosas, pero también objetos bastante originales y provocadores, como el famoso urinario de Marcel Duchamp, *La fuente*, un símbolo de la subversión vanguardista y de la transgresión *tout court*. Nos reímos tanto que nos dolían los músculos del estómago. Algunos «intelectuales» nos miraban escandalizados, porque nos atrevimos a reírnos frente a esa «obra maestra». Con Carlo siempre me ha encantado intercambiar opiniones y puntos de vista sobre las cosas que nos pasaban. Manteníamos conversaciones sobre diferentes temas, que no se limitaban solo a cuestiones de fe. Nos encantaba leer lo que informaban los periódicos y otros medios de comunicación, y mi hijo, que tenía una gran capacidad de análisis crítico, se dio cuenta de que muchas noticias muchas veces estaban ideologizadas.

Entre las diversas iglesias que visitamos, estaba la que tuvo lugar un famoso milagro eucarístico, en la Rue des Archives, ahora propiedad de la Iglesia luterana. Numerosos documentos y obras de arte cuentan que, durante la Semana Santa de 1290, un no creyente que odiaba la fe católica y no creía en la presencia real de Cristo en la eucaristía, logró hacerse con una Hostia consagrada para profanarla: la apuñaló y la arrojó en agua hirviendo. La Hostia se elevó por sí sola frente al hombre, que quedó estupefacto, y luego fue a posarse en el cuenco de una mujer piadosa, que inmediatamente se la entregó a su párroco. Las autoridades eclesiásticas, el pueblo e incluso el rey decidieron transformar la casa del profanador en una capilla para guardar la Sagrada Hostia, que lamentablemente fue destruida durante la Revolución francesa.

Como última visita a la capital francesa, optamos por ir a rezar a la iglesia donde se guarda el cuerpo de santa Catalina Labouré, la vidente de la medalla milagrosa. Quedamos muy impresionados con ese lugar tan especial. Nos levantamos temprano y dejamos que el taxi nos dejara al principio de la Rue du Bac, donde estaba la iglesia. Parecía como si estuviéramos experimentando algo surrealista mientras lo buscábamos. Rue du Bac es una calle muy larga. No fuimos capaces de encontrar el número de casa que nos habían indicado. Entramos en varias tiendas a preguntar, pero nadie sabía nada. Parecía que este lugar no existía. Esto nos hizo comprender el nivel de poca fe que había en los franceses parisinos. Mi hijo lo lamentó mucho, porque vivió en primera persona el proceso de descristianización que azota a Europa desde hace décadas. Finalmente la encontramos

y nos quedamos con Carlo bastante tiempo para orar.
Durante esta aparición, la Virgen María le había mostrado al santo la medalla milagrosa con las promesas
relacionadas con ella. En su interior también se guardan en una urna los restos de san Vicente de Paúl, gran
apóstol de los pobres y de los enfermos y fundador de la
Orden de las Hermanas de la Caridad, a la que pertenecía santa Catalina. La historia cuenta que, durante la
aparición de 1830, la Virgen María le mostró a Catalina
una medalla con la siguiente inscripción en oro: «Oh
María, sin pecado concebida, ruega por nosotros que
recurrimos a Ti». Inmediatamente después la medalla
giró por sí sola y la monja pudo ver su reverso: en la
parte superior había una cruz que remataba la M de
María, en la parte inferior dos corazones, uno coronado
de espinas, el otro atravesado por una espada, respec-
tivamente el de Jesús y el de María. La letra inicial del
nombre de Jesús, *Iesus* en latín, se cruzaba con la M de
María. La vidente escuchó entonces estas palabras que
venían de Nuestra Señora: «Haced acuñar una medalla, según este modelo. Quienes la lleven con fe recibirán grandes gracias». Carlo dijo que con esa medalla el
Señor había querido enfatizar el papel especial que su
Madre María juega en la economía de la salvación de la
humanidad. Estoy convencida de que a través de esta
aparición el cielo ha querido confirmar que Nuestra
Señora, además de ser la mediadora de todas las gracias,
es también la corredentora del género humano, pero
esta es mi opinión muy personal. En realidad, el hecho
de que la M de María se cruce con la I de Iesus, coro-

nada por la cruz, muestra que la Santísima Virgen está asociada al sacrificio de la redención de Jesús.

En los años siguientes, a menudo tuve conversaciones con mi hijo que se centraron en la importancia de los sacramentos. Recuerdo la ocasión de una misa dominical en nuestra parroquia de Santa María Segreta en Milán. Carlo debía tener unos nueve años; el párroco nos hizo renovar las promesas bautismales. Después de la celebración, vi a mi hijo emocionado y quedé muy impresionada por lo que me dijo sobre este sacramento. Me confió que el tiempo en la tierra no era suficiente para agradecer a Jesús por habernos dado el bautismo y que hay muchas personas que no se dan cuenta del don infinito que es recibirlo. Se lamentaba del hecho de que muchos parezcan estar más interesados en la exterioridad y en los regalos que normalmente se reciben en estas ocasiones que en el mismo sacramento que nos devuelve la vida divina perdida por el pecado original. También me dijo que era un deber cultivar y corresponder a la gracia recibida a través del bautismo porque este, además de ser el paso necesario para acceder a los demás sacramentos, es también la puerta de entrada al paraíso.

En algunas de sus notas había anotado esta reflexión: «Debemos volver al significado íntimo de este sacramento que es instrumento de salvación y vehículo de gracia. El bautismo cancela la culpa heredada de nuestros antepasados Adán y Eva, causada por el pecado de desobediencia a Dios, también conocido como pecado original, que ha contagiado y sigue contagiando a toda la humanidad, pero no cura aquellas heridas que este pecado ha dejado y que continuamente nos inclinan al mal. Además, como este sacramento es también la puerta que nos permitirá acceder a los demás, que son los instrumentos dispuestos por la Santísima Trinidad para darnos la gracia y así poder sanar completamente de esta herida, se convierte automáticamente en la puerta que nos permite acceder a la salvación».

El derecho canónico, muy legítima y acertadamente, establece el plazo máximo de la administración del bautismo dentro de las primeras semanas. En cambio, ¿qué está sucediendo hoy? Se pospone durante meses o incluso años. Esto significa privar al pequeño de la gracia santificante y condenarlo a una especie de asfixia espiritual. Para ser resucitado y perdonado, es necesario dejarse sumergir en el agua, como lo hizo Jesús en el río Jordán. Es necesario subrayar la sacralidad de la persona humana, sobre la que se inclinó el Espíritu Santo, resantificándola. San Juan, al hablar del bautismo de Cristo, nombró al Espíritu Santo. Esto quiere decir que este sacramento produce la gracia, que es la sustancia con la que nos revestiremos interiormente por la coeternidad.

Carlo siempre decía que «la narración del bautismo de Cristo es casi telegráfica, pero muy densa. Por lo tanto, Jesús es bautizado. El cielo se abre. El Espíritu Santo desciende. La voz del Padre lo confirma como Mesías: "Tú eres mi Hijo amado, en ti me complazco". Como puede verse, este acontecimiento en la historia de la humanidad tiene un valor casi infinito. Jesús se deja sumergir en el río Jordán y el cielo responde como hemos dicho antes. Arriba y abajo. Cielo y tierra. Jesús, bautizado por su precursor, es la humildad que se pone en el fundamento del mesianismo. El Salvador se pone al nivel de los pecadores. Públicamente se une a la multitud y pide ser bautizado. Gran humildad. Inmolación plena de la propia imagen. Asimilación con el pecador en condiciones de extrema sencillez. Se mezcla con la gente, que pide perdón. Va al agua purificadora. No se esconde. No se retira. No huye. Al contrario… Y el cielo responde. Es un acontecimiento narrado con extrema sencillez, pero en sí mismo es de una importancia excepcional. Cielo que se abre. Paloma que desciende. Voz que se escucha. No es un espectáculo. No es un drama. No es una alegoría. Es una realidad divina que entra en el tiempo y toma voz humana en ese rincón de Palestina. Esa voz declara que Cristo es el Hijo de Dios, es el objeto de la complacencia divina. Hemos leído u oído esta historia y nos hemos acostumbrado. Nos elude. Se nos escapa después de la lectura.

Se convierte en un... cuento. Deberíamos hacer una pausa. Deberíamos hacer hincapié en ello. Tendríamos que saborearlo. El cielo se abre, ese cielo casi siempre cerrado y que ahora habla. El Cristo recién bautizado es explícita y solemnemente afirmado como Hijo. Hijo, es decir, de la misma naturaleza divina. ¿Qué pensamiento acude a nuestra mente? Aquí nos encontramos ante la eternidad, que pronuncia sus solemnes palabras a lo largo del tiempo. Estamos escuchando la verdad fundamental: Cristo es Dios y es Hombre. Todo el Evangelio está allí. Ahí está la verdad total. El carné de identidad. El pasaporte para la redención. Estas líneas condensan la operación-salvación. La humanidad está en la línea trinitaria de la coeternidad. Ya está en marcha la operación-salvación. La plenitud de los tiempos está en su esplendor. Son palabras esenciales, fundamentales. Es el *Verbum Aeternum* que asume la naturaleza humana para redimir. El Dios, Uno, Uno y Trino, se nos revela en su segunda persona».

A Carlo le gustaba mucho leer los evangelios. Cada día se concentraba en un breve pasaje que se convertía en la brújula de sus jornadas. También el evangelio era para él un don de Dios. Todo, repito, era un don para él. Una de las parábolas que más le gustaba era la del sembrador. Para él era importante hacer que la semilla fructificara al cien por cien y no dejar que las espinas de la vida la asfixiaran. Le gustaba mucho el capítulo 12 del evangelio de Juan, que habla de que si el grano no muere no da fruto.

Recuerdo una vez que se proclamó esta parábola durante una misa entre semana en nuestra parroquia. Inmediatamente después comenzó a escribir algunas reflexiones. Decía que, si logramos morir cada día a nosotros mismos en el transcurso de nuestra vida, podremos renacer en Jesús. Entre sus notas encontré esta reflexión: «Jesús habla de un grano de trigo caído a la tierra que, si no muere, queda solo. Me atrevo a decir que todos somos este grano de trigo, porque todos somos muy pequeños, como un grano, pero un grano tan precioso que el Señor espera de él todo lo que se puede imaginar. Tenemos dentro de nosotros un gran recurso, que se llama espíritu o alma, y que es el componente sustancial de nuestro organismo ya que estamos compuestos de alma y cuerpo. Pero el alma es simple, y lo simple no se puede descomponer, no es complejo. Así que nuestra alma no está hecha para el tiempo y el espacio. En este momento, mientras vivimos, estamos encerrados en una trampa, en una jaula, que se llama tiempo-espacio, del cual dependemos, porque el tiempo y el espacio nos dificultan nuestra vida, pero tenemos el espíritu, que siendo simple es inmortal y siendo inmortal no tiene por qué permanecer en el tiempo y en el espacio. Ese grano que somos todos se planta en la tierra para que madure y pueda desarrollarse y ponerse al "nivel del alma", que no ocupa tiempo ni espacio, sino que está hecho para la eternidad. Pero además de ser este grano de trigo, también tenemos inteligencia, y debemos colaborar en el desarrollo de este grano. Para favorecer este desarrollo, que permite que el grano se convierta en espiga y en trigo, se necesitan dos virtudes que debemos practicar: la humildad y la sencillez. La humildad, que es la verdad; la humildad, que es la realidad; la humildad, que no consiste en despreciarnos a nosotros mismos, sino en sentirnos por debajo de Dios: primero Dios y después nosotros. Por otro lado, la palabra humildad deriva de la palabra latina *humus,* que significa tierra; por lo tanto, humilde es el que proviene de la tierra, el que está abajo, el que se mantiene abajo. Si nos sentimos por debajo de Dios, estamos en proporción. Y en proporción, estamos en la humildad. La humildad que nos hace mantenernos en nuestro lugar. Y nos invita y nos lleva a fortalecer nuestros recursos, que no debemos despreciar, y que debemos cultivar para la gloria de Dios. La sencillez es la virtud de no complicar, como dice el término latino *simplex,* y se compone de dos elementos: *sem* y *plicare. Sem,* que significa una sola vez, y *plectere,* que significa doblar. El término opuesto a la palabra simple es complicado, que deriva del latín *complicare* y significa plegar, envolver. Por lo tanto, complicado significa estar replegado sobre sí mismo, menos simple, confuso, difícil de comprender. Por eso la sencillez es precisamente el arte de no duplicar, de no complicar, sino de dejar todo en un plano abierto, disponible para la gloria de Dios y el bien de los hermanos. Estas dos virtudes permiten que el grano salga de la madre tierra, se desarrolle y se convierta en trigo. Este trigo se convierte en harina, esta harina se convierte en pan, y este pan se convierte en esa especie que se necesita para la sagrada eucaristía. Cuando Jesús habla de

un grano de trigo, piensa en sí mismo, como pan consagrado y transubstanciado, y piensa en nosotros, como
personas que viven de este pan, y en este pan existen, y
con este pan llegan a la eternidad. Entonces pidamos a
Jesús: Oh Dios, hazme un grano productivo, un grano
eficiente, un grano eficaz. Jesús, hazme un grano de
trigo para que pueda alcanzar tu realidad eucarística,
de la que verdadera y realmente vivo».

Carlo siempre repetía que nuestra vida también es
un don, porque mientras estemos en este planeta podremos aumentar nuestro nivel de caridad hacia Dios
y hacia el prójimo y que, cuanto más lo elevemos, más
disfrutaremos de la vida eterna de Dios. Estaba profundamente convencido de que no nos damos cuenta de
que cada minuto que pasa es un minuto menos, tenemos que santificarnos y no debemos perder el tiempo en
cosas que no agradan a Dios, sino que debemos hacerle
nuestro aliado. Decía que cuando Jesús se encarnó nos
mostró cómo hacer el mejor uso de nuestro tiempo; a
través de él ha descendido la eternidad en el tiempo,
dándonos ya la posibilidad de vivir en la dimensión
Trinitaria en comunión con el Dios Uno y Trino, en el
llamado tiempo de Dios, el *Kairós* (καιρός), el tiempo
justo por excelencia que nos presenta ya ahora, *hic et
nunc*, en la co-eternidad de Dios. Se daba cuenta de
que la vida, aunque sea un don inmenso, es sin embargo una prueba, en la que podemos o no aceptar el
amor de Dios y su voluntad para con nosotros. Estaba
profundamente convencido de que los sacramentos son

la mayor ayuda para decidirnos a poner a Dios en el primer lugar de nuestra vida y orientar nuestra voluntad
al bien. Una vez me dijo que «nuestra meta debe ser el
infinito, no lo finito». Sin embargo, será importante entender que no debemos despreciar ni llegar a odiar las
cosas del mundo como si fueran antagonistas de Dios.
Significativas al respecto son las palabras escritas por
el monje trapense Thomas Merton, que en su ensayo
Semillas de contemplación enfatizó que estar desprendido
de las cosas no significa establecer una contradicción
entre cosas y Dios, como si Dios fuera otra cosa y sus
criaturas fueran sus rivales. No nos separamos de las cosas para unirnos a Dios, sino que nos separamos de nosotros mismos para ver y usar todo en Dios y para Dios.
Esta es una perspectiva totalmente nueva que muchas
personas, incluso profundamente morales y ascéticas,
no son capaces de comprender todo el camino. No
hay perversidad en las cosas creadas por Dios, y nada
que le pertenezca puede ser un obstáculo para nuestra
unión con Él. El obstáculo se encuentra en nosotros
mismos, es decir, en la tenaz necesidad de conservar
nuestra identidad separada, exterior, egoísta. Cuando
referimos todo a este falso yo externo nuestro es cuando
nos alejamos de la realidad y de Dios. Entonces nuestro
falso yo se convertirá en nuestro dios, y amaremos todas
las cosas por amor de este falso yo. Usaremos todo, por
así decirlo, para adorar a este ídolo que es nuestro yo
imaginario. Y con ello pervertiremos y corromperemos
las cosas, o, más bien, haremos que nuestras relaciones
con ellas sean corruptas y pecaminosas. Con esto no

hacemos las cosas perversas, sino que las usamos para aumentar nuestro apego a nuestro yo ilusorio.

Ovidio describe bien, en el mito de Narciso, el defecto de todos aquellos que se aman demasiado, se repliegan sobre sí mismos y se olvidan de Dios y del prójimo. Cuenta el mito que Narciso era hijo de Céfiso y de la ninfa Liriope. Insensible al amor, no correspondía a la pasión desbordante de Eco, y por ello fue castigado por la diosa Némesis, quien lo hizo enamorarse de su propia imagen reflejada en una fuente. Narciso murió consumido por esta vana pasión, transformándose en la flor del mismo nombre. Si no tenemos cuidado, espiritualmente nos podría pasar lo mismo. Carlo quedó muy impresionado por el hecho de que hay personas que, por una gran vanidad, desperdician muchas horas de su vida para estar cada vez más bellas y nunca van a misa, porque no les queda tiempo para dedicarse a la oración. Decía al respecto: «¿Por qué los hombres se preocupan tanto por la belleza de su cuerpo y no se preocupan por la belleza de su alma?».

Una de las flores favoritas de Carlo eran las rosas rojas. Decía que la belleza del cuerpo era como la de una rosa, que no dura mucho y está destinada a marchitarse inmediatamente. Para Carlo, la belleza exterior de una persona era comparable a un castillo de arena construido junto al mar. En cuanto llegan las olas lo derriban y de él no queda más que un montón de arena, tal como nos sucederá a nosotros después de la muerte. Porque somos polvo y volveremos a ser polvo. La belleza física se desvanece; a medida que avanza, el tiempo se la lleva sin piedad. Nada quedará de ella, mientras que la belleza espiritual nunca se deteriorará y siempre podrá aumentar si somos fieles colaboradores. Para Carlo, por lo tanto, todos estos esfuerzos por permanecer siempre estéticamente joven y hermoso fueron totalmente inútiles. Y por esto decía: «A fin de cuentas todo pasa... Lo que verdaderamente nos hará hermosos a los ojos de Dios solo será la manera en que lo hayamos amado y cómo hayamos amado a nuestros hermanos».

Carlo sentía un gran dolor al ver con qué infelicidad afrontaban tantas personas el problema del envejecimiento y caían inmediatamente en una profunda crisis existencial. Había conocido a muchas de esas personas, y siempre las recomendaba al Señor para que las ayudara a sanar de sus inseguridades. Carlo decía que las verdaderas desventajas son las internas y no las físicas, porque las físicas terminarán, mientras que las internas permanecerán por toda la eternidad y serán decisivas y determinantes para el nivel de bienaventuranza eterna que disfrutaremos. Mi hijo sabía comprender la santidad de un alma a partir del brillo de su mirada. Bromeando, siempre me preguntaba si aún le brillaban los ojos. A menudo me citaba el pasaje del evangelio de Mateo en el que Jesús dice que «los ojos son la lámpara del alma» (cf Mt 6,22). Según muchos, los ojos de mi hijo también eran particularmente brillantes.

Carlo sentía mucho cariño por los monjes y monjas de clausura. Decía que sus ojos casi siempre eran muy brillantes y al estar junto a ellos sentías una sensación de ligereza, casi como si el alma se elevara hacia lo alto. Entabló una amistad especial con las monjas del Monasterio Romite, que lo acogieron en su convento cuando hizo la primera comunión. Me pedía que lo acompañara a visitarlas para pedirles oraciones. Eran para él como los «ángeles de la guarda en la tierra». Carlo tenía una marcada sintonía con las monjas de clausura, a las que consideraba como hermanas que le ayudaban a crecer en el amor a Jesús. Le quedó muy grabada la inscripción que tienen en el vestíbulo de su convento: «Con Dios me basta». Cada vez que íbamos a visitarlas, les recomendaba que lo ayudaran a orar por la conversión de los pecadores y por la liberación de las almas del purgatorio. Ese vínculo espiritual dio muchos frutos. Las monjas de Romite siempre estuvieron pendientes de él en las diversas etapas de su vida. Lo acompañaron con su oración también con motivo de su confirmación, que recibió el 24 de mayo de 2003, de manos de Monseñor Luigi Testore, antes y después de su partida al cielo, y le siguen rezando por muchas personas que asisten a sus oraciones.

No solo las monjas de Romite tenían un lugar en su corazón, sino también otras monjas de clausura, como las Clarisas del protomonasterio de Asís y las Clarisas Urbanistas de Spello. Confiaba mucho en las oraciones de las contemplativas y les pidió que lo ayudaran a ser santo. Recuerdo que una monja le había enseñado una jaculatoria que él repetía con frecuencia: «Llagas de Jesús, bocas de amor y misericordia para nosotros, hablad de nosotros al Divino Padre y obtened para nosotros una transformación íntima».

Decía que cuando estaba con ellas sentía como un bienestar en el alma. Además de las monjas de clausura, Carlo sentía gran simpatía por las Hermanitas del Cordero, congregación religiosa fundada en Francia por la hermanita María. El 16 de julio de 1983, la Comunidad del Cordero también fue reconocida por el padre Vincent de Couesnongle, entonces Maestro de la Orden de Predicadores, como «una nueva rama que emerge del tronco de la Orden». Las Hermanitas del Cordero, peregrinas, orantes, pobres y mendicantes, siguiendo las huellas de santo Domingo y de san Francisco, tienen el carisma de ir al encuentro de los más pobres, para que todos reciban la luz del Evangelio y del cordero Jesús, y de hacer varias horas diarias de adoración eucarística. Carlo las había conocido por primera vez en Asís, donde teníamos una casa para pasar allí las vacaciones de verano. Habían venido a pedir algo de comer y él, después de pedirnos permiso, las había invitado a almorzar. Llegaron a nuestra casa mientras peregrinaban a Asís en agosto de 2005. Pidieron pan, como todos los días a la hora de comer. Carlo les abrió la puerta. Las dejó entrar y las invitó a comer con nosotros. Tenían un problema con su ordenador y él se lo arregló de inmediato.

Carlo veía en los consagrados y en las consagradas a personas especiales, que generosamente habían dado todo para encontrar el «todo». Por eso estaba convencido de que Jesús no podía negar nada a sus oraciones. Habían elegido vivir solo para Él, por lo tanto, Dios no defraudaría sus peticiones. Además de las oraciones de los consagrados, Carlo consideraba muy importantes las oraciones de los padres por sus hijos. Los exhortaba a acompañarlos en el camino de la amistad con Cristo, y al respecto nos decía: «Si un día estos jóvenes, cuando crezcan, pierden el camino que lleva a Dios, tarde o temprano el Señor se acordará de las oraciones que recitaron juntos en familia y los llevará de vuelta al redil».

Decía que la oración sincera de una madre o un padre, hecha con fe y devoción, tarde o temprano siempre será escuchada por Dios.

Carlo era consciente de que desgraciadamente la nuestra es una sociedad muy narcisista, que se centra más en el cuidado del aspecto físico que en el de la vida interior. Cuando tenía seis años escribió una carta a Jesús en la que le pedía: «Señor, haz que Rajesh sea menos vanidoso». Hacía poco que había venido a trabajar a nuestra casa y al principio gastaba todo su sueldo en comprar ropa. Se parecía mucho a un famoso actor indio llamado Shahrukh Khan y atormentaba a Carlo pidiéndole que le hiciera fotos para enviárselas a sus amigos vestido como este actor. Mi hijo realmente tenía una paciencia enorme, con todos trataba de no faltar nunca a la caridad.

Puedo afirmar con certeza que desde que Carlo era pequeño nunca necesité levantar la voz o regañarlo, porque cuando le decía que hiciera algo, obedecía rápidamente sin responder. Cuando quería hacer algo, primero pedía permiso y si sus padres o abuela materna no estaban allí, recurría a la niñera. Recuerdo que cuando tenía como un año y medio, antes de tocar algo, lo señalaba con el dedo y me miraba como para saber si podía o no cogerlo. Luego sacudía el dedo como si dijera que no o movía la cabeza como si dijera que sí. Si respondía esas preguntas haciéndole gestos de que estaba bien tocarlo, lo tomaría, de lo contrario no lo haría y se marcharía pacíficamente sin enfadarse.

A menudo me citaba una frase que había tenido en una locución interior de su Ángel de la Guarda: «No el amor propio, sino la gloria de Dios». El yo humano, es decir, el yo cerrado en sí mismo, es el principio de la soberbia y, por tanto, de todo pecado.

Es el enemigo de Dios, que ataca en su dominio universal y absoluto. Es el enemigo de los hombres, excita a unos contra otros por contraste de intereses. Es el enemigo de todo hombre, porque aleja a todos de su verdadero bien, arrastrándolos al mal y quitándoles la paz y el descanso. Destruid el yo humano y todos los pensamientos del hombre, y sus deseos, sus acciones se orientarán hacia Dios, sin volverse sobre sí mismo; Dios será amado, adorado, servido, por sí mismo, por sus infinitas perfecciones y bondades y todo lo demás será amado por amor de Dios. Será amado cuando consuele al hombre y cuando lo golpee, cuando lo acaricie y cuando quiera someterlo a prueba, cuando le atraiga hacia sí dulcemente y cuando parezca rechazarlo lejos de sí. Destruid el yo humano, el yo soberbio y orgulloso, y el hombre, en su inocencia, pasará sus días en una paz inalterable ya que nada podrá perturbarlo, ni interior ni exteriormente. El aniquilamiento de la soberbia, el orgullo y el amor propio desordenado debe ser el trabajo constante de todo verdadero cristiano, de todo aquel que quiera seguir los pasos de Jesucristo. Y es extraordinariamente necesario comenzar esta lucha contra uno mismo desde el comienzo mismo de la vida espiritual.

Mi hijo decía que el mismo Jesús nos mandó negarnos a nosotros mismos y aceptar nuestra cruz para seguirlo. Solo si logramos aniquilar este «yo humano», desaparecerán todos los crímenes de la tierra, y todos los hombres vivirán como hermanos, repartiéndose, sin envidia, los bienes terrenales. Entonces todos se ayudarán unos a otros y cada uno se verá a sí mismo en los demás. Para Carlo, un buen ejercicio para comprender su propio nivel de humildad y libertad interior fue experimentar con qué grado de tolerancia aceptaremos las críticas, tanto justas como injustas, que se hacen de nosotros. La intensidad de nuestra perturbación será el termómetro que nos revelará lo elevado que está nuestro perjudicial amor propio, y hasta dónde tendremos que avanzar para deshacernos de este grave defecto espiritual, que, si no se resuelve, nos impedirá avanzar en el camino de la santidad. Deshaciéndonos de los amores y apegos desordenados podremos amar a todos, incluso a nosotros mismos, por amor de Dios.

Poco después de hacer su primera comunión escribió lo siguiente: «Estar siempre unido a Jesús, este es mi programa de vida». Para llevar a cabo este ambicioso proyecto, le era indispensable poder eliminar todo lo que pudiera alejarlo de alguna manera de Dios. En este sentido había escrito esta frase: «La conversión no es sino mover la mirada de abajo hacia arriba; es suficiente con el simple movimiento de los ojos». A pesar de que interpretó estas palabras de manera metafórica, y cuando las dijo parecía que lo hacía con una actitud mixta entre seria y jocosa, estaba claro que para él era en realidad una forma agradable de comunicar una gran verdad. Aparentemente puede parecer muy sencillo llevar a cabo este programa, pero los hechos mostrarán lo difícil que es desprenderse de las cosas del mundo para apegarse a las del cielo. Carlo decía que «la conversión es dejar de caer y volver a subir. Cuanto más bajo hayamos descendido, más difícil y agotador será el ascenso. Será importante revertir el rumbo. Paso a paso, día tras día, avanzando sin detenerse jamás. Cuanto más alto vayamos, más veremos las cosas en la perspectiva correcta, en su integralidad y en su totalidad. Cuanto más alto vayamos, más entraremos en la atmósfera que rodea a la co-eternidad. Entonces respiramos un aire del infinito. La vida eterna se convertirá en nuestro hábitat. La coeternidad se convertirá en nuestro carné de identidad. Coeternidad = eternidad juntos. ¿Juntos con quién? Con la Santísima Trinidad. Somos inmortales. El pensamiento es una prueba irrefutable. El pensamiento, en su realidad indefectible, es independiente, por principio y en la práctica, de todo lo que es compuesto. Por su naturaleza, los elementos de lo complejo se pueden separar. Porque lo complejo es transitorio, provisional, está vinculado al tiempo y al espacio. El pensamiento, en cambio, es simple y, por tanto, no se puede descomponer, es inagotable, inmortal. No está vinculado ni al tiempo ni al espacio. El Dios, Único, Uno y Trino, es la eternidad. El inmortal comparte su eternidad, es decir, es coeterno. Coeterno no por principio, sino en la práctica, por la gracia. Nuestra persona no puede abstenerse absolutamente de plantearse el problema vulgarmente llamado más allá y más científica y exactamente de la coeternidad. La coeternidad es el reino de lo Alto, es el dominio de lo Alto, es el dominio de lo Alto, es el principio de lo Alto, es el hecho de lo Alto. Para llegar a lo Alto hay que subir. Si colocamos lo Alto como el destino personal, como la participación directa en el extra-tiempo y el extra-espacio, entonces la subida o el ascetismo está incluida en el conjunto de las herramientas adecuadas para lograr la plasmación de lo Alto. Subir en el sentido claro y preciso de proponer lo de arriba como programa diario, como proyecto de 24 horas, como plan de vida. Subir es colocarse arriba, en lo Alto; es perfeccionarse para lo Alto; es hacerse apto para lo Alto; es adherirse a lo Alto; subir junto a Aquel que está en lo Alto. El aspecto místico: es la sublimación de la existencia dirigida al que está arriba».

Para Carlo, solo cuando lleguemos a estar completamente libres del pecado y de todo apego que nos aleje de Dios, podremos ser verdaderamente felices y estar serenos. Hay una gran diferencia entre una persona que dedica su tiempo a pensar en intereses materiales, en su situación, y que se preocupa por agradar al mundo para afirmarse a sí misma, y una persona que, en cambio, piensa frecuentemente en el buen Dios, que se preocupa de agradarle sobre todo a él y que solo piensa en las cosas de este mundo como medios para llegar al cielo. La vida de esta última persona será ciertamente más noble y más hermosa. Lo que nos impide vivir así con Dios y ser gozosos y puros en su presencia son las preocupaciones, los falsos temores y las curiosidades vanas. Debemos preocuparnos por dar más espacio a las cosas sobrenaturales en nuestra vida. Cuando de verdad decidamos de una vez por todas no dar demasiada importancia a las cosas terrenales y poner nuestra confianza solo en Dios, entonces seremos verdaderamente felices y estaremos en paz con nosotros mismos y con la creación, como un cielo despejado, sin nubes.

Un elemento que siempre me ha llamado la atención en Carlo es que no quería ninguna «mancha» que ensuciara su alma. Comprendió muy bien que el sacramento de la confesión era lo que necesitaba para lograr este elevado objetivo. Decía que muchas pequeñas manchas juntas terminarán formando una grande y al final no dejarán ningún espacio en blanco. En este sentido, cuando enseñaba el catecismo a los niños siempre relataba este episodio ligado a la vida de san Antonio de Padua, de quien era muy devoto: «Un día se le acercó un gran pecador, decidido a cambiar de vida y de reparar todos los males cometidos. Se arrodilló a sus pies para confesarse, pero fue tal su emoción que no pudo pronunciar ni una palabra, mientras lágrimas de arrepentimiento bañaban su rostro. Entonces el santo fraile le aconsejó que se retirara y escribiera sus pecados en un papel. El hombre obedeció y volvió con una larga lista. El hermano Antonio los leyó en voz alta y luego le devolvió el papel al penitente que estaba arrodillado. ¡Cuál fue el asombro del pecador arrepentido cuando vio el papel perfectamente limpio! Los pecados habían desaparecido del alma del pecador y también del papel».

Carlo recitaba siempre el Salmo 50, el Miserere, donde el rey David arrepentido de sus pecados pide perdón a Dios: «Lávame: quedaré más blanco que la nieve [...] borra en mí toda culpa. Oh Dios, crea en mí un corazón puro, renuévame por dentro con espíritu firme...».

Se confesaba todas las semanas, casi siempre con un sacerdote jubilado que colaboraba en nuestra parroquia. Este cura me confió que Carlo era un joven de una transparencia excepcional, muy límpido. Quería mejorar en todo, tanto en el amor a Dios como en el amor al prójimo, comenzando por sus padres. Quería perfeccionar su amistad con los chicos de su edad, con sus compañeros de clase, con sus profesores. También quería dedicarse cada vez más a profundizar en las diversas materias escolares, en la informática y en todo lo relacionado con la fe. Carlo se acercaba cada semana al sacramento de la reconciliación para dar gracias al Señor por todos los dones recibidos y para mejorar y superar hasta las más mínimas imperfecciones que le impedían subir cada vez más alto hacia el monte de la santidad.

A menudo presentaba esta metáfora para describir la suciedad que el pecado deja en el alma: «El más pequeño de los defectos nos mantienen anclados al suelo, del mismo modo que sucede con los globos que se sujetan con el hilo que se sostiene en la mano».

Le gustaba mucho volar cometas en el monte Subasio de Asís y corretear con sus perros, persiguiéndolas, y comparaba a menudo el alma con una cometa, que necesita del viento para volar, como nuestra alma necesita del Espíritu Santo. También utilizó otra comparación para hacer comprender la necesidad de confesarse: «El globo aerostático, para subir a lo más alto, necesita soltar lastre, así como el alma para subir al cielo necesita soltar esos pequeños lastres que son los pecados veniales. Si por casualidad hay un pecado mortal, el alma cae al suelo y la confesión es como el fuego que hace subir el globo al cielo. Es necesario confesarse a menudo porque el alma es muy compleja».

Había otra frase que siempre repetía y que revela claramente la importancia que Carlo atribuía al hecho de estar siempre preparado ante el Señor: «Si la gente comprendiera de verdad la belleza de estar en gracia de Dios, respetando sus mandamientos, haría todo lo posible para no cometer pecados graves y se esforzaría al máximo para ayudar a los que viven lejos de Dios». A este respecto citaba a menudo a santa Jacinta de Fátima, quien decía que «si los hombres supieran lo que es la eternidad, harían todo lo posible por cambiar sus vidas».

Carlo era consciente de que muchos, en lugar de ir a confesarse, prefieren consultar a un psicólogo o a un orador motivacional, que seguramente los escuchará, analizará, pero nunca les propondrá convertirse y cambiar su vida para vivir felices, porque perseverar en el pecado solo traerá tristeza y enfermedad. Carlo decía que la infelicidad proviene del pecado y de la distancia de Dios. Abandonar el pecado para comenzar una nueva vida en la gracia de Dios es la única solución. El psicólogo hablará de dificultades, de errores, de problemas, de sentimientos de culpa, de traumas, pero nunca de pecados, de la relación del hombre con Dios, de una amistad que ya no está y que se quiere recuperar. Carlo decía que en la confesión se manifiesta Cristo, quien por medio del Espíritu Santo nos reconcilia con el Padre. El fruto del sacramento de la penitencia es la paz. Carlo estaba ansioso por explicar que la confesión también se llama el sacramento de la misericordia, porque es el reflejo del amor de Dios por nosotros, que murió en la cruz para salvarnos y redimirnos. Desde la eternidad ha pensado en cada uno de nosotros individualmente. Carlo decía que a través de este sacramento es como si de las manos consagradas del sacerdote se filtrase un rayo de luz que atraviesa la oscuridad en la que el pecado nos ha envuelto. La misericordia es el movimiento de la luz en la oscuridad.

También decía que si es posible es importante confesarse siempre regularmente con el mismo sacerdote. Para él era fundamental en cada confesión tomar propósitos de la enmienda, fijándose metas alcanzables. Decía que debemos mirar al sacerdote con los ojos de la fe. El confesor es como un médico para nosotros; pues, por medio de él, Dios cura nuestras heridas provenientes del pecado. El único obstáculo para una buena confesión es «el yo». Al confesar nuestra miseria, derribaremos «el yo»; entonces el espejo de nuestra alma se volverá puro, sin sombras, y Dios, al no encontrar en esto obstáculo alguno, se mirará en él y reflejará su imagen.

Carlo nunca decía mentiras y en sus catequesis siempre citaba este episodio ligado a una hija espiritual del Padre Pío: «El Padre, todos lo sabemos, no quería que dijéramos una sola mentira, ni siquiera en bromas ni por una mínima tontería. Para cumplir el compromiso que asumí en la confesión, comencé a pedir ayuda al Ángel de la Guarda. Cuando me encontraba en apuros, porque me preguntaban algo que no sabía o no podía contestar sin caer en una mentira, me encomendé a él». Siempre rogaba a Dios que le hiciera conservar esa inocencia bautismal que todos debemos guardar celosamente, pidámosle que nos ayude a permanecer siempre en la gracia de Dios, como las vírgenes prudentes del evangelio, que ya habían preparado el aceite cuando llegó el novio y no las pilló desprevenidas.

7

Los pobres, los más débiles, mis amigos del corazón

Carlo reconoció la presencia viva de Jesús en los pobres y en los enfermos; especialmente en los que sufren veía a Cristo crucificado. Tenía la certeza de que delante de estas personas estaba en la presencia del Señor, por eso procuraba hacer alguna obra de caridad concreta para con ellos, porque ayudarlos equivalía a resucitar a Jesús crucificado.

Cuando les daba una manta o un saco de dormir, su mente se remontaba a la noche del nacimiento de Jesús, cuando se vio privado de todo. Para Carlo, hacer algo por los pobres significaba hacerlo por el mismo Jesús. Cuando entraba en contacto con el sufrimiento humano, se encontraba directamente proyectado en el calvario ante la presencia de Cristo crucificado.

Los ejemplos de san Francisco y de san Antonio de Padua en la realización de actos de caridad hacia los pobres fue un gran incentivo para que Carlo hiciera lo mismo. Era un chico que ponía pasión en todo lo que hacía, tenía un entusiasmo contagioso; siempre trató de mejorarse a sí mismo y se preocupó continuamente por su prójimo, especialmente por los necesitados. A veces parecía no descansar cuando veía a algún mendigo o persona en apuros. Si podía, se desvivía por ayudarlo.

Para él estas personas eran comparables a la Sagrada Familia de Nazaret, que en Belén no encontró más alojamiento que un establo. Al respecto escribió en una de sus meditaciones: «El Señor Jesús se encarnó eligiendo como madre a una pobre muchacha de solo quince años y a un pobre carpintero como padre adoptivo. Cuando nació, estuvieron solos, rechazados por la gente que no podía alojarlos, hasta que por fin alguien les ofreció un establo. Si lo pensamos bien, el establo de Belén era ciertamente mejor que muchas casas de hoy en día, donde el Señor es igualmente rechazado por todos y muchas veces incluso ultrajado, porque es recibido de una manera no digna. Una pobre muchacha de quince años junto a un pobre carpintero fueron los padres de Dios, que eligió la pobreza y no el lujo».

Cuando conoció la Obra de san Francisco para los pobres, gestionada en Milán por los Frailes Menores Capuchinos, se le abrió un gran campo de apostolado y de caridad. Disponen de comedores donde dan de comer a miles de personas y dan asistencia a los más necesitados, prestando también otros servicios. Inspirado por este trabajo, él también quiso ayudar a hacer algo por las personas sin techo y por los mendigos que los frailes asistían todos los días. Por eso nos encontrábamos a menudo con el padre Giulio Savoldi, vicepostulador y confesor del venerable fray Cecilio

Maria Cortinovis, el fraile portero que fundó esta obra para los pobres de Viale Piave. Siempre me decía que nunca había visto a un chico tan sensible a la pobreza y al sufrimiento de los demás. Conoció a Carlo cuando tenía unos cinco años. Él le trajo todo el dinero que había ahorrado en su hucha para dárselo a los niños más necesitados. El capuchino me confesó que estaba muy impresionado y conmovido con ese niño tan pequeño y generoso, de rostro luminoso y abierto a todo lo bello y bueno. Inmediatamente se dio cuenta de que en él se escondía un alma especial, que quería ayudar a aliviar el dolor de aquellos que, en muchos aspectos, eran menos afortunados que él.

Deseaba ayudar a los que estaban en dificultades, y me confió que cuando fuera mayor quería crear una obra de caridad dedicada a todas las personas sin techo y que no tenían adónde ir, porque no siempre era posible encontrar un lugar en los comedores o en las residencias públicas. Uno de sus mayores deseos hubiera sido construir dormitorios donde cada uno pudiera tener su propio espacio personal con algún armario donde dejar sus pertenencias.

Recuerdo que recientemente habíamos comprado una pequeña casa en Asís donde íbamos de vacaciones con nuestros perros. Una vez, mientras los llevaba a caminar, pasando por la iglesia de san Esteban, Carlo se dio cuenta de que había un mendigo durmiendo en el suelo en un jardín público. A partir de ese día, le recordaba a mi madre todas las noches que preparara algo de comida extra para llevársela a aquel hombre. Además de eso, cuando podía también le daba algo de dinero.

Lo mismo hacía con los vagabundos que dormían cerca de nuestra casa en Milán o junto al porche de la iglesia o cerca del Arco de la Paz contiguo al Parco Sempione, que en ese momento aún no había sido cerrado y se había convertido en su lugar habitual. Se había organizado con Rajesh para llevarles comida. Siempre con su propio dinero, había comprado platos térmicos y termos pequeños y, cada vez que veía que había uno de estos vagabundos, salía y le llevaba parte de su cena, fruta, galletas o bocadillos junto con bebidas calientes. Siempre que podía, también les daba ropa.

Una vez me pidió permiso para ir con Rajesh a una tienda del centro a comprar sacos de dormir con sus ahorros para dárselos a los pobres. Estas personas sin techo a menudo dormían sobre cartones frente a Santa María Segreta. Por supuesto que le dejé ir y le di algo de dinero extra. Me sentí muy orgullosa de tener un hijo tan generoso y desinteresado. Santa Teresa de Calcuta decía que el bien también se puede hacer cerca de casa y no hay que viajar lejos para hacerlo. En Carlo veo perfectamente cumplidas estas palabras de la santa.

A través del Liceo León XIII, Carlo había conocido a un anciano discapacitado al que visitaba de vez en cuando para darle consuelo y cariño. Siempre le llevaba dulces que compraba con su propio dinero. Con las personas mayores, Carlo tenía mucha paciencia y dedicación.

Más de una vez fuimos juntos al hospital a visitar a un pobre anciano de unos ochenta años. Este señor ya no tenía a nadie que pensara en él. Lo conocíamos porque siempre pedía limosna frente a nuestra parroquia. Al principio vivía en uno de los dormitorios públicos de Milán, pero como no permiten estar mucho tiempo allí, tenía que trasladarse constantemente de un lugar a otro. Finalmente, logró que el ayuntamiento le asignara una vivienda de protección social. Sufría de enfermedades cardíacas y diabetes y, a menudo, terminaba en el hospital cuando empeoraba. Frecuentemente llamaba a casa y Carlo y yo íbamos a verlo y le llevábamos las cosas que necesitaba.

Le gustaba mucho levantar la moral a los enfermos, entreteniéndolos y animándolos. Solía ayudar a los más pobres, a las personas menos afortunadas y daba limosna a los que le pedían ayuda en la calle.

Una vez compró comida para dos niños gitanos: los acompañó a un supermercado y les pagó la compra. Me había llamado para pedirme permiso y se lo di.

Carlo tenía otros dos amigos mendigos, que se habían visto obligados a pedir limosna porque no encontraban trabajo y, a menudo, se detenían frente a nuestra iglesia durante la misa de la tarde. Después de la muerte de Carlo hablé con ellos. Me dijeron que lo recordaban con mucho cariño, porque era muy bueno, amable y educado. De vez en cuando les daba algo de dinero y se interesaba por sus problemas.

Uno de los dos mendigos tenía una amiga llamada Giuseppina, a quien había conocido en la residencia de acogida. Estaba deprimida y se estaba dejando morir en el pequeño jardín que se encuentra entre nuestra parroquia y el Instituto Tommaseo de las monjas marcelinas. Llevaba tres días sentada en los bancos: en su cuerpo se apreciaban manchas de sangre. Nadie se había interesado por ella excepto Carlo, quien me pidió que la ayudara para que recibiese tratamiento. Logramos convencerla para que la internaran en el hospital Fatebenefratelli, donde la tuvieron cuarenta días. A menudo íbamos a verla. Finalmente ella también logró conseguir una vivienda social.

Recuerdo que había otro pobre que siempre pedía limosna frente a nuestra iglesia. Tenía unos cincuenta años. Le era imposible encontrar trabajo ya, así que todos los días esperaba gente a la salida de las dos misas que se celebraban a las 18 y 19 horas, para recaudar algo de dinero. Carlo participaba todos los días conmigo o con mi madre en uno de los dos oficios y cuando salía, si lo veía, siempre le daba dinero y hablaba un rato con él. Como necesitaba una bicicleta, una vez me convenció para que le diera una usada.

Carlo ayudó a muchas personas sin techo. Entre ellas había también musulmanes que estaban desempleados y sin esperanza. Durante un tiempo íbamos a ayudar a servir las comidas en el comedor de las Hermanas de Madre Teresa de Calcuta que se encuentra en Baggio. Era frecuentado principalmente por inmigrantes, la mayoría musulmanes, y Carlo se había hecho amigo de algunos de ellos. Muchos de ellos pedían limosna durante el día en la zona donde se encuentra la Catedral y como solíamos ir a misa allí, en cuanto nos reconocían venían a nuestro encuentro y nos saludaban calurosamente. En más de una ocasión hemos invitado a alguno de ellos a comer una hamburguesa de McDonald's con nosotros. Algunos eran muy jóvenes, y nos conmovían muchísimo.

Otra vez recuerdo que habíamos hecho amistad con una anciana que solía ir a la Catedral y hacía apostolado repartiendo los mensajes de una vidente que decía haber visto a la Virgen. Era un alma cándida que nunca se había casado, y todos los días asistía al menos a una misa y pasaba el día repartiendo estos mensajes y haciendo apostolado entre las personas que se sentaban en la escalinata de la Catedral o estaban de pie cerca. Esta señora tuvo una especial dedicación a esta supuesta aparición. Un día también nos paró a mí y a Carlo para catequizarnos, y así fue como nos hicimos amigos. Recuerdo que una vez la vidente se sentó en la escalinata de la Catedral y ella también fue abordada por esta señora, quien, sin embargo, no la reconoció. La vidente habló de este encuentro a raíz de una nota de radio, durante una entrevista, y manifestó abiertamente que no aprobaba esa forma de hacer apostolado. La señora estaba muy molesta, ya que casualmente ella también estaba escuchando la radio durante la entrevista. Nada más vernos se desahogó y hasta le saltaron algunas lágrimas. Carlo se compadeció y la consoló mucho y la invitó a comer en McDonald's para distraerla. Consiguió fortalecerla, animándola a continuar. También la hizo reír mucho. Esto era típico de Carlo. Sentía mucha ternura por los ancianos, la misma que sentía por los niños.

La abuela Luana me contó que un día había ido con Carlo al parque Solari a dar el paseo de siempre. Carlo debía tener unos seis años y se había hecho amigo de un niño pequeño. También habían llevado consigo a la perra Chiara porque uno de los juegos favoritos de mi hijo era lanzar piedras a lo lejos para que ella se las trajera. Su amigo también se unió a Carlo y juntos comenzaron a jugar con Chiara. Mientras tanto, la abuela se había sentado en el banco y se había hecho amiga de la niñera filipina del niño. A menudo nos encontrábamos con los niños en los jardines públicos locales y siempre jugaban juntos. Una vez la niñera llegó al parque con los ojos rojos e hinchados. A Carlo no le pasó desapercibido y de inmediato le preguntó qué tenía. Ella le dijo que en Filipinas su familia se había quedado sin casa por un tifón, que su madre había resultado gravemente herida y que estaba desesperada porque no tenía dinero para enviárselo y que recibiera tratamiento. De vuelta a casa, Carlo inmediatamente se puso en marcha para recolectar dinero. Pidió a su abuela, a mí, y sacó todos sus ahorros de la hucha. Esta oleada de generosidad me causó tanta ternura que decidí contribuir también diciéndole que le daría un regalo menos en su cumpleaños pero que ayudaría a la niñera. Feliz, llevó el dinero recaudado a la niñera filipina. Ella lo abrazó y comenzó a llorar diciendo que Carlo era el único que la había ayudado.

Incluso el padre de sus grandes amigos de Asís, Mattia y Jacopo, quedó muy impresionado por el hecho de que cuando Carlo se fue de viaje con ellos, en cuanto veía a algún pobre, corría a darle su paga. Esta atención a los pobres estaba tan arraigada en Carlo que decían que ellos también se habían acostumbrado a que, en cuanto veían uno, inmediatamente corrían a darle sus ahorros y se quedaban a hablar con él.

Durante mucho tiempo tuvimos a una mujer encargada de planchar la ropa. Ella era originaria de la República de Mauricio. Se había quedado sola con su hija porque su esposo la había dejado, había formado una nueva familia y había dejado de ayudarlas económicamente. Así que se vio obligada a realizar varios trabajos para mantener el nivel de vida digno que tenía antes de que su esposo se fuera. Muchas veces terminaba tarde el trabajo y Carlo estaba preocupado porque tenía que ir en metro por la noche. Vivía en un barrio poco recomendable y no era muy seguro para que una mujer sola caminara de noche. También tenía una hija que la esperaba en casa y Carlo estaba muy afectado por los problemas de esta joven, que siempre estaba sola. Así que, para que terminara antes el trabajo y no saliera tan tarde, él la ayudaba a doblar la ropa y también a planchar las cosas más sencillas, sobre todo cuando tenía que detenerse a remendar alguna prenda. La señora nos tenía cariño y empezó a visitarnos junto con su hija, a quien, a pesar de ser mayor que Carlo, le gustaba jugar con él. Ella también era una entusiasta de la informática como mi hijo y juntos disfrutaban creando revistas y páginas web.

Carlo siempre se ponía del lado de los más débiles. Era una actitud natural. No había compañero de clase en dificultades que no encontrara en él un refugio seguro, un refugio contra los ataques de los demás. Como amaba a los pobres, amaba a los últimos, a los débiles, a los discapacitados. Se desvivía por ellos sin temor a lo que pudieran decir los demás. Pero en general estaba siempre disponible para todos sus compañeros, ayudándoles en sus tareas o resolviendo los problemas relacionados con el uso del ordenador.

En cierta ocasión defendió a un compañero que sufría una discapacidad que no era evidente a primera vista. Llegó nueva una joven maestra para sustituir a una profesora enferma. Como no estaba al tanto de los problemas del niño, empezó a regañarlo por su dificultad para expresarse. Entonces Carlo se convirtió en el paladín de este chico y lo defendió, advirtiendo en privado a la mujer sobre los problemas de su joven amigo. La maestra se disculpó sinceramente con Carlo e inmediatamente dejó de regañarlo. Leemos en un proverbio chino: «El sabio pone una pizca de sal en todo lo que dice y una pizca de azúcar en todo lo que oye». Y Carlo era así, siempre trataba de justificar a todos, fingiendo que no pasaba nada, aunque hubiera sufrido ofensas o agravios, y nunca hablaba mal de nadie.

En otra ocasión fuimos a la playa con mis padres y de vuelta a casa, después de haber aparcado el coche, cruzamos la plaza, donde había un señor mayor que tomaba un poco de aire fresco en los bancos. A menudo, algunos niños se burlaban de él porque era homosexual. Cuando mi hijo se dio cuenta, inmediatamente intervino y los regañó en tono severo, diciéndoles que todos deben ser respetados, que no debemos discriminar a nadie, que solo Dios tiene derecho a juzgar a los hombres, sean quienes sean. Desde entonces el hombre se hizo amigo suyo, y cada vez que veía a Carlo corría a saludarlo.

En Asís teníamos una señora que nos ayudaba en las tareas de la casa. Se había hecho amiga de Carlo, a menudo confiaba en él y le contaba sus problemas. Estaba angustiada porque tenía un marido que bebía mucho y que a veces se ponía violento. Recuerdo que Carlo comenzó a orar y a pedirle al Señor que la mujer fuera liberada de esta situación. Milagrosamente, poco tiempo después, su esposo dejó de beber.

Carlo obtuvo muchas gracias especialmente rezando a Nuestra Señora de Pompeya y ofreciendo misas con la intención de ayudar a los que estaban en dificultad. Se preocupaba mucho cuando veía personas alejadas de Dios e inmediatamente comenzaba a orar por ellas. Decía que si la Providencia los había puesto a su lado era para que hiciera oraciones de intercesión por ellos. También obtuvo muchas curaciones de enfermos, entre ellos una señora que, además de estar enferma, también estaba muy alejada de la fe. La verdad es que hacía más de cuarenta años que ya no iba a la iglesia. Recuerdo que Carlo comenzó a rezar por ella, y pronto no solo se recuperó, sino que se convirtió y comenzó a ir a misa todos los días y a llevar una vida santa.

También Rajesh, gracias al ejemplo de mi hijo y a su testimonio, decidió hacerse católico. Carlo había hecho que se enamorara de Jesús, y nació en su corazón el deseo de recibir todos los sacramentos de la iniciación cristiana y comenzar a rezar el rosario. Se estableció un fuerte vínculo entre Rajesh y Carlo que continúa hasta el día de hoy. De alguna manera Rajesh era como una cuidadora. Conocía a todos los amigos de Carlo, quienes lo recuerdan con cariño, especialmente cuando se ponía a hacer el tonto con ellos. Era un punto de referencia para Carlo, una especie de amigo de juegos, hasta el punto de que Carlo llegó a llamarlo: «Mi amigo de confianza Rajesh». Aún hoy continúa reviviendo a Carlo en el corazón de las personas al ser testigo de su experiencia con él. Carlo jugaba a menudo con Rajesh, que disfrutaba haciendo de actor en sus películas. Le gustaba mucho asumir el papel de espía internacional, al estilo James Bond, un papel que le salía muy bien. Carlo disfrutaba grabándolo con su cámara y se reían mucho. Esto es lo que Rajesh escribió sobre Carlo:

«Dada la profunda religiosidad y la gran fe que tenía Carlo, era normal que me diera catequesis a menudo sobre la religión católica, pues soy hindú de la casta sacerdotal brahmán. Carlo decía que el día de mañana sería más feliz si me acercaba a Jesús y a menudo me instruía sobre el uso de la Biblia, el Catecismo de la Iglesia católica y las historias de los santos. Carlo se sabía el catecismo casi de memoria y lo explicaba de una manera tan brillante que lograba entusiasmarme sobre la importancia de los sacramentos. Tenía mucho talento para enseñar conceptos teológicos que ni siquiera los adultos podían explicar. Poco a poco comencé a tomar muy en serio los consejos y enseñanzas de Carlo, hasta que decidí recibir el bautismo cristiano. Carlo fue para mí un maestro de vida cristiana auténticamente vivida y un ejemplo de moralidad excepcional. Me bauticé porque Carlo me contagió y me impactó con su profunda fe, su gran caridad y pureza, que siempre he considerado fuera de lo común, porque un chico tan joven, tan guapo y tan rico normalmente prefiere llevar una vida muy diferente. Carlo fue un ejemplo tan alto de espiritualidad y santidad que sentí dentro de mí el deseo de convertirme al cristianismo y así poder comulgar. Me explicó la importancia de acercarse diariamente a la eucaristía y rezar a la Virgen María con el santo rosario, tratando de imitar sus virtudes heroicas. El niño siempre me decía que las virtudes se adquieren principalmente a través de una intensa vida sacramental y que la eucaristía es ciertamente la culminación de la caridad y que a través de este sacramento el Señor nos hace personas íntegras, hechas a su imagen, y me citaba las palabras, que se sabía de memoria, del capítulo sexto del evangelio del apóstol san Juan, en el que Jesús dice: "El que come mi carne y bebe mi Sangre, permanece en mí y yo en él, y yo lo resucitaré en el último día"; y después me explicaba que la eucaristía es el corazón de Cristo. Una vez también me habló de la importancia de la devoción a la práctica de los primeros viernes de mes al Sagrado Corazón de Jesús y los primeros cinco sábados de mes al Corazón Inmaculado de María. Decía

que el corazón de Jesús y el corazón de María están indisolublemente unidos, y que cuando comulgas también
estás en contacto directo con Nuestra Señora y con
los santos del paraíso. También decía que Dios es muy
feliz si las almas se acercan con frecuencia a los grandes dones que son la eucaristía y el sacramento de la
confesión. Asimismo, también me explicó y me preparó
para recibir el sacramento de la confirmación, diciéndome que era muy importante. Me contó que, cuando
recibió el sacramento de la confirmación, sintió dentro
de sí mismo una fuerza misteriosa que lo envolvió, y
que desde entonces su devoción eucarística había crecido. Cuando recibí el sacramento de la confirmación
también yo sentí lo mismo. Lo que más me impresionó
de Carlo fue su gran pureza y su fidelidad a la santa
misa diaria. Carlo tenía una visión tan luminosa de la
fe católica que lograba contagiar a cualquiera con la
serenidad y la dulzura con que presentaba las verdades
de la fe».

Cuando ya era un poco mayor, Carlo lo acompañó
varias veces a renovar sus documentos o al médico,
porque, al ser ciudadano extracomunitario, a veces no
era bien tratado en las oficinas públicas. A veces perdía
horas y horas sin poder hacer nada. Carlo tuvo mucha
paciencia para enseñarle los secretos de la informática,
que a él le resultaban difíciles. Hacía lo mismo conmigo
y con mi madre.

Era muy generoso con los demás, mientras que consigo mismo siempre fue muy frugal y austero. Me las tenía
que ingeniar mucho para comprarle algo, porque nunca

quería nada. Recuerdo que al comienzo del período escolar siempre trataba de comprarle al menos dos pares de zapatos nuevos. Siempre se resistió. Quería tener solo uno, y hasta que no se consumían por completo no los cambiaba. Decía que con ese dinero se podría ayudar a algunas personas necesitadas. No prestaba atención a las modas, muy sobrio en el vestir, tratando siempre de mantener un perfil bajo.

Carlo tenía una caridad que se manifestaba no solo con sus amigos y compañeros de escuela, sino también con cualquiera que entrara en contacto con él. Me dijeron que en el camino que hacía en bicicleta de la casa a la escuela, se detenía a saludar a los porteros de las casas del vecindario, que en general eran de fuera de la Unión Europea. Se había hecho amigo de todos. Siempre tenía palabras de aliento y solidaridad para todos ellos. No hacía distinciones de religión ni de nacionalidad; con Carlo se derrumbaban todos esos «muros» de indiferencia y recelo que acostumbran a levantar, sobre todo, quienes viven en las grandes ciudades. En todos veía a Cristo para amar. Muchos se asombraban de que un chico de una familia adinerada se detuviera a charlar con esas personas. Esto había impactado a quienes lo conocían. Nunca se peleó ni ofendió a nadie, aun cuando tuviera serias razones para hacerlo. Fue impulsor del bien, porque quería que los demás se comprometieran a recuperar esa humanidad que tantos parecen haber perdido.

La atención que prestaba a los demás también se notaba en la mirada que les dirigía. Era casto, muy cuidadoso ante las cosas banales y superfluas, nunca estuvo apegado a los bienes materiales. Decía: «Será importante velar siempre por nosotros mismos. Solo manteniendo una pureza de corazón, en efecto, podremos acumular en el cielo ese tesoro que nos servirá para la eternidad».

Le encantaba citar la frase de Jesús que encontramos en el evangelio de Mateo cuando dice que «donde esté vuestro tesoro, allí estará también vuestro corazón». Y comentaba: «Con estas palabras Jesús quería darnos a conocer que los que están unidos a él tienden por completo a navegar hacia aquel único puerto seguro que solo se encuentra en el cielo. ¿Cuál será entonces el verdadero tesoro que habrá que acumular, almacenar, capitalizar? Lo que nos haga estar seguros, lo que nos haga sentir protegidos. Será un tesoro para resistir cualquier impacto, para repeler cualquier asalto, para aventurarse a cualquier empresa. Será importante acumular las cosas adecuadas, aquellas que nos llevarán a este refugio seguro. La limosna secreta, la oración secreta, el ayuno secreto, los sacramentos bien vividos, el rezo del santo rosario, serán puertas abiertas a nuestra unión con Dios. Serán las realidades que darán fe de esta seguridad. Varios ángulos, varias ópticas, varias facetas, pero solo una será la meta: la existencia orientada y vivida hacia la co-eternidad. Si nos mortificamos, si nos ayudamos, si rezamos, si acumulamos para lo de Arriba, el problema del existir, el tema del vivir, seguramente encontrarán la solución. Emprenderemos el camino principal, se clarificarán nuestros objetivos, identificaremos nuestra meta. Si hemos apostado constantemente por el más allá y tenemos siempre presentes las palabras de Jesús, entonces ganaremos la apuesta por la eternidad».

Explicaba que, además de ser materialmente pobres, uno también debe ser pobre en espíritu. En este sentido le gustaba meditar sobre las bienaventuranzas: «Jesús subió al monte: asciende hacia arriba. Se separó de la multitud. No se separó de la persona singular. La montaña está en lo alto. Las multitudes están abajo. Jesús mira hacia arriba para atraer hacia sí mismo a los que están abajo. Sube y luego se sienta, es decir, se pone en condición de reposo, de descanso, pero también de enseñanza. Y así ve a las multitudes y distingue a las personas. Sube, deja lo de abajo y asciende. Se sienta: se detiene, hace una pausa, descansa, respira, adopta una postura. El cuadro se completa con la llegada de los discípulos. El maestro tiene su público preferido. Maestro + discípulo = escuela. Ahora puede enseñar. Estamos en el famosísimo sermón de la montaña. Ocho enseñanzas, cada una introducida por un "bienaventurados". ¿Quiénes son estos bienaventurados? Los pobres de espíritu, los afligidos, los mansos, los hambrientos y sedientos de justicia, los misericordiosos, los puros de corazón, los que trabajan por la paz, los perseguidos. No están los ricos, los famosos, los eruditos, los astutos, los economistas, los políticos, los empresarios, los artesanos,

los comerciantes, los médicos, los abogados, los solda-
dos, los profesores. Están la pobreza, la aflicción, la mansedumbre, la justicia, la misericordia, la pureza, la paz, la
persecución. Un complejo de realidades que oscilan en
los ámbitos de las costumbres, el sentimiento, el desapego, el ideal, la comprensión, la honestidad, la calma, la
agresión sufrida. Personas bienaventuradas, situaciones
bienaventuradas, realidades bienaventuradas».

Le gustaba citar las palabras con las que Jesús nos
entrega el documento programático para poder entrar
en el paraíso: «Bienaventurados los pobres de espíritu,
porque de ellos es el reino de los cielos». En sus notas
encontré escrito al respecto:

«¿Quiénes son los pobres de espíritu? Son los que
tienen un alma pobre. Pero ¿qué significa tener un alma
pobre? Significa vivir el desapego desde abajo. No es
tanto un desprecio por las cosas, que son criaturas de
Dios, cuanto ser superior a ellas, saber controlarlas, no
estar enganchado a ellas, no estar sujeto a sus iniciativas. Espíritu pobre es el temperamento o el carácter
de las personas que viven orientadas a lo Alto, a lo
de Arriba. Por eso Jesús afirma que de esta gente es el
reino de los cielos. Lo de Arriba es suyo, ya que lo de
abajo no les afecta en nada. Los pobres de espíritu no
son tacaños, no son codiciosos, no tienen hambre, no
AMAN el bienestar por encima de todo. El adjetivo
"pobres" no hace referencia a personas de último rango
o de malas cualidades, sino a una estirpe superior. Superior en los sentimientos, en el aprecio, en el deseo de
más y mejor. El reino de los cielos es lo que está arriba.

reino de los cielos como patria, ambiente, mentalidad.
El pobre de espíritu tiene el espíritu de lo que está
arriba. Jesús dio testimonio sobre sí mismo. No quería
nada. No tenía propiedades, ni dinero, ni comodidades.
La calle era su hogar. Su madre estaba en la casa de los
demás. Se sustentaba con su trabajo. Era huésped de
otros. Peregrino perpetuo. Verdaderamente Jesús tenía
el espíritu de los pobres. Vivía la naturaleza. Vivía con
naturalidad. Vivía bajo el sol y bajo la lluvia, en la tierra, en el polvo. La expresión "alma pobre" es hermosa.
Retrata bien la actitud de quien es discípulo de Cristo.
Alma pobre: dentro sin nada, dentro con todo. Alma
pobre, libre, autónoma, liberada de todo lo que poseer
pueda significar. Se ve su superioridad, su grandeza,
su pulcritud. Uno mismo es suficiente para el reino de
los cielos. El resto es simplemente excedente. Porque
tuyo es el reino de Dios. Pobres: no ricos, no pudientes,
no adinerados, no mendigos, no sin bienes. Pobres:
sin caprichos, sin distinciones, sin satisfacciones, sin
gratificaciones, sin superfluidad, sin... Desprendidos
de las riquezas, de los bienes, de los honores, de los
cargos, de las satisfacciones, de los reconocimientos.
Pobres: no terrenales, no de abajo, no del tiempo, no
del momento. Resumiendo: los pobres son aquellos
que no hacen de la existencia una oportunidad de afirmación, ni un instrumento para escalar, ni un medio
para promocionarse, ni una ocasión para disfrutar, sino
una realidad total, siempre y en todo lugar tendente a
la co-eternidad. Estos pobres son personas que hacen
del yo un trampolín para la Eternidad, que van desde

sí mismos hacia lo Alto, que no están vacíos ni autoengañados, sino consagrados a Dios incondicionalmente y sin reservas. De estos es el reino de Dios. El reino de Dios, es decir, la coeternidad. El reino de Dios, es decir, asociación con la Familia trinitaria. El reino de Dios, es decir, la entidad-realidad de la que el Señor es Rey, es Maestro, es todo. Él es el Dios Único, Uno y Trino. Con esto y para esta bienaventuranza Jesús se propone crear una realidad que él llama los pobres. Como puede verse, este término, con esta bienaventuranza, ha perdido su sentido despectivo habitual. Jesús instituye a los pobres como categoría. Jesús da a los pobres la característica de ser una realidad necesaria para conquistar el reino de los cielos. Hay que subrayar esto: la pobreza evangélica no es la pobreza habitual. La pobreza evangélica es el estado del cristiano desligado de lo terrenal y lo provisorio. El pobre evangélico tiene su tesoro en el cielo. Aquí se toma tesoro en el sentido de continente y contenido de los bienes sobrenaturales».

8

Mi hijo, ¿santo?

Mi hijo, ¿santo? Una de las preguntas que más se repiten cuando voy a hablar de mi hijo en las diferentes instituciones que me invitan, es cómo me siento siendo la madre de un beato. Lamentablemente, muchos piensan que tener un hijo especial automáticamente nos hace santos a nosotros también, pero no es así. Cada uno tiene su propio libre albedrío, y cada uno debe santificarse. Carlo puede interceder, pero no puede hacer por nosotros la propia obra de santificación.

Mi hijo decía que la santificación de un alma es, sobre todo, obra de Dios. Él determina, según su voluntad, las ayudas que nos ofrecerá a cada uno de nosotros. Pero al hacer uso de estos medios tenemos plena libertad. Podemos usarlos y abusar de ellos, sacarles mucho o poco provecho. Somos los principales responsables. Carlo decía que Dios da a todos los hombres innumerables posibilidades para hacer el bien. Y la vida misma, a través de los sufrimientos y también de las alegrías que encierra, contribuye a nuestra santificación. Y el Señor dará muchas más gracias según la generosidad y la gratitud con que las acojamos y las hagamos fructificar. Nuestro progreso hacia la eternidad dependerá en gran medida de nuestra cooperación con estas gracias interiores.

Sin embargo, estos dones de Dios exigen siempre nuestro esfuerzo, como por ejemplo cumplir los deberes del propio estado, orar bien, mortificarse, sacrificarse por amor a los demás. Unos harán esfuerzos generosos, otros mediocres, otros mínimos. Como escribió santa Teresa de Lisieux, «un alfiler recogido en el suelo con amor es suficiente para salvar un alma... Jesús no mira la grandeza de las acciones ni su dificultad, sino el amor que las provoca».

Cuanto más intenso y puro sea el amor con el que hagamos las cosas, tanto más agradará a Dios. Carlo hizo todo en Jesús, por Jesús y con Jesús. Supo transformar su vida ordinaria en una vida extraordinaria, acogiendo la invitación de san Juan Pablo II de abrir de par en par las puertas de su corazón a Cristo, y no tener miedo de comprometerse por Él. Como Jesús nos enseña en la parábola de los talentos, debemos hacer fructificar los dones que Él nos ha dado y no esconderlos. A los que han recibido más se les pedirá más y es cierto que el haber tenido un hijo especial nos obliga a hacer un esfuerzo cada vez mayor.

En este sentido, creo que es importante explicar bien las razones por las que la Iglesia ha decidido elevar a Carlo a los altares y proponerlo como modelo a seguir. Hay que subrayar la llamada a la santidad que concierne a todos los cristianos. En el libro del Levítico, Dios nos exhorta a ser santos porque Él mismo es santo, y

Jesús también nos invita a ser perfectos como el Padre que está en el cielo es perfecto. En el imaginario colectivo, el santo es aquel que realiza milagros extraordinarios. Pero para la Iglesia no son los prodigios los que revelan la santidad de una persona. Porque se consideran *gratiae gratis give*, es decir, dones dados gratuitamente por Dios pero de los que el candidato no tiene ningún mérito porque es el Espíritu Santo quien obra en él. En cambio, la santidad vendrá determinada por la forma en que esa persona haya vivido o no con una voluntad recta y constante de hacer el bien, es decir, viviendo heroicamente las tres virtudes teologales (fe, esperanza y caridad) y las cuatro virtudes cardinales (prudencia, justicia, fortaleza y templanza). La escuela dominicana cataloga unas doscientas virtudes, pero todas las demás dependen de estas siete primeras.

Las virtudes heroicas nos llevan a no cometer más pecados veniales voluntarios. Después de que el candidato es declarado venerable, si realiza un milagro reconocido como inexplicable por la ciencia y por los teólogos, será declarado beato, y si hace otro, será proclamado santo por la Iglesia. Las virtudes deben adquirirse individualmente, nadie puede ayudarnos a hacer esto excepto nosotros mismos. Por eso Carlo dijo: «¿De qué le sirve al hombre ganar mil batallas si luego es incapaz de ganarse a sí mismo con sus propias pasiones corruptas?».

A menudo repetía las palabras de Jesús: «Nada que entre de fuera puede hacer al hombre impuro; lo que sale de dentro es lo que hace impuro al hombre... ¿También vosotros seguís sin entender? ¿No comprendéis? Nada que entre de fuera puede hacer impuro al hombre, porque no entra en el corazón sino en el vientre y se echa en la letrina» (Mc 7,15-19). El escritor sueco August Strindberg escribió al respecto: «El corazón se escinde en dos mitades: en una está el bien, en la otra el mal o, dicho de otro modo, de un lado está el diablo y del otro un ángel. Cuando litigan –que es muy frecuente– hay una lucha en el hombre y siente que casi se le parte el corazón».

Mi hijo enseñó catecismo a los niños durante unos años y, para ayudarlos a progresar espiritualmente, inventó un kit para hacerse santos. Él escribió: «Quiero confiaros algunos de mis secretos muy especiales que os ayudarán a alcanzar rápidamente la meta de la santidad. ¡Recordad siempre que también vosotros podéis ser santos! Ante todo hay que quererlo con todo el corazón, y si aún no lo queréis, hay que pedírselo al Señor con insistencia:

1. Esfuérzate por ir a misa todos los días y recibir la sagrada comunión.
2. Si puedes, haz unos momentos de adoración eucarística frente al sagrario donde Jesús está realmente presente, así verás cómo aumenta tu nivel de santidad.
3. Acuérdate de rezar todos los días el santo rosario.
4. Lee cada día un pasaje de la Santa Biblia.
5. Si puedes, confiésate todas las semanas, también los pecados veniales.

6. Haz con frecuencia propósitos y pequeños sacrificios al Señor y a la Virgen para ayudar a los demás.
7. Pide ayuda a tu Ángel de la Guarda para que sea tu mejor amigo».

Mi hijo estaba profundamente convencido de que si un alma hace continuos y generosos esfuerzos de amor a Dios, manteniendo una fiel correspondencia con la gracia y decidiendo en su corazón no negar nunca nada a Dios, entregándose sin reservas para llegar a ser lo que en la mente de su Creador debe ser, desde ese momento y para siempre, Dios derramará en ella una paz inefable que la llenará y le inspirará un profundo desapego de las cosas de este mundo.

En este sentido, a menudo reflexionábamos con Carlo sobre el hecho de que esta sociedad podría definirse con el término «anticrística», en el sentido de que hay una actitud de exaltación del yo humano de forma casi paroxística. Ya con figuras como Nerón, Napoleón Bonaparte y Hitler, hemos tenido indicios de lo que podría ser ese «anticristo», es decir, el que se opone a Cristo.

Después, en el siglo XX, con la llegada de la revolución de 1968, se teorizó una forma de pensar que eliminaba deliberadamente a Dios. En vez de decir, como Carlo, «no yo, sino Dios», se ha preferido invertir las palabras diciendo «no Dios, sino yo»; simples «tuits», tanto para el bien como para el mal. Pensando en las palabras de Carlo, me doy cuenta de que era un chico muy profundo, dotado de la capacidad crítica de un profesor universitario. Me atrevería a definirlo como un verdadero profeta, que supo ir más allá de la época en la que vivía y proyectarse hacia el futuro, llegando a comprender perfectamente cuáles serían las transformaciones que estamos experimentando hoy, en nuestro mundo contemporáneo. En palabras del filósofo Ludwig Wittgenstein, «su tiempo» nos ha llegado: «Si alguien se adelanta a su tiempo, este le alcanzará algún día».

En nuestra sociedad son las redes sociales las que dictan la ley, y las personas se convierten en sus esclavas. Muchos compiten por tener la mayor cantidad de contactos posibles, haciendo que su felicidad dependa de las visualizaciones y de los «me gusta» que tengan, y hay quien se deprime si tiene pocos seguidores. Nos remontamos a los tiempos de los antiguos romanos donde con el pulgar se decidía la vida o la muerte de una persona, que no es más que una cultura del descarte, sin disimulos, donde es eliminado el más débil.

Esta forma de configurar la vida no dista mucho de esa historia absurda pero siempre «posible», descrita por Franz Kafka en su novela *La metamorfosis*, en la que el protagonista, Gregor Samsa, sintiéndose inútil para todos, despreciado, al despertarse una mañana «en su cama se encontró transformado en un insecto monstruoso» que eventualmente será barrido con la escoba sin piedad, como se hace con un montón de polvo. El riesgo que corremos hoy es precisamente el de terminar metafóricamente como Gregor Samsa.

Algunas personas han llegado a suicidarse porque se han sentido «acosadas» y no comprendidas por las redes sociales y por el mundo.

Carlo ha sido un verdadero y muy eficaz *influencer* de Dios, como diríamos hoy, y no un *influencer* de las cosas del mundo. La nuestra es una sociedad que, nos guste o no, la mayoría de las veces recurre a verdaderas divinidades falsas, que pretenden sustituir a Dios. Todos estamos profundamente marcados por el cine y por todo lo que ofrece, tanto para bien como para mal. Esto ha generado en muchos una mentalidad de *star system* hollywoodiana, que, sobre todo a través de los medios de comunicación, tiende a poner en el pedestal a personajes de todo tipo, empezando por cantantes, actores, futbolistas, *influencers* de las cosas transitorias de la tierra, destinadas a convertirse en polvo, *animadores* de falsos valores o ideales equivocados, muchas veces muy alejados de una visión cristiana del mundo; hasta la veneración de pseudo gurús, avatares, que más que místicos, parecen la mayoría de las veces delirantes. Muchos no se hacen ni mínimamente la pregunta sobre «si Dios existe o no», otros la eluden y muchos la niegan.

Hay muchas personas que creen que pueden resolver sus problemas reemplazando su necesidad innata y atávica de absoluto, que forma parte de su ADN, con ídolos inconsistentes. Todos, queramos admitirlo o no, fuimos creados para la vida eterna y para amar y servir a Dios. Muchas personas recurren a astrólogos, echadores de cartas y adivinos, pensando que en ellos encontrarán la solución a sus angustias existenciales, en lugar de dirigirse al Creador. La superstición se ha infiltrado por todas partes y ningún país está exento de ella. Llama la

atención ver que muchas personas parecen casi huma-
nizar la ciencia, la tecnología y la cultura, casi hasta el
punto de idolatrarlas, sin curar nunca sus inseguridades.
Como bien describe el sociólogo Zygmunt Bauman, el
teórico de la llamada sociedad líquida, «La generación
tecnológicamente mejor equipada de la historia humana es la más acuciada también por sentimientos como
la inseguridad y la impotencia»[1].

---

[1] Z. BAUMAN, *Miedo líquido*, Paidós, Barcelona 2006, 131. (N. de la E.).

9

Maestra humildad

Académicamente Carlo destacó por su entrega y docilidad. Su secreto era estar en constante contacto con el Padre. Siempre decía que «orar no es otra cosa que conversar con Dios». En este sentido, puedo decir con verdad que oraba siempre: su relación con Dios era continua.

Además de rezar el rosario diario, le gustaba mucho rezar con los salmos y con la liturgia de las horas. Era capaz de procurarse momentos de silencio y de meditación muy intensos a pesar de su corta edad. A este respecto me gusta citar las hermosas palabras con las que la madre Anna Maria Cànopi, fundadora y primera abadesa de la abadía benedictina *Mater Ecclesiae*, en la isla de San Giulio en el lago de Orta, recientemente desaparecida, describe a Carlo y su amor por la oración: «Todo lo que vale la pena proviene del silencio. Es una constatación; pero ¿qué es el silencio? Es difícil definirlo, precisamente porque el silencio no se dice con palabras: solo experimentándolo se puede comprender qué es y cuál es su importancia».

Hay momentos en los cuales el silencio es como una atmósfera que envuelve y penetra en el interior, dando la sensación de plenitud, no de vacío; no de ausencia, sino de presencia. ¿Quién no ha probado nunca a estar al aire libre, en plena naturaleza o en lo alto de una montaña al amanecer o al atardecer y más aún en la noche bajo el cielo estrellado? Todo está como suspendido en un silencio palpitante de vida, un silencio en el que se percibe la armonía del cosmos. Es, en cierto modo, una experiencia de la presencia de Dios.

Más aún se puede tener esta experiencia cuando se entra en una iglesia desierta y la mirada se dirige al tabernáculo y, a su lado, una lámpara encendida indica la presencia de Jesús en la eucaristía. Luego en el silencio se comunica con un Tú verdaderamente presente a través de una condescendencia abrumadora de amor que toca profundamente el corazón y lo llena de emoción, de gratitud y de una santa alegría.

Esta fue ciertamente la experiencia del joven Carlo Acutis, quien desde su primera comunión hizo de la eucaristía el centro de su vida, mejor aún, un encuentro de amistad viva con Jesús, hasta el punto de decir que en la eucaristía él está realmente presente en el mundo, como cuando en tiempo de los apóstoles los discípulos podían verlo en carne y hueso caminando por las calles de Jerusalén.

En su vida, seriamente dedicada al estudio y al mismo tiempo repleta de amistades, de encuentros con sus compañeros, de diversas actividades, supo siempre reservar el primer puesto a la eucaristía. La misa diaria era una prioridad para él y también lo era la adoración eucarística. Y de la eucaristía se moldeó interiormente como un «cordero manso»; de ella aprendió, sin darse cuenta, el verdadero silencio, ese que dice siempre sí a la voluntad de Dios, sin rebelarse, sin pedir explicaciones, sino abrazándola con amor.

El primer regalo que recibió de su madre fue significativo: un corderito de peluche blanco al que siempre estuvo muy apegado; significativo que, el día de su primera comunión, se encontrara inusitadamente un corderito en la calle: casi un presagio de lo que le esperaba, y para nosotros casi un símbolo de cómo vivió, convirtiéndose él mismo en eucaristía, ofrenda silenciosa.

En sus momentos diarios frente al sagrario –cita esperada y preparada– el silencio era precisamente un estar de corazón a corazón con Jesús, en el don recíproco de sí mismo hasta sentirse verdaderamente una sola cosa. Este es el silencio místico con el que se expresa el amor divino.

Carlo, que era muy sociable y afable con todos, absorbía desde estos encuentros íntimos y silenciosos con el Señor la bondad y la alegría para comunicarlas a los demás. Se puede decir que toda su belleza interior y su carga de bondad y simpatía en la relación con los demás fueron fruto del largo tiempo que pasaba con Jesús en silencio de amor y de adoración.

Todos los santos y todos los grandes hombres que se han distinguido en la ciencia y el arte fueron formados en la escuela del silencio, aprendieron a callar y a escuchar, a reflexionar y a meditar, buscando humildemente conocer la verdad.

Si uno es siempre ruidoso y hablador, si habla sin pensar, no puede llegar a ser una persona madura y sabia. Hay una frase antigua que dice: «El sabio dice pocas palabras y bien meditadas. El charlatán va caminando sin rumbo».

También hay un silencio que no es bueno, que no es el verdadero silencio, sino mutismo o presunción. Es lo que nos separa de los demás, cuando nos sentimos ofendidos o disgustados o de otra forma no nos interesan. Esta es una actitud egoísta, no cristiana, ya que Jesús recomienda amar a todos, incluso a los enemigos.

También debemos aprender a soportar las ofensas. En esto también, la vida de Carlo es un ejemplo.

Aunque murió tan joven, frecuentó la escuela de las «ofensas», cuando, por ejemplo, sus compañeros se burlaban de él por ir a misa o por su forma de vestir que no estaba «a la moda». Y Carlo se mostró, como siempre, como un discípulo diligente, que sabe sacar buenos frutos de todo. Supo callarse y no defenderse, no ofenderse, y a pesar de su «diversidad» se ganó el aprecio y la amistad de sus compañeros, y también de muchos adultos. Su vida se hizo, así, evangelizadora, mucho más que su «palabra»; pero no despreciaba la palabra, al contrario, trató de aprovecharla al máximo, y para ello se sirvió de los más modernos medios de comunicación social.

Jesús mismo, que es la palabra de Dios encarnada, vivió este silencio de humildad, de paciencia, de amor abnegado, deseoso solo de comunicar el bien y la paz. Sobre todo, le gustaba pasar las noches en la montaña totalmente solo en el silencio de la íntima comunión con el Padre, obteniendo así de su Padre lo que decía a los apóstoles, para que lo transmitieran a la Iglesia y a todos los pueblos.

Modelo de humildad y de silencio contemplativo es también María, la madre de Jesús, y con ella también san José, elegido por Dios como custodio solícito de la Madre y del Niño.

Descubrir la belleza del silencio es como encontrar la clave para crecer en cada virtud.

Para cada momento de la existencia hay un silencio que ayuda a vivirla bien, en la sencillez y la paz. Está el silencio de la alegría, está el silencio adorador, está el silencio de la humildad, está también el silencio para la hora de la prueba, el silencio tejido con fuerza y fe, que hace abrazar el sufrimiento, físico o moral, sin gritar y sin quejarse. Así nos exhorta la Sagrada Escritura: «Descansa en el Señor y espera en él» (Sal 37,7). En el texto hebreo, este «descansa» se expresa con el mismo verbo que se repite luego en el Salmo 131, el salmo del niño tranquilo y sereno en los brazos de su madre. Este silencio no es espontáneo en nosotros, ni siquiera es un esfuerzo de heroísmo, sino un don del Espíritu. Y Carlo reveló que estaba lleno de él en la hora de su enfermedad fulminante que aceptó como un cordero manso, permitiendo que el Señor realizara en él su plan. «Hacía años –testifica una enfermera– que no veía un paciente en esas condiciones; me preguntaba cómo era posible que no se quejara de dolor, pues tenía las piernas y los brazos hinchados y con acumulación de líquido». Y cuando, un día, le preguntaron: «¿Cómo te sientes?», Carlo respondió con su habitual tranquilidad: «¡Como siempre, bien!». Media hora después entró en coma... De Carlo Acutis se ha dicho que ascendió hacia el cielo «en alas de águila». No habría podido volar tan alto si no hubiera podido decir, en la hora del sufrimiento, que estaba «bien», en el sentido profundo, porque haciendo la voluntad de Dios se está siempre bien. Pero ¿de dónde le viene esa capacidad de decir: «Estoy bien»? De su contemplación, por supuesto: su alma y sus castos sentidos se habían embriagado al fijar la mirada de su corazón en el azul del cielo, escuchando las armonías del silencio lleno de la presencia divina. Cada uno de nosotros puede y debe convertirse en un lugar de «sagrado silencio» como sucede en la celebración litúrgica.

Cuando el papa Pablo VI peregrinó a Tierra Santa y visitó Nazaret en 1964, recordando con emoción la vida de la Sagrada Familia, dijo: «Renazca en nosotros la valorización del silencio, de esta estupenda e indispensable condición del espíritu; en nosotros, aturdidos por tantos ruidos, tantos estrépitos, tantas voces de nuestra ruidosa e hipersensibilizada vida moderna. Silencio de Nazaret, enséñanos el recogimiento, la interioridad, la aptitud de prestar oídos a las buenas inspiraciones y palabras de los verdaderos maestros; enséñanos la necesidad y el valor de la preparación, del estudio, de la meditación, de la vida personal e interior, de la oración»[1]. Todo esto es tanto más necesario en nuestro tiempo en que el silencio se hace casi imposible por el exceso de ruido producido por los medios de comunicación y por un estilo de vida social y familiar cada vez más exteriorizado, superficial y a menudo alienante.

Se dice que la palabra es plata y el silencio es oro; el peso de una persona, es decir su valor, es proporcional a su capacidad de silencio. El verdadero silencio, en efecto, da lugar a la acción de la gracia, a la guía fuerte y suave del Espíritu Santo, Espíritu de verdad y de amor, de comunión y de paz, de santidad y de alegría.

Madre Cànopi menciona las ofensas que Carlo recibió en vida. Pero a él no le importaban. Como en las tres personas de la Santísima Trinidad hay un eterno movimiento de amor, así él sabía a través de la oración que estaba unido al amor de Dios y con eso le bastaba. «La oración es el lenguaje del cielo», repetía. Y seguía diciendo: «A medida que aumentemos nuestra capacidad de amar, seremos cada vez más justos y puros y podremos decir con el alma libre: Dios es mi todo. Solos no podremos añadir una sola hora a nuestra vida; podremos obtener las gracias que necesitamos para nosotros mismos, pero siempre tendremos que pedírselas a Dios».

Pensaba que para acercarse a Dios es importante despojarse verdaderamente de uno mismo y de todas las

---

[1] Discurso de Pablo VI en la iglesia de la Anunciación de Nazaret, domingo 5 de enero de 1964. (N. de la E.).

cosas creadas. Cuanto más simple sea la oración, más profunda será, decía.

Monseñor Poma, párroco de Santa María Segreta, fue un testigo excepcional al analizar algunas de las cualidades de mi hijo. Sobre todo quiso subrayar cuán lejos estaba de Carlo cualquier deseo de «sobresalir y construirse un papel estelar, aunque tenía excelentes cualidades de gran preparación y genialidad para la conversación y para la entrega de sí mismo. Era muy austero en su vida y en sus aspiraciones. Quienes lo recuerdan hoy, descubren con creciente sorpresa una inusitada y agradable rectitud de clara raíz cristiana... Le encantaba recogerse íntimamente con sus propios pensamientos y en conversación con Dios. En esto era realmente detallado y excelente: era su método para no tener ideas demasiado vagas sobre su propio futuro. Le resultaba espontáneo concluir algunas de sus conversaciones con un rápido "si Dios quiere". No conocía en detalle sus devociones (le molestaba la idea de hacer alarde de sus secretos espirituales), pero hay algo de lo que sí puedo dar testimonio con mucha certeza: su intensa relación con la eucaristía... Se puede decir que Carlo siempre vivió intensamente cada momento de su vida, sin eludir nunca sus deberes. A pesar de las pequeñas dificultades propias de la vida de todo adolescente, afrontaba todo con optimismo y alegría y atento siempre a los demás».

Monseñor Poma define a Carlo con este adjetivo: «Inolvidable». Cuenta: «Su mirada, ante todo franca y cercana; una mirada que por sí sola era una gran sonrisa a la vida; la mirada de un chico que no tiene nada que ocultar y un gran deseo de comunicar. Siento dentro de mí el tono de su voz, que cuenta y pregunta sobre esto y aquello con una precisión apasionante: una voz transparente, que no tiene nada que ocultar y el deseo de verificar sus pensamientos y los proyectos que impulsan su vida hacia adelante. Mi memoria rastrea las observaciones, los argumentos, las valoraciones que Carlo me planteaba de vez en cuando: una conversación sin darse mucha importancia y sin timidez... Carlo recibió una gracia evidente, a través de la cual se podía comprobar que no es difícil para un joven inteligente y saludable combinar Evangelio y celebración en la vida, rectitud y buen humor, inteligencia y amabilidad. Sí, porque Carlo era un chico delicadamente inconsciente de sus cualidades personales, poco comunes, y se encontraba cómodo en todos los ámbitos del ejercicio de su humanidad: en su casa, en el colegio, en el oratorio, en sus amistades, en sus relaciones con Dios. Agradecido con todos, esclavo de nadie. Cortés en todas partes, a pesar de la firmeza de sus convicciones. Para el Señor siempre encontraba tiempo y no le molestaba dejar de lado incluso lo que le resultaba más agradable e interesante. Carlo era feliz cuando estaba ante el Señor; después se levantaba y se llevaba consigo el secreto de lo que el Señor le pedía. Es un gran don poder vivir en una sobriedad lúcida y serena. Es un don extraordinario cuando un chico lo percibe desde el principio de su vida».

* * *

La profesora de inglés de la escuela primaria de Carlo me dijo que mi hijo era un niño muy positivo y generoso: educadísimo, siempre sonriente y delicado en sus relaciones con los adultos y compañeros de clase, hacia quienes, sin excepción, mostraba una gran simpatía y amistad. Me dijo que era entusiasta y tenía muchas ganas de vivir. Le encantaba proponer iniciativas que pudieran enriquecer las clases y muchos lo recuerdan cuando levantaba la mano con su inconfundible rotacismo y llamaba a la profesora «Teacher», para contarle alguna curiosidad relacionada con el mundo anglosajón. En clase era uno de los primeros en ofrecer ayuda prudente y discreta a cualquier persona en dificultad.

También su maestra lo consideraba un niño muy educado y generoso. En su testimonio escribe: «Casi nunca cometía las travesuras normales propias de su edad y nunca dejaba que sus compañeros le metieran en ningún lío. Incluso mis compañeras se habían fijado en él porque siempre iba pulcro, elegante... En definitiva, era un auténtico caballero en ciernes. Al crecer, demostró tener muy buen carácter, siempre dispuesto a ayudar a cualquiera que lo necesitara. Me di cuenta de que nunca pregonaba su bondad, al contrario... Carlo era muy tímido: cuando lo felicitaba por su amabilidad, respondía diciéndome que no había hecho nada excepcional... Pero ¡era una persona excepcional! Era muy querido y sus compañeros siempre acudían a él: a veces actuaba como pacificador en las discusiones que surgían a diario entre ellos y... siempre salía victorioso en su labor. Había un amigo suyo que tenía muchas dificultades tanto en la clase como para participar en la vida social del grupo: Carlo lo había tomado bajo su protección y, con una paciencia infinita, siempre lo ayudaba, ¡todos los días! A veces yo le decía que se fuera a jugar con los demás compañeros, que dejase un poco a este amigo tan exigente que le absorbía tanta energía, pero nunca se dio por vencido y siguió apoyándolo y sosteniéndolo. En los cursos académicos siguientes, solía verlo en los descansos. Me saludaba con mucha simpatía y amablemente me preguntaba: "¿Cómo estás? ¿Tus nuevos estudiantes te sacan de quicio tanto como nosotros? Si me necesitas, dímelo... ¡Con gusto vendré a echarte una mano!"».

Cuando falleció mi padre, tuve que hacerme cargo de su negocio y comencé a viajar mucho. Así que decidimos poner a una chica al lado de Carlo que lo acompañaría por las tardes y lo ayudaría con sus deberes. Se llamaba Elisa. Tras la muerte de Carlo, me confió que siempre la había impresionado su amabilidad, tan excepcional. Decía que Carlo era muy obediente y, a diferencia de los otros niños de su edad, era muy responsable: comenzaba a estudiar y a hacer sus tareas sin que nadie se lo recordara. Lo consideraba un chico excepcional que sabía cuidar el bienestar físico y espiritual de las personas que encontraba.

Cuando conoció a Carlo, Elisa estaba teniendo problemas con su novio. Mi hijo se había dado cuenta. Trató de consolarla y la animó a comer bien, porque había perdido mucho peso a causa del estrés. Quería que ella estuviera tranquila a pesar del delicado momento que estaba viviendo, y siempre le ofrecía algo, golosinas o dulces.

Elisa quedó impactada por la madurez espiritual de mi hijo. A veces Carlo, cuando terminaba sus deberes, le pedía que lo acompañara a misa. Iban juntos, y este simple gesto contribuyó al acercamiento de Elisa a la fe.

Varias veces me dijo que Carlo siempre estaba disponible para ayudar a sus compañeros. Sobre todo por las tardes, después de clase, ella veía cómo ayudaba a quienes tenían problemas para adaptarse o a quienes se mantenían al margen por ser demasiado tímidos. Era muy sensible e inmediatamente se percataba de si alguien estaba pasando por un momento difícil. Así sucedió con un compañero suyo cuyos padres se estaban separando y que padecía por ello problemas de bulimia.

Su completa disponibilidad hacia los demás se mostraba en su comportamiento. Siempre estaba dispuesto a entregarse, a negarse a sí mismo, a ayudar incluso antes de que se lo pidieran. También era muy servicial con las monjas, especialmente con las mayores de la conserjería, a quienes entregaba los ovillos de algodón para hacer tapetes que revendían en ventas de caridad para ayudar a las misiones.

En la escuela se le consideraba un niño muy equilibrado, educado, prudente, que demostraba una madurez mayor de la que le correspondería por edad.

Carlo no se preocupaba por tener ropa o accesorios de marca. Siempre iba a contracorriente, centrándose en lo esencial. No soportaba a los que se jactaban de pertenecer a una clase social más alta. Decía que el valor de una persona es directamente proporcional a su nivel de caridad y generosidad. Estaba profundamente convencido de que quienes poseían más medios económicos tenían mayores responsabilidades porque tenían el deber de ayudar a los menos afortunados, dentro de los límites de sus capacidades.

En la práctica, no podía tolerar ninguna forma de injusticia social, porque decía que todos los hombres son criaturas de Dios. Hablaba con todos, y para todos tenía palabras de aliento y de solidaridad. No hacía distinciones de religión o de nacionalidad. En todos veía a Cristo a quien amar.

Con motivo de la Navidad, con sus ahorros compraba regalos para todos, incluidos los docentes y el personal de servicio. A menudo traía a casa a un compañero de escuela que tenía dificultades motrices y problemas con sus estudios, y que era marginado por los demás compañeros. Trataba de apoyarlo y, cuando estaba en clase, lo ayudaba a integrarse, hasta el punto de que ese niño solo quería jugar con mi hijo.

Por supuesto, Carlo era un niño vivaz, pero siempre fue muy respetuoso y educado con los demás. No le gustaba litigar ni discutir, más bien prefería hacer un santo silencio. Llevaba la bondad consigo.

La hermana Miranda Moltedo, directora de la Escuela primaria y profesora de dibujo en el centro donde estudió Carlo, también me dijo que Carlo era realmente un buen chico. Nunca lo había oído decir una mala palabra. No discutía, y era diligente y obediente a las instrucciones de la maestra. Nunca hubo necesidad de llamarle la atención. La misma monja me confió que para la edad y los años en que lo conoció, ya poseía las virtudes cristianas en grado heroico. Por ejemplo, ocultaba su estatus social, cuando ya en Primaria la mayoría de los niños hacían alarde de la riqueza de sus familias.

La hermana Isa Velate, profesora de religión, dijo que Carlo era un niño «muy generoso». Si un compañero le pedía prestado algo, él se lo daba rápidamente sin pedirle nada a cambio. A veces, la monja o la maestra tenían que intervenir para recordarle al compañero que tenía que devolver lo que Carlo le había prestado. Si no se acordaba de algunos pasajes de la Biblia, le preguntaba a Carlo, que siempre se lo sabía.

Otra religiosa del Instituto, sor Maria del Rocío Soria Ratia, era la encargada de atender a los niños después del almuerzo. Recuerda cómo a Carlo le encantaba bromear. A veces ella solía jugar al fútbol con los chicos. Carlo se acercó a ella y disfrutó diciéndole que tarde o temprano se convertiría en una futbolista famosa.

Carlo era muy curioso. Quería saber cosas y entenderlas, y se esforzaba por comprenderlas. Le gustaba hablar con la monja de cosas importantes, de religión, del islam, de la relación con otras religiones. Sabía dar respuestas muy serias y profundas y era muy atento y participativo. También ella lo recordaba como un chico transparente, sincero: lo que era apropiado decir, lo decía sin miedo y sin agresividad.

Muchas personas coincidieron en considerar a mi hijo un joven muy inteligente, con mucho talento para algunas materias y, sobre todo, humilde y dispuesto a defender a los más débiles y marginados. Era divertido, y en ciertas ocasiones incluso bromista. Con su vivacidad arrastraba y se dejaba arrastrar. A veces tanta vivacidad lo llevaba a que le llamaran la atención, porque con su voz incontenible y los gestos de su cuerpo, a veces interrumpía las clases.

Tenía un profundo sentido del humor y era capaz de minimizar incluso las situaciones más difíciles. Siempre trató de animar a los que estaban tristes y desanimados. Refiriéndose a los que se abandonaban a la depresión y a la desconfianza, dijo una frase que me quedó grabada: «La tristeza es la mirada hacia uno mismo, la alegría es la mirada hacia Dios». Carlo era lo opuesto a la tristeza. Nunca lo he oído quejarse o murmurar. Al contrario, siempre fue positivo y optimista, incluso en las situaciones más difíciles. Estaba repleto de energía vital y consideraba la vida como un don inmenso. Quería saborearla con gusto en todo momento, porque decía que «cada minuto que pasa es un minuto menos que tenemos disponible para santificarnos». Le gustaban las meditaciones sobre este tema del filósofo Blaise Pascal: «Los filósofos dicen: "Recogeos en vosotros mismos, ahí encontraréis vuestro bien". Y esto no es cierto. Otros dicen: "Buscad la felicidad en las distracciones". Y esto tampoco es verdad, provoca algunos males. La felicidad no está ni fuera ni dentro de nosotros; consiste en estar en Dios»[2].

---

[2] Cf B. PASCAL, *Pensamientos*, 430, 464. (N. de la E.).

A la edad de catorce años, para el curso escolar 2005-2006, lo inscribimos en el bachillerato clásico en el Instituto León XIII de Milán, dirigido por los padres jesuitas. Aquí pudo demostrar una de sus cualidades más apreciadas: su talento para la informática. Los padres, que siempre han estado involucrados en la educación de los jóvenes, contribuyeron mucho a potenciar sus talentos. Inmediatamente se dieron cuenta de que la talla espiritual de Carlo era especial. También el párroco, Don Gianfranco Poma, inmediatamente comprendió al confesarle a mi hijo que era un niño extraordinario y me lo confió abiertamente.

A menudo conocí a algunas personas que inmediatamente se sintieron edificadas y atraídas por mi hijo, que era como un imán. Siempre he pensado que inconscientemente las personas se daban cuenta de que la presencia de Jesús estaba escondida en Carlo, se sentían atraídas hacia él porque, conscientes o no, tenían en el corazón el deseo de un encuentro con Dios.

A este respecto recuerdo lo que nos pasó en Asís. Carlo tenía ocho años. Conocimos a una monja que nunca habíamos visto antes. Nos detuvo diciéndonos que Carlo tenía una misión especial en la Iglesia. No me lo explico, pero eso es exactamente lo que dijo.

Por varias razones, siempre habíamos estado cerca de los jesuitas. Por eso decidimos inscribirlo en el León XIII. Entre otras cosas, precisamente en el año de su paso por el León XIII, durante un viaje decidimos pasar por Manresa (Barcelona), donde Ignacio de Loyola vivió durante once años. Aquí tuvo lugar su conversión: de noble caballero de temperamento fogoso a amigo del Señor, dispuesto a servirlo en todos los aspectos para responder a su amor. Fue en Manresa donde Ignacio comenzó a escribir los *Ejercicios Espirituales,* con la clara intención de ayudar a muchos otros a tener su propia experiencia salvífica de encuentro personal con Dios. Siguiendo los pasos de este santo nos dirigimos a Montserrat, otro lugar vinculado a la conversión del santo, donde hay un santuario dedicado a la Virgen, que se apareció varias veces obrando muchas gracias y milagros. En febrero de 1522 Ignacio llegó a la abadía benedictina de Montserrat, cerca de Barcelona. Era la víspera de la fiesta de la Anunciación. Aquí pasó toda la noche, al final de la cual colocó simbólicamente la espada y el puñal en el altar de la Virgen como señal del comienzo de una nueva vida en Cristo vistiendo el hábito del peregrino.

A Carlo le conmovió especialmente este lugar, que, además del parque natural que lo rodea, ofrece unas vistas únicas, con las típicas montañas rocosas suavizadas por el viento y colores rosas. Terminamos después con la visita a Barcelona, que esta vez recorrimos a lo largo y ancho. Carlo quedó encantado con la Basílica de la Sagrada Familia del arquitecto Antonio Gaudí, cuya causa de canonización ya está iniciada. Para Le Corbusier fue el mayor arquitecto del siglo XX, apodado «el arquitecto de Dios».

Carlo estaba totalmente de acuerdo cuando escribió que «la verdadera originalidad consiste en volver al ori-

gen, que es Dios... La creación continúa incesantemente por mediación del hombre. El hombre no crea, sino
que descubre y parte de este descubrimiento. Colaboran
con el Creador quienes buscan las leyes de la naturaleza
para realizar nuevas obras; los que copian no colaboran.
Por eso la originalidad consiste en volver al origen».

La colocación de la primera piedra del Templo de la
Sagrada Familia fue el 19 de marzo de 1882. En el Acta
fundacional se leía: «Sea esta obra para mayor honra
y gloria de la Sagrada Familia. Despierte de su tibieza
los corazones adormecidos. Exalte la Fe. Dé calor a la
Caridad»[3]. A Carlo le gustaba mucho Gaudí. Un día
me dijo que había recibido una pequeña señal de él.
Le había pedido que le ayudara a glorificar a Jesús,
que se hace verdaderamente presente en la eucaristía,
haciéndose nuestra comida y nuestra bebida. Mi hijo
lo admiraba mucho, era el único arquitecto que en la
edad moderna ha dedicado su vida a una empresa que
ya no se intenta desde hace siglos: la construcción de
una catedral, dedicada a la Sagrada Familia, construida
única y exclusivamente con ofertas «de los pobres», y
él mismo murió muy pobre. Era un asceta y un místico.
Todo el Evangelio está grabado en las piedras de la Sagrada Familia. La Sagrada Familia es un libro para todo
el mundo. Para los que tienen fe, para los que saben
leer con el corazón y la mente, pero también para los
que están alejados de la fe. En el portal central de la

---

[3] Puede consultarse el texto completo en P. NAVASCUÉS, *Summa Artis*
XXXV. *Arquitectura española 1808-1914*, Espasa-Calpe, Madrid 1993. (N.
de la E.).

fachada de la Natividad se alza una escultura que representa el nacimiento de Jesús que es la cumbre del amor de Dios por nosotros. Las tres puertas representan las tres virtudes: la esperanza a la izquierda, con la masacre de los Inocentes y la huida a Egipto; la fe a la derecha, pero la caridad está en el centro, porque es la más grande; como dice san Pablo, la caridad permanece incluso después de la muerte y nos dará el grado de la bienaventuranza eterna que disfrutaremos. Sobre la imagen de la Sagrada Familia cantan los ángeles, como cuenta el evangelio. Carlo decía que en un momento de crisis tan grande para la institución de la familia, este santo arquitecto representa la respuesta divina a tal devastación. Mientras la sociedad destruye la familia, Gaudí la reconstruye metafóricamente a través del templo de la Sagrada Familia. El mismo Carlo citó más de una vez las palabras proféticas de sor Lucía de Fátima, una de las videntes que presenció las apariciones de la Virgen María en Portugal en 1917: «La batalla final entre Dios y Satanás tendrá lugar en el terreno del matrimonio y la familia [...] Quien trabaje por la santidad del matrimonio y la familia siempre será combatido y opuesto en todos los sentidos. Sin embargo, Nuestra Señora ya le ha aplastado la cabeza».

El padre Roberto Gazzaniga, animador espiritual de los colegios y encargado de la pastoral escolar del León XIII, y posteriormente rector del mismo Instituto, dibuja un cuadro muy completo de Carlo: «Carlo ingresó en el Instituto León XIII, escuela dirigida por la Compañía de Jesús, en el año escolar 2005-2006 al optar por asistir a la escuela secundaria clásica. Alumno de la clase de 4º B, se destacó de inmediato, con evidencia y discreción, por su profunda calidad humana. Desde el comienzo de la escuela se movió como si conociera el Instituto desde hace tiempo, con una cordialidad, familiaridad, amabilidad y fluidez poco propias de los principiantes. Se sentía cómodo dentro del Instituto; tanto con los compañeros como con los profesores y el personal no docente, todos interactuaban gustosos con él, ayudados por su acogida y por el estilo elegante, espontáneo y fresco que lo caracterizaba. Carlo vivió su inclusión en el León XIII con entusiasmo y participación, interactuando espontáneamente con sus compañeros, sentando las bases para hacerse amigo de ellos, para sentirlos amigos, una realidad que le importaba mucho».

Es importante que el padre Gazzaniga también notara la atención de Carlo a los más desfavorecidos: «Su atención a los que percibía un poco cortados se remonta a esa época. Algunas niñas y niños necesitan más tiempo para familiarizarse con el nuevo ambiente de la escuela y de los compañeros de clase. Desde los primeros días, Carlo se acercaba, con discreción, respeto y valentía, a aquellos a quienes les costaba identificarse con la nueva realidad de la clase y del Instituto. A los pocos meses de su separación de la vida terrena y de los compañeros de clase, escuchándolos y preguntándoles por alguna nota característica de Carlo que les había llamado la atención, varios de ellos destacaron su delicadeza en fijarse, desde los primeros días de clase, en aquellos a quienes más trabajo le costaba, y su disponibilidad para trabajar junto a ellos con el fin de facilitarles la integración en la clase, exhortándolos a no agudizar la situación y tratando de superar sus reticencias y su silencio. Muchos compañeros y compañeras agradecen a Carlo su capacidad para crear y facilitar relaciones, para transmitir confianza y cercanía sin apabullar».

El padre Gazzaniga consideró especial la vitalidad de Carlo en las relaciones con los demás compañeros del Instituto: «Estar ahí y hacer que el otro se sienta presente fue una característica que pronto me llamó la atención en él. Le gustaba deambular por los pasillos y por los dos pisos del Instituto durante el descanso, más largo, de media mañana e intentaba conectar con los chicos y con los profesores. A menudo lo hacía junto con algún compañero o compañera que, al no estar tan implicado como él, se encontraba solo en su mesa o cerca del aula, esperando que terminara el descanso. Tenía gran capacidad de iniciativa y de implicación, pero era al mismo tiempo respetuoso, vivaz y exuberantemente juvenil. Muchos adultos quedaron impresionados por su fuerte capacidad natural para la iniciativa y la cortesía, ajena a la familiaridad. El conserje de siempre del Instituto recuerda con emoción la delicadeza de Carlo cuando algunas mañanas, si había entrado por la puerta cerca de la piscina, durante el descanso se acercaba expresamente a saludarlo a la conserjería, al no haberlo hecho a primera hora de la mañana. Un gesto vivido con espontaneidad, repetido varias veces con verdadera participación que llama la atención, porque muchas veces los chicos saludan o no según sus estados de ánimo».

«La alegre disposición de Carlo, la búsqueda del contacto directo, no dejaban indiferente a nadie. Muchacho simpático, reunió a su alrededor consensos y adhesiones. Siempre me sorprendió que, debido a sus cualidades y habilidades innatas, muy por encima de la media, no se convirtiera en blanco de bromas o chistes. Sucede a menudo que, cuando alguno de los chicos destaca, los demás le dirijan indirectas, alusiones, bromas. En una época caracterizada por fuertes conflictos y por la competitividad, no es fácil para un adolescente reconocer el valor superior del otro, la riqueza de los talentos recibidos y adquiridos. Este es otro elemento que a mis ojos hace grande a Carlo. La bondad y la autenticidad de la persona de Carlo se impusieron sobre esa actitud vengativa que tiende a despreciar a quienes están dotados de cualidades sobresalientes. Carlo vivió con verdadera transparencia: nunca ocultó su fe; y en sus conversaciones y en encuentros y desencuentros verbales con compañeros de clase se mostró siempre respetuoso de las posiciones de los demás, pero sin renunciar a decir y testimoniar claramente los principios inspiradores de su vida cristiana. Cuando uno de mis hermanos entró en la clase de Carlo para proponerles que participaran en un grupo extracurricular llamado "Comunidad de vida cristiana CVX", Carlo salió inmediatamente y lo alcanzó en el pasillo diciéndole: "Me interesa ese itinerario del Evangelio que has expuesto". Fue el único de toda la clase en adoptar una postura y en declarar su interés real en esa propuesta social».

El padre Gazzaniga destaca los comentarios unánimes de los compañeros de escuela de Carlo: «Escuchando a sus compañeros de clase, a quienes les pregunté sobre el don de Carlo, recuerdo que las resonancias de su presencia, los rasgos que más impactaron y entraron en mi memoria y en la experiencia de los chicos, son: su alegría, su vivacidad, su generosidad, sus deseos de entablar buenas amistades, su autodisciplina. Nunca se le vio enfadado, ni siquiera cuando le provocaban. Era un joven con muchos intereses, que no descuidaba sus deberes, sonriente, amable, capaz de entablar buenas relaciones con todos. Los que estaban de mal humor, cuando se acercaban a él, se les pasaba. Contagiaba su optimismo a los demás; era capaz de dar primacía a los intereses sociopolíticos en esa etapa del crecimiento en la que suele prevalecer la atención a uno mismo y a su pequeño mundo; la simpatía y su estilo acogedor y generoso, que se demostraba, entre otras cosas, en su iniciativa de acoger a sus amigos en casa, denotaba que con él las palabras no caían en la escucha formal, sino que había un verdadero interés por la persona. En particular, la espontaneidad, la disponibilidad y la confiabilidad de Carlo impresionaron a sus compañeros de clase, y no solo a ellos. Cuando necesité colaboración para el voluntariado realizado por los alumnos del León XIII, Carlo siempre se mostraba disponible para elaborar la presentación de las distintas propuestas del voluntariado con un programa utilizado por los profesionales llamado Dreamweaver, que le llevó gran parte del verano en el diseño, programación e implementación. En las reuniones de la comisión del voluntariado, formada por algunos padres, todos quedaron profundamente impresionados por la vivacidad del discurso, la pasión y la inventiva de Carlo para crear un CD capaz de despertar el interés de los alumnos para animarles a hacer el servicio de voluntariado. Las madres quedaron literalmente fascinadas por la forma de proceder de Carlo y por su capacidad de liderazgo, por su estilo amable, vivaz y eficiente».

Finalmente, el jesuita concluye su testimonio subrayando la fe y la búsqueda de Dios en la vida de Carlo: «La última vez que lo vi fue el sábado antes de la presentación de las actividades del voluntariado para que la vieran los estudiantes, prevista para 4 de octubre de 2006. Siguiendo algunas indicaciones que le di, lo encontré dispuesto a revisar parte de su trabajo, que había realizado con libertad y con la intención de apelar a lo mejor de los jóvenes, que muchas veces no se cree que tienen. Durante la proyección de su trabajo, de la que se encargó un compañero de quinto grado, finalmente dije que la presentación había sido diseñada por Carlo, y el sonido de los aplausos espontáneos e intensos que escuchamos lo animaron y le hicieron pasar cierta vergüenza. Nunca olvidaremos su amor por la vida y por las personas, su estilo y su forma de actuar, tan personal, transparente y hermosa. Todos estamos convencidos de que fue el flujo de su interioridad nítida y jubilosa, junto a su amor a Dios y a las personas en una dulzura alegre y verdadera, lo que no nos dejó indiferentes. Cuántas veces como sacerdote y trabajador de la pastoral juvenil me he regocijado al ver y escuchar a Carlo, al darme cuenta de la influencia positiva que ejercía en sus compañeros. Estaba, y estoy, convencido de que era como la levadura en la masa, que la hace crecer sin hacer ruido. Y más aún ahora, que es como el grano de semilla que cayó en la tierra para producir el fruto de vida. Puedo abiertamente señalar y decir: aquí tenemos a un joven y un cristiano feliz y auténtico. Carlo es un regalo, su nombre se pronuncia con respeto e intensa añoranza. Carlo está, y al mismo tiempo nos falta».

Carlo quería mucho a todos y se hacía querer. Una vez sacó un nueve en un trabajo de Secundaria, una de las calificaciones más altas de la clase. Sin embargo, casi se arrepintió porque dos de sus compañeros, que estaban entre los primeros de la clase, se habían puesto a llorar porque Carlo había sacado una nota más alta que ellos. Se quedó asombrado por su reacción y nos dijo que había dedicado tiempo a consolarlos diciéndoles que el profesor lo había evaluado demasiado bien y que no se lo merecía. La envidia era un sentimiento desconocido para Carlo; él, a su manera, siempre trató de ayudar a todos para que tuvieran éxito en sus estudios y en la vida espiritual.

Recuerdo que tenía amigos que iban a las discotecas por las tardes, consumían drogas y bebían mucho alcohol. En varias ocasiones lo habían invitado a ir con ellos, pero Carlo odiaba las discotecas, había recibido al respecto señales muy fuertes en las que su Ángel de la Guarda le advertía sobre el peligro de esos lugares. Los había confiado a la oración de algunos monjes de clausura y nos había pedido que nos uniéramos a la oración también por esta intención. Rajesh cuenta que Carlo no estaba contento cuando le preguntaban: «¿Tienes novia?». Estaba convencido de que era demasiado pronto, en la época de la escuela secundaria, para empezar a pensar en estas cosas. Por el contrario, entre sus amigos había muchos que vivían a destiempo una vida emocional que les había privado de esa pureza y frescura que debería caracterizar a los jóvenes de esa edad. En este sentido, le gustaba mucho citar el ejemplo de santa María Goretti. También mi madre sobre este tema estaba convencida de que la suya era una pureza extraordinaria, diría casi heroica.

El profesor de religión nos contó que Carlo compartía la posición de la Iglesia sobre el aborto, y defendía con pasión los valores de la vida del nasciturus. Durante la hora de religión hubo una acalorada discusión en clase y Carlo fue el único que se declaró en contra del aborto. No tuvo miedo de ir a contracorriente, siempre apoyó con firmeza sus ideas, pero sin querer imponer nada a nadie. Carlo fue formado directamente por Jesús y su madre María, en el silencio y en la oración, incluso más que por los libros que había leído. Esta docilidad suya al Espíritu Santo le facilitó mucho su camino de fe, y le permitió remontar en poco tiempo hacia horizontes muy elevados desde el punto de vista espiritual, sin por ello perder el sano contacto con la tierra, con la familia, los amigos y con todas aquellas actividades relacionadas con los deberes propios de su estado.

Durante su etapa escolar practicó varios deportes: el kárate, el kung fu, el tenis, el voleibol, el fútbol, el esquí, la natación, el atletismo. Mostraba un gran compromiso, pero nunca con el espíritu de competitividad que normalmente tienen los niños. Lo importante para Carlo era poder compartir momentos de alegría con sus amigos. El deporte lo veía como un medio para poder cultivar el valor de la amistad, de la comunión, del crecimiento personal. Como bien escribió el escritor francés Jean Giraudoux: «El deporte consiste en delegar en el cuerpo algunas de las más altas virtudes del alma».

Carlo estaba convencido de que el deporte era un medio muy eficaz para fortalecer la voluntad gracias al cual se pueden alcanzar grandes metas. Como escribió el gran pedagogo Pierre de Coubertin: «El deporte busca el miedo para dominarlo, el esfuerzo para triunfar sobre él, la dificultad para vencerlo». A Carlo no le interesaba la forma física perfecta, sino la salud, por lo que no osaba practicar deportes de riesgo. Al respecto, recuerdo que también estaba muy preocupado por mi salud ya que tenía un poco de sobrepeso. Me escondía los dulces que me habría comido si los encontraba por ahí y me llevaba a pasear para adelgazar. También hizo lo mismo con Rajesh, que era diabético. Carlo era capaz de controlarse, aunque se declaraba goloso, pero nunca comía entre comidas y se moderaba en la cantidad. Cuando tenía unos ocho años había ganado

algo de peso. Porque siempre cometíamos excesos en
la playa, comiendo pizzas y helados y así, al volver de
vacaciones, empezó a moderarse y enseguida pudo adelgazar. Ya entonces poseía la virtud de la templanza, que
no todos los niños de su edad tienen. En este sentido,
hizo pequeños sacrificios para ayudar a las almas del
purgatorio, por ejemplo, renunciando a la merienda, a
los dulces y al postre. Siempre ofrecía estos pequeños
sacrificios a la Virgen, quien los había pedido expresamente en tantas de sus apariciones a lo largo de los
siglos. También prometió obligarse a sí mismo a no ver
las películas que más le gustaban. Nunca quiso ver películas violentas o vulgares, pero le gustaban mucho los
dibujos animados y los documentales sobre animales. Si
se emitían anuncios ambiguos o de carácter sexual en la
televisión, se tapaba los ojos con la mano. A veces, al
pasar delante de la habitación de mi madre o en el comedor de la cocina donde Rajesh estaba viendo la televisión mientras planchaba, si veía que había anuncios o
escenas atrevidas, se tapaba los ojos e inmediatamente
salía de la habitación o pedía que cambiaran de canal
para no ver esos programas tan poco educativos.

Debo decir que me maravillaba tener un hijo cuyos
principales intereses eran Dios, la Virgen, los Ángeles y los santos. Me comparaba con él cuando era yo
niña y le comparaba con mis amigos de la infancia, y
me daba la impresión de que estaba tratando con un
extraterrestre, un niño de otro planeta. La madre de
un amigo suyo de Primaria y Secundaria, redactora de
un conocido periódico italiano, que respeto mucho,

se había fijado en su pureza. En varias ocasiones pudo comprobar, hablando con él, que Carlo estaba convencido de que vivir cristianamente transmitía grandes valores y ayudaba a las personas a ser más buenas y altruistas. En lo concerniente a la propuesta cristiana sobre la vida moral, Carlo no tenía tampoco miedo de expresar sus convicciones sobre la pureza y sobre las relaciones prematrimoniales. Un día, le dijo a ella que estaba profundamente convencido de lo hermoso que era vivir castamente el período del noviazgo y de su determinante oposición al aborto. Expresaba sus ideas con firmeza, pero siempre con respeto, a veces incluso de manera jovial, para evitar un tono demasiado serio que en algunos casos podría haber molestado a sus interlocutores. El Padre Ilio, su director espiritual, fue testigo de las convicciones de Carlo respecto a los valores de la vida y la moral. Me contó que una vez se entristeció mucho porque algunos de sus compañeros de colegio se habían mostrado a favor del aborto, la masturbación y las relaciones prematrimoniales. Había expresado su opinión opuesta y le contó que había encontrado mucha extrañeza e intransigencia por parte de sus amigos.

Aunque sus estudios le exigían mucho esfuerzo, decidió dedicar parte de su tiempo, junto a los adultos voluntarios, a la preparación de los niños para la confirmación. Todavía estaba en la escuela secundaria. Así que pidió permiso. Se lo concedimos, con la condición de que este compromiso no repercutiera en su rendimiento académico. Le gustaba mucho esta responsabilidad y cuando no podía estar presente por sus compromisos escolares, lo lamentaba muchísimo.

Carlo dedicaba mucho tiempo a los demás. Junto a un estudiante de ingeniería informática comenzó a ocuparse del sitio web de la parroquia de Santa Maria Segreta en Milán. Su talento para la informática lo hizo popular entre sus amigos, quienes a menudo le pedían que los ayudara. Era capaz de crear programas informáticos con los lenguajes informáticos más complejos, tanto que dos profesores universitarios de ingeniería informática amigos nuestros quedaron maravillados. Desde niño, Carlo siempre mostró interés por los temas científicos, y en particular por la informática. Como juego le gustaba usar una bata pequeña de químico, con un par de gafas de juguete y una placa que le había dado su padre donde había escrito «científico informático». Ya con nueve años había comenzado a leer textos informáticos que usaban en la universidad; los comprábamos en la librería del Politécnico de Milán. Era muy hábil en la gestión y en la programación. Sabía usar los ordenadores con gran habilidad. Sabía cómo crear sitios web y páginas web. No solo en la familia, sino también a otras personas, a todos nos asombraba que un chico de su edad pudiera ser capaz de programar sin haber realizado cursos específicos de C, C++, Ubuntu, Java y supiera usar los logaritmos como él lo hacía. Tenía un tío, que usaba los ordenadores con múltiples licencias para su trabajo profesional. Le regaló varios programas, como Adobe y Maya Suite, para programar en 3D. Dadas sus habilidades informáticas, al igual que la familia, también los amigos y los compañeros de clase comenzaron a recurrir a él. Este interés suyo trató de ponerlo al servicio de los demás, tanto que durante el examen de octavo grado preparó para muchos compañeros las presentaciones de sus tesis en el ordenador.

Los instrumentos tecnológicos naturalmente le gustaban a Carlo, al igual que a la mayoría de sus compañeros, también como juegos. Cuando era pequeño empezaron a salir nuevos juegos electrónicos como GameBoy, PlayStation, GameCube, Xbox. Recuerdo una Navidad que le regalamos el GameCube, que tenía forma de cubo negro. Nos reímos mucho porque ese mismo año, por Navidad, frente a la Basílica de San Francesco, montaron un belén en forma de cubo negro con gatos dibujados. Parecía el juego de Carlo. Aunque le gustaban los videojuegos, se marcó un tiempo máximo de uso que no debía exceder una hora por semana. Había leído que muchos jóvenes, sobre todo en Estados Unidos, habían acabado en hospitales especializados en las enfermedades provocadas por el uso excesivo de videojuegos. Algunos incluso sufrieron ataques epilépticos debido al uso excesivo.

Mi hijo siempre quiso mantener una libertad interior con respecto a estos medios, incluidos los ordenadores. Había notado que muchos de los que pasan demasiadas horas frente a estos instrumentos tenían la mirada apagada.

Poco después de la muerte de Carlo, la comisión histórica de su causa de beatificación analizó todo el historial de su ordenador personal, que se había detenido un día antes de su hospitalización. No encontraron que hubiera entrado en ninguna web inapropiada, la mayoría de las webs que frecuentaban se referían a cuestiones de fe.

Seguramente esta rectitud y pureza suya también se manifestaba en las que eran sus aficiones favoritas, como el ordenador, que usaba para hacer el bien. Cuántas veces he oído a mi hijo Carlo animar a sus amigos a vivir una vida casta, a no ser víctimas de la acción pervertida de los demonios, que, obviamente, necesitan el asentimiento de nuestra voluntad para operar, de lo contrario no pueden hacer nada contra nosotros.

Decía que su Ángel de la Guarda le había dicho que a través de la pornografía y los pecados de impureza el diablo se lleva muchas almas al infierno. Incluso la Virgen María, cuando se apareció en Fátima en 1917, les dijo a los tres pastorcitos Francisco, Jacinta y Lucía que «muchas almas van al infierno por los pecados de la carne».

El Catecismo de la Iglesia católica, en el número 2354, advierte: «La pornografía [...] atenta gravemente a la dignidad de quienes se dedican a ella (actores, comerciantes, público), pues cada uno viene a ser para otro objeto de un placer rudimentario y de una ganancia ilícita. Introduce a unos y a otros en la ilusión de un mundo ficticio. Es una falta grave. Las autoridades civiles deben impedir la producción y la distribución de material pornográfico».

El papa Francisco dedicó tres parágrafos a Carlo en la Exhortación apostólica *Christus vivit*, escrita con motivo de la clausura del Sínodo dedicado a los jóvenes celebrado en el Vaticano en 2019: «Te recuerdo la buena noticia que nos regaló la mañana de la Resurrección: que en todas las situaciones oscuras o dolorosas que mencionamos hay salida. Por ejemplo, es verdad que el mundo digital puede ponerte ante el riesgo del ensimismamiento, del aislamiento o del placer vacío. Pero no olvides que hay jóvenes que también en estos ámbitos son creativos y a veces geniales. Es lo que hacía el joven venerable Carlo Acutis (n. 104). Él sabía muy bien que esos mecanismos de la comunicación, de la publicidad y de las redes sociales pueden ser utilizados para volvernos seres adormecidos, dependientes del consumo y de las novedades que podemos comprar, obsesionados por el tiempo libre, encerrados en la negatividad. Pero él fue capaz de usar las nuevas técnicas de comunicación para transmitir el Evangelio, para comunicar valores y belleza (n. 105). No cayó en la trampa. Veía que muchos jóvenes, aunque parecen distintos, en realidad terminan siendo más de lo mismo, corriendo detrás de lo que les imponen los poderosos a través de los mecanismos de consumo y atontamiento. De ese modo, no dejan brotar los dones que el Señor les ha dado, no le ofrecen a este mundo esas capacidades tan personales y únicas que Dios ha sembrado en cada uno. Así, decía Carlo, ocurre que *todos nacen como originales, pero muchos mueren como fotocopias*. No permitas que eso te ocurra (n. 106)».

El secretario de la Pontificia Academia «Cultorum Martyrum», de la que soy coordinadora desde el año

2000, le pidió que le ayudara a crear una sección específica dentro del sitio web *www.vatican.va* dedicada a los mártires. Se dedicó a ello con gran pasión. Le impresionó mucho la historia del sacerdote jesuita Anton Luli, de origen albanés, que durante el régimen comunista sufrió diecisiete años de prisión, seguidos de once de trabajos forzados y del impedimento para ejercer el ministerio sacerdotal. Pronunció un emotivo discurso con motivo de la Asamblea Especial del Sínodo de los Obispos para Europa, que se inauguró el 28 de noviembre de 1991, ante san Juan Pablo II. Había escuchado su historia en su totalidad en un audiocasete que un anciano sacerdote jesuita le había dado para que lo transcribiera en el sitio web. Relato aquí una parte: «Conocí lo que es la libertad a los ochenta años, cuando pude decir la primera misa entre el pueblo. Había pasado años realmente terribles en prisión. La víspera de Navidad del primer mes me hicieron desnudarme y me colgaron con una cuerda de una viga para que solo pudiera tocar el suelo con los dedos de los pies. Hacía frío. Sentía un escalofrío subir por mi cuerpo: era como una muerte lenta. Cuando el escalofrío estaba a punto de golpear mi pecho, dejé escapar un grito desesperado. Mis torturadores corrieron, me patearon y luego me tiraron hacia abajo. Muchas veces me torturaron con corriente eléctrica, me ponían dos palos en los oídos: fue una cosa horrible e indescriptible. Mi vida es un milagro de la gracia de Dios; bendigo al Señor que me ha dado a mí, su pobre y débil ministro, la gracia de permanecer fiel a él en una vida vivida casi enteramente en cadenas. Muchos de mis hermanos han muerto mártires: en cambio a mí me tocó vivir para dar testimonio».

Tuvimos la suerte de conocer al Cardenal Simoni, un santo en vida, que conmovió al mundo y, en particular, al papa Francisco cuando, el 21 de septiembre de 2014, en la Catedral de Tirana, le contó al Papa la violencia y el acoso que había sufrido durante veintisiete años durante la dictadura comunista. Fue detenido en la Nochebuena de 1963, mientras celebraba misa en Barbullush, y confinado en una celda de aislamiento con una condena de dieciocho años. Los torturadores ordenaron a sus compañeros de prisión que registraran su «ira predecible» contra el régimen, pero de la boca del sacerdote solo salieron palabras de perdón y de oración. La sentencia de muerte también llegó a tiempo, pero su sentencia fue conmutada por veinticinco años de trabajos forzados en los oscuros túneles de las minas de Spac y luego en las alcantarillas de Scutari. Aun en esta situación dramática no perdió nunca la fe y no interrumpió su ministerio sacerdotal. Llegó incluso a celebrar la misa todos los días en secreto y confesar a los demás presos, convirtiéndose en padre espiritual de algunos de ellos y repartiendo también la comunión, con una hostia cocida a escondidas en pequeños fogones, mientras que para el vino se aprovechaba el jugo de los granos de uvas. Fue puesto en libertad definitivamente el 5 de septiembre de 1990. Tan pronto como salió de la cárcel, confirmó el perdón a sus verdugos, invocando para ellos la misericordia del Padre. Su nombramiento como cardenal, dijo, es un reconocimiento a todos los mártires y católicos perseguidos en su tierra.

Pensando en estos héroes de la fe, recuerdo las palabras de Carlo dirigía siempre a los que se quejaban: les decía que miraran a los que estaban peor que nosotros, especialmente al ejemplo de los mártires que supieron dar un testimonio heroico en la fe y en las obras, convirtiéndose en «evangelios vivos». Para Carlo, si tenemos a Dios en el corazón, nada podrá perturbarnos, porque con él las espinas se convertirán en flores, las nubes desaparecerán del cielo, que se tornará claro y sereno. Como las montañas se reflejan en un lago tranquilo y sereno, así también Dios, si mirando en nuestro interior nos encuentra tranquilos, apacibles y confiados en él, al mirarse a sí mismo encontrará reflejada su propia imagen.

El crecimiento académico de Carlo fue de la mano del crecimiento espiritual. Cuando cumplió la edad de ingreso en la escuela primaria, decidimos dejarlo asistir al Instituto San Carlo de Milán, que es una de las escuelas de la diócesis. Sin embargo, después de dos meses de escuela, lo trasladamos al Instituto Tommaseo, dirigido por las monjas marcelinas. Esta nueva escuela, además de estar más cerca de casa, también era menos dispersa y competitiva que San Carlo.

Permaneció en el centro de las marcelinas durante ocho años. Luego lo trasladamos al Instituto León XIII. Recuerdo que cuando Carlo se dio cuenta de que tenía que dejar el San Carlo se molestó. Sin embargo, no nos dijo nada, como era su estilo. Le gustaba mucho la maestra que tenía y se sentía muy unido a sus compañeros de clase. Se le escapó una lágrima cuando tuvo que despedirse de todos. Trató de ocultármelo para no entristecerme, pero aquello no me pasó desapercibido.

Carlo se adaptó enseguida al nuevo centro escolar, gracias a su carácter abierto y sociable, y se integró a la perfección. Era muy alegre y siempre estaba de buen humor. Le gustaba jugar con otros niños, que inmediatamente sintieron una simpatía instintiva y sincera por él. Durante un tiempo esta vivacidad le generó problemas porque no podía quedarse callado en clase, pero pronto aprendió a comportarse y logró superarse a sí mismo. Se comprometió a mejorar este defecto y lo consiguió muy bien. Hacía examen de conciencia todas las tardes y a veces se calificaba a sí mismo señalando los objetivos a alcanzar, especialmente en su relación con Dios, con el prójimo y en la oración.

Me decían sus profesores que era un chico inteligentísimo, que aprendía muy rápido, aunque no era el primero de la clase en resultados. Siendo autodidacta en tantas cosas, despertó asombro en los adultos. Por ejemplo, como instrumento musical para tocar en la escuela, en lugar de la flauta, que no le gustaba mucho, decidió llevar el saxofón. Aprendió a tocarlo inmediatamente, por sí mismo, sin la ayuda de ningún maestro. Si tenía una meta que alcanzar, se dedicaba a ella con gran diligencia, logrando siempre su propósito. Tenía una gran tenacidad y fuerza de voluntad.

Amante de la buena comida, comenzó a cocinar por

su cuenta. A menudo intentaba probar nuevas recetas, a veces muy complejas y dignas de los grandes chefs, pero que hacía muy bien.

Le encantaba leer los periódicos que le pasaba su padre y, a menudo, comentaban las noticias juntos. Esto despertó en él el deseo de improvisar como periodista y escritor. Por otro lado, se sentía muy inclinado a escribir. Uno de sus juegos favoritos era inventar historias fantásticas, como la de Pomodorin Laden, pseudónimo de Bin Laden. En este metafórico relato suyo, consiguió restar importancia y reducir la terrible situación engendrada por el terrorismo internacional surgido tras la caída de las torres gemelas desde una perspectiva de fe, consiguiendo dar un sentido cristiano a tanto dolor.

Sin embargo, incluso en el momento de cambiar de centro escolar, mostró su gran docilidad. Nunca se quejó, aunque estoy segura de que a veces le costaba mucho no hacerlo. Tenía verdaderamente la virtud de la obediencia en grado heroico, lo cual es muy raro hoy en día, dada la desobediencia global que presenciamos en todos los ámbitos, incluido el religioso.

A este respecto, recuerdo que me contó que en 2003 había soñado con Ángeles con trompetas desplegadas, en un cielo azul, que poco a poco se fue llenando de nubes amenazadoras. Poco después la escena cambió y apareció Nuestra Señora de Fátima diciendo sobre la Plaza de San Pedro, atestada de multitud de personas envueltas en una luz gris: «Son tiempos difíciles para el cristianismo, por la desobediencia».

Decía que estamos hechos para nuestro prójimo, y no para nosotros mismos. Por eso fue prudente y sabio que mi hijo fuera auxiliado y aconsejado por las personas puestas por Dios a nuestro lado como guías y apoyo. Carlo decía que no habría obstáculos para aquellos que mantienen constantemente sus corazones abandonados en el Señor. Su mansedumbre y humildad nos habían convencido profundamente de que Carlo era un niño verdaderamente especial y santo. Hablando de humildad, Carlo había escrito en sus apuntes:

«Jesús quería poner la humildad en el fundamento de la ascesis cristiana. La humildad que es también el fundamento de la otra virtud que tanto predicó: la caridad. La humildad es la virtud que nos permite vivir en sociedad, que nos acerca, que convierte. ¿Qué es la humildad? Es reconocer de Dios todo lo que uno es. Es reconocer de Dios el bien que se tiene. Es reconocer por nosotros mismos todo el mal que uno es y tiene. La virtud de la humildad es una virtud típicamente cristiana. Él la trajo a la tierra, viviéndola primero. Muchos dicen que Jesús nació pobre, que lo pusieron en un pesebre... y cosas por el estilo y que por eso nació humilde. Pero no es por eso por lo que Jesús nació humilde. Haber unido la naturaleza humana a la naturaleza divina fue el gesto de la más sublime humildad. Por eso dijo: "Aprended de mí, que soy manso y humilde de corazón". Después de su bautismo, Jesús se va al desierto durante cuarenta días. Va como sorprendido, arrebatado y empujado. Sin reacción. Sin confrontación. Sin rebelión. Se deja hacer. Es extraordinariamente dócil y sumiso. Esto también se debió a que todo estaba dentro de sus planes. A lo largo de su vida pública, en sus diversos movimientos, de un lugar a otro, seguido, perseguido, sacudido, sospechado, envidiado, atacado, humillado, no creído, abandonado, realiza plenamente lo que enseña: "Aprended de mí, que soy manso y humilde de corazón". Manso y humilde: manso, dócil, servicial, modesto, amable, respetuoso, tranquilo, sosegado, equilibrado, ejemplar. El primer vicio capital, el orgullo, no tiene cabida en él. Pone la humildad, virtud casi desconocida en la historia del primero, en el fundamento de su ascetismo, en el fundamento de su moralidad, en la sustancia de su espiritualidad. Aprended de mí, es decir, partiendo de mí, que soy manso y humilde de corazón. Corazón, en lengua hebrea, significa mente, porque, ellos, al corazón, lo llamaban también entrañas, la sede de nuestras decisiones más profundas. Te amo con todas mis entrañas... Y solo Dios es Aquel que puede escudriñar nuestros afectos y pensamientos más íntimos. "Yo soy el que sondea entrañas y corazones, y os daré a cada uno según vuestras obras" (Ap 2,23). De nuestros corazones y de nuestras entrañas salen nuestras decisiones, que merecerán o no el premio de la vida eterna. Las entrañas/corazón son la sede de los pensamientos secretos, de los sentimientos y de las voluntades ocultas. Todos nuestros pensamientos tienen su origen en el corazón, de aquí parten todas nuestras decisiones, tanto las buenas como las malas, por eso la Escritura nos insta a cuidar nuestro corazón de manera inocente y a cuidar que no entren en él todas aquellas cosas que no le agradan a Dios: "Sobre todo, vigila tus intenciones, pues de ellas brota la vida" (Prov 4,23). Jesús dice: "Nada que entre de fuera puede hacer al hombre impuro; lo que sale de dentro es lo que hace impuro al hombre" (Mc 7,15). Cuando Dios habla a nuestro corazón quiere decir que habla a nuestra voluntad, a nuestra mente, a nuestra conciencia. El corazón para la Biblia es el centro de la persona que toma decisiones según la voluntad de Dios. En el libro del profeta Jeremías encontramos escrito: "Os daré pastores, según mi corazón, que os apacienten con ciencia y experiencia" (3,15). Y más adelante: "Tú tienes razón, Señor, cuando discuto contigo" (12,1). ¡Todos deberíamos repetir esto una y otra vez! Querer discutir con Dios viene solo del maligno. Entonces, que soy manso y humilde de corazón significa que soy humilde de mente. Este es el manifiesto de la virtud original y originaria encarnada por Jesús y seguida por su religión. Esta virtud es la humildad».

Carlo continuaba escribiendo en sus apuntes:

«La capacidad de sentir el mal de uno mismo y el bien de Dios. La capacidad de no juzgar al prójimo, sino de juzgarnos solo a nosotros mismos: en efecto, esta humildad, bajada del cielo con Cristo, es la virtud fundamental, básica y central de la espiritualidad católica. Humildad que ejerció Jesús con su encarnación. La humildad que Él vivió no fue tanto el hecho de nacer en un pesebre, sino que caminó por ese corredor agotador que se llama la encarnación, porque Jesús pasó del infinito, su sustancia, a lo finito, su condición. Este paso agotador de lo infinito a lo finito es su humillación. Y es el ejemplo continuo de humildad que Él nos da con su encarnación, que vivió durante toda una generación, más de treinta años, y que sufrió y ofreció en el ejercicio continuo de humildad. Así pues, los católicos debemos decidirnos a vivir esta humildad, es decir, esta virtud fundamental por la cual nos inclinamos ante Dios, nos inclinamos ante el prójimo, y nos sumimos en la caridad, que no es sino la humildad practicada. Porque toda falta de caridad es falta de humildad, y viceversa. El mundo está hecho de orgullo. El mundo se caracteriza por el orgullo. Porque, si fuéramos verdaderamente humildes, el Señor se inclinaría ante nosotros y nos concedería las gracias. Porque toda gracia no concedida es un acto de soberbia realizado. Y una gracia concedida es un acto de humildad realizado: "Aprended de mí, que soy manso y humilde de corazón" (Mt 11,29). "Tened entre vosotros los sentimientos propios de Cristo Jesús. El cual, siendo de condición divina, no retuvo ávidamente el ser igual a Dios; al contrario, se despojó de sí mismo, tomando la condición de esclavo, hecho semejante a los hombres. Y así, reconocido como hombre por su presencia, se humilló a sí mismo, hecho obediente hasta la muerte, y una muerte de cruz. Por eso Dios lo exaltó sobre todo y le concedió el Nombre-sobre-todo-nombre; de modo que al nombre de Jesús toda rodilla se doble en el cielo, en la tierra, en el abismo, y toda lengua proclame: Jesucristo es Señor, para gloria de Dios Padre" (Flp 2,5-11)».

10
Hermana Tierra

Carlo tenía una especial atención y sensibilidad hacia los animales. Un día, pasando frente a una tienda cerca de la zona de Viale Piave en Milán, vimos en el escaparate una perrita negra, con una mancha blanca en el pecho, que comenzó a mover el rabo y hacer un montón de fiestas. Era una perrita callejera, un cruce entre un chucho y un Pomerania. Fue un flechazo. Entramos en la tienda y pedimos que nos trajeran a la perrita para verla más de cerca. Fue tan cariñosa con nosotros que no pudimos resistirnos a adoptarla. La llamamos Chiara, en honor a la santa Clara de Asís, a la que teníamos mucho cariño. Este nombre, más tarde, nos creó problemas. Porque cuando paseábamos por Asís, muchas monjas, en cuanto oían cómo habíamos llamado a la perrita, nos miraban mal. Mi marido sugirió que la llamáramos Ara. Inmediatamente se convirtió en una compañera de juego insustituible. Carlo se escondía y ella lo buscaba, le tiraba cosas y ella se las traía. Parecía que solo le faltaba hablar. Accidentalmente quedó preñada cuando ya era adulta. Carlo aún no había cumplido los once años. Creo que fue el Señor quien lo permitió. Fuimos al par-

que a dar un paseo y la desatamos. En ese momento se
nos acercó un perro que nos había seguido de lejos sin
nuestro conocimiento y en un momento la dejó preñada. Ni siquiera tuvimos tiempo de darnos la vuelta para
llamarla, y el «crimen» ya había sucedido. Tuvo cuatro
hermosos cachorritos. Uno de ellos, Poldo, que se convirtió en uno de sus favoritos, nació unas horas más
tarde que los demás. Carlo acababa de regresar de clase
cuando nació. Mi hijo se convirtió en partera y ayudó
en el parto. Inicialmente habíamos encontrado una familia para cada uno de ellos. Todos sus amigos querían
uno como regalo y muchos vinieron a casa a verlos.
Pero luego dos de estos decidieron devolvérnoslos y así
nuestra familia se hizo más grande. En total teníamos
tres perros, Poldo, Chiara, Stellina y dos gatos, Bamby
y Cleopatra. Estos animales fueron los protagonistas
de otro de los juegos favoritos de Carlo, el de escribir
un guion, escenografía, montaje y música para algunas
pequeñas películas de su producción. De vez en cuando
invitaba a sus amigos a ver estas películas con muchas
palomitas, Coca-Cola y otras chucherías. Imaginad las
risas de los niños al ver cómo los gatos malvados inten-
taban conquistar el mundo y eliminar a todos los perros
del planeta que eran los buenos. Chiara era el general
supremo; Stellina la perrita barrilete, porque comía mucho y estaba muy gordita, y Poldo el capitán Tontorrón.
Cleopatra era la gata negra y hacía el papel del general
malo. Al elenco de la alegre brigada se sumó también
Briciola, quien se convirtió en la estrella de las estrellas,
el innombrable y terrible «perro de los siete demonios».

La llamamos así por su apariencia amenazante, similar a la de un Dóberman en miniatura, y por su forma inconfundible de gruñir y mordisquear las cosas.

Esta perrita especial llegó a nuestra casa a principios de 2005. Carlo y yo la habíamos visto en una tienda detrás de la catedral. Nuestros paseos por las tiendas de mascotas eran muy peligrosos; porque frente a ellas éramos como Ulises con las sirenas, que se amarró al mástil para resistir sus cantos. Fue muy difícil lograr que mi esposo aceptara la entrada en casa de otro perro.

Recuerdo que le preguntó al Señor en oración si era o no su voluntad. Por lo que cuenta, sintió que Dios estaba contento de que Carlo también se quedara con esa perrita, así que nos la llevamos.

Nos dijeron que era un Pinscher miniatura. Incluso el dueño de la tienda nos había convencido para que compráramos un abrigo de mezcla de cachemira que estaba en oferta, diciéndonos que ya no crecería más y que ese tipo de perros sufrían mucho con el frío y les encantaba estar abrigados. Cuando llegó a la casa, los otros perros estaban bastante desconcertados, diría que casi les repelía ver a esa criaturita que parecía un Rottweiler en miniatura. Evidentemente el dueño de la tienda nos había engañado, porque Briciola creció mucho y se convirtió en una especie de «ternera», como la había apodado un cura amigo nuestro. El abrigo, después de unos meses, solo le cubría media pata. En esa época siempre viajábamos a Europa en coche y logramos convencer a mi esposo para que también llevara a Briciola con nosotros. La primera parada de nuestro viaje fue en Lourdes. La abuela Luana metió a la perrita en su bolso para que nadie notara su presencia. Este bolso estilo Mary Poppins de la abuela nos permitió visitar varios lugares sin ser molestados. Briciola también tuvo el privilegio de entrar en la gruta de Lourdes y estoy segura de que el agua milagrosa que le hicimos beber ciertamente contribuyó a domesticarla.

Cuando Carlo llegó frente a la gruta de Massabielle, renovó su voto a María de ser siempre fiel al rezo diario del santo rosario y se consagró a su Corazón Inmaculado. Recuerdo que, después de beber el agua milagrosa, permaneció absorto en oración por más de una hora. A todos nos llamaron la atención esas largas hileras de velas a los lados de la cueva que, en el crepúsculo de la tarde, brillaban e iluminaban el entorno circundante, creando una atmósfera surrealista. Pensar que cada una de esas velas contaba la historia de una persona, de sus deseos secretos, de sus esperanzas, de sus angustias más profundas, era verdaderamente conmovedor. Cuánto dolor, pero también cuánta fe se irradiaba desde ese lugar. También nosotros encendimos nuestras velas.

Al día siguiente visitamos los lugares de Bernardita, sobre todo el Moulin de Boly, la desventurada casa donde nació la pastora, que vivió su infancia aquejada de terribles ataques de asma, en un ambiente insalubre, pero en todo caso sereno y lleno de amor.

A través de las apariciones de Lourdes, Carlo entendió y aceptó la invitación de la Virgen a la penitencia y al sacrificio. Solía contar la historia de Bernardita y sus visiones en la cueva de Massabielle, para invitar a todos a seguir las recomendaciones de la Inmaculada Concepción. La figura de Bernardita, esta adolescente analfabeta e hija pobre del pueblo, elegida por el cielo por su profunda sencillez y humildad, impresionó mucho a Carlo y ciertamente contribuyó a su crecimiento espiritual.

Del 11 de febrero al 16 de julio de 1858, la Virgen María se había manifestado dieciocho veces a Bernardita, a los catorce años. Ella misma contó que había visto a una señora vestida de blanco que llevaba un velo blanco y un cinturón azul y tenía una rosa amarilla en cada pie. Entre los mensajes que le dio la Virgen, también estaba la promesa de no hacerla feliz en este mundo sino en el otro. La exhortó a llevar una vida de sacrificio y de oración, recomendándole especialmente el rezo del santo rosario. Tres veces le dijo: «¡Penitencia! ¡Penitencia! ¡Penitencia!», invitándola a comer un poco de hierba y a excavar con sus manos un hoyo del que saldría el agua milagrosa, gracias a la cual ha habido y hay tantas curaciones y conversiones.

En la aparición del 25 de marzo, María reveló que ella era la Inmaculada Concepción. Así lo contó Bernardita: «Elevó los ojos al cielo, uniendo, en señal de oración, las manos extendidas y abiertas hacia la tierra, y me dijo en el dialecto local: "Que era Immaculada Councepciou"».

Bernadette no conocía el significado de esas palabras y tuvo que esforzarse mucho para recordarlas. Ella misma dijo que en cuanto terminó la aparición se marchó y siguió todo el camino repitiéndolas continuamente para no olvidarlas y poder relatarlas fielmente al párroco que quedó muy impresionado. Ignoraba que esta expresión teológica se refería a la Santísima Virgen y que cuatro años antes, en 1854, el papa Pío IX había definido el dogma de la Inmaculada Concepción.

Hablando de la Inmaculada Concepción, Carlo lo expresaba así: «Madre de Dios. Criatura resucitada hasta el infinito. Dándose a Dios, entregándose a Dios, se encuentra como la madre de Dios. Ya tenemos a una de nosotras elevada, sublimada, celestializada. Madre de Dios: tres palabras, cuatro sílabas, once letras, un poema. El universo debe haber tenido un comienzo. Todo el universo lo ha notado de alguna manera. Además, hasta el cielo, los ángeles, los arcángeles, los tronos, las dominaciones, las virtudes, las potestades, los principados, los querubines, los serafines debieron percibir el acontecimiento. Somos nosotros los superficiales, los necios. Debemos sentirnos en esta situación beatificante. Ella, que ha sido preservada del pecado original, la sombra del Padre, maternizada por el Espíritu Santo, es una de nosotros. No es que podamos pronunciar las palabras "santa madre de Dios" con práctica, familiaridad y superficialidad. Debemos pensar en ellas teológicamente, espiritualmente. Madre de Dios: el Ser con un organismo. El Infinito con lo finito. El Eterno con el tiempo. El Creador con la creatura».

Desde Lourdes continuamos nuestro viaje y nos dirigimos a España. Como primera parada nos detuvimos en Burgos, donde se encuentra la hermosa Catedral y la Cartuja de Miraflores. Aquí los monjes reciben intenciones de oración y celebran misas gregorianas. Carlo compró un rosario que los mismos monjes elaboran con pétalos de rosa prensados y que aún hoy conserva su perfume.

Al día siguiente asistimos a misa y continuamos nuestro viaje hacia Madrid. En el baúl llevábamos bidones de diez litros de agua bendita sacados de Lourdes que eran claramente visibles y llamaron la atención de algunos españoles que al observarnos se echaron a reír amablemente. Probablemente estaban acostumbrados a ver turistas de Lourdes cargados con botellas.

Lo pasamos muy bien en Madrid. La belleza de la ciudad nos impactó. Al llegar a la Puerta del Sol, encontramos en una pequeña tienda un abrigo rojo para Briciola con la imagen del toro negro, que es uno de los símbolos de España. Con ese abrigo puesto, el perro parecía un verdadero «toro» en miniatura y nos reímos mucho.

Entre los museos que visitamos, fue memorable el del Monasterio de las Descalzas Reales, donde aún residen las Clarisas. Durante la visita guiada, llevamos al perro con nosotros. Por teléfono nos dijeron que estaba prohibido introducir animales, pero la abuela Luana, para no dejar al perro solo en el hotel, decidió correr el riesgo y llevárselo, escondiéndolo en su bolso. La visita al museo del monasterio duró mucho tiempo, parecía no tener fin. El guía, durante sus explicaciones, se detenía de vez en cuando y hacía largas pausas de silencio en las que invitaba a los presentes a meditar. Briciola inevitablemente comenzó a hacer pequeños gruñidos y, muy avergonzados, nos alternamos con Carlo y su abuela para simular toses compulsivas. Carlo se divirtió mucho grabando todas las escenas con su cámara y de ahí salió la película: «Pánico en el Museo».

Recuerdo un día en la playa, en Palinuro. También estaba con nosotros Umberto, el primo de Carlo. Ambos tenían unos trece años y recientemente se habían hecho amigos de niños de Nápoles. Mientras todos jugaban en nuestro terreno, uno de ellos, por diversión, tiró una piedra a una lagartija y la mató. Carlo sintió mucha pena por la pobre lagartija y casi se echó a llorar. Traté de consolarlo diciéndole que la lagartija ahora estaba en el cielo con Jesús; él estaba muy disgustado porque dijo que la lagartija era una criatura indefensa que no había hecho daño a nadie.

En otra ocasión mi hijo y yo fuimos a casa de sus amigos en Asís, Jacopo y Mattia, y también estaban allí sus primos. Estos, de nuevo por diversión, empezaron a molestar con una escoba al perro del tío que estaba en el patio donde estaban jugando. Carlo se enfadó y les confiscó la escoba, advirtiéndoles que no se debe hacer daño a los animales por diversión: todavía tenemos una foto de él con la escoba en la mano.

Cuando estábamos en Asís, frecuentábamos la piscina municipal, y Carlo a menudo, además de ayudar a los socorristas a limpiar la piscina, también era el «salvavidas» de los insectos que caían al agua y corrían el riesgo de ahogarse.

Recuerdo que en diciembre de 2000 acabábamos de llegar a Asís y nos alojábamos en un hotel cerca de la iglesia de San Pietro. Estaban Carlo, la abuela y los perros. Por la tarde salimos a pasear a los perros antes de irnos a dormir. Tan pronto como llegamos al jardín frente a la iglesia de San Pietro, les quitamos la correa para dejarlos correr un rato. No sabíamos que el muro bajo en el fondo del jardín era en realidad un muro de contención de unos quince metros de altura. Los perros, en cuanto se dispersaron, corrieron directamente hacia el muro, lo saltaron y se precipitaron al vacío. Estábamos convencidos de que no había nada más que hacer. Pero Carlo había orado a Jesús, confiado en que los protegería. Y así fue. Bajamos por la calle, pasamos bajo el arco de Porta San Pietro y giramos para llegar al piso más bajo, pegado al muro. Asombrados, encontramos a los perros sanos y salvos moviendo el rabo, contentos de vernos de nuevo. Este episodio fue un signo evidente de que las oraciones de Carlo habían sido escuchadas por el Señor también en esta ocasión. Esa misma tarde escuché una voz que me decía: «Jesús los salvó para Carlo».

El amor que Carlo tenía por la naturaleza, que para él era el reflejo del amor de Dios por los hombres, lo había acercado mucho a san Francisco. No es casualidad que el poema favorito de Carlo fuera el *Cántico de las criaturas*, donde el «Poverello» alababa a Dios por las bellezas de la creación.

A veces Carlo, mirando el cielo y los hermosos paisajes, se conmovía pensando en las palabras del Salmo 8: «Cuando contemplo el cielo, obra de tus dedos, la luna y las estrellas que has creado. ¿Qué es el hombre para que te acuerdes de él, el ser humano para mirar por él? Lo hiciste poco inferior a los ángeles, lo coronaste de gloria y dignidad; le diste el mando sobre las obras de tus manos. Todo lo sometiste bajo sus pies. Rebaños de ovejas y toros, y hasta las bestias del campo, las aves del cielo, los peces del mar que trazan sendas por el mar. ¡Señor, Dios nuestro, qué admirable es tu nombre en toda la tierra!» (Sal 8,4-10).

Carlo se preguntaba cómo era posible que muchas personas todavía pudieran tener dudas sobre la existencia de Dios mirando la perfección de la naturaleza. Sobre todo, le costaba comprender que muchos hombres de ciencia prefirieran refugiarse tras cualquier teoría, incluso las más imaginativas, desechando su rigor científico para negar la existencia de un Dios creador. Como escribió Martin Nowak, profesor de matemáticas y biología en la Universidad de Harvard sobre la teoría de la evolución, que a menudo se cita como una prueba contra la existencia de Dios, «una interpretación puramente científica de la evolución no genera un argumento a favor del ateísmo. La ciencia no refuta a Dios, ni reemplaza a la religión. La evolución no es un argumento contra Dios, no más que la gravedad. La evolución explica el desarrollo de la vida en el planeta. El Dios del cristianismo es Aquel sin el cual no habría ni evolución ni todo lo demás».

Antes de Carlo nunca había conocido a un niño capaz de sorprenderse con la belleza de una puesta de sol, o la majestuosidad de un paisaje de montaña. Un verano, una familiar que había venido a visitarnos a Asís se quejaba diciendo que los paseos por la montaña eran todos iguales y que nada cambiaba. Desde entonces Carlo, tan pronto como alguien mostraba no apreciar la naturaleza, bromeando con nosotros, decía irónicamente: «Todo es igual, todo es igual. ¿Dónde está la diferencia?».

Carlo amaba la naturaleza y estar al aire libre. Uno de sus pasatiempos favoritos durante las caminatas era construir cruces con la madera que encontraba en el suelo y luego esparcirlas por el camino: le gustaba la idea de que quien las encontrara recordaría a Jesús crucificado por amor a los hombres.

En verano, Carlo trabajaba en una «misión», limpiando la basura que encontraba en los paseos que hacíamos con los perros por las montañas de Umbría. En lo alto del monte Subasio encontramos de todo: botellas de vidrio rotas, con vidrios puntiagudos esparcidos que pueden ser muy peligrosos y lesionar a alguien, tapas oxidadas o colillas de cigarrillos, restos de basura y material de picnic y hasta jeringas usadas por algún drogadicto. Para ello se había equipado con guantes y un bastón para recoger papel que había pedido como regalo. Lo mismo hacía en el verano a la orilla del mar: se ponía la máscara e iba a recuperar los pedazos de plástico que la marea arrastraba de vez en cuando a la playa.

Los primos recuerdan cómo les regañaba Carlo cuando dejaban el grifo abierto dejando correr inútilmente el agua o la luz encendida cuando salían de una habitación.

Bromeando, llamaba a la tierra el «cubo de basura giratorio» porque decía que con el desperdicio compulsivo de las cosas, tarde o temprano terminaríamos sumergidos en la basura. En palabras del teólogo Albert Schweitzer: «El hombre ha perdido la capacidad de prever y de prevenir. Terminará destruyendo la Tierra».

La indiferencia ante los desastres ambientales que involucran a toda la creación, de los cuales el hombre es la primera víctima, fue para Carlo el espejo de una humanidad cada vez más alejada de Dios, que rechaza su amor. Carlo consideró el daño a la creación como una señal de alarma de la posición irrespetuosa que los hombres han tomado hacia la naturaleza. Decía que nuestra sociedad ya no es capaz de reconocer los vestigios de Dios en la naturaleza que la rodea. Como nos dice san Pablo en su Carta a los Romanos: «Sabemos que hasta hoy toda la creación está gimiendo y sufre dolores de parto» (Rom 8,22), esperando aquella Redención completa que restaurará y completará toda la armonía de la creación en Cristo. En él «se recapitulan todas las cosas, las del cielo y las de la tierra» (cf Ef 1,10). El evangelio de Marcos nos remite a lo que Jesús nos ha mandado: «Id al mundo entero y proclamad el evangelio a toda la creación» (Mc 16,15). Dado que la palabra griega criatura *(ktísis)* indica tanto el crear como acto (la creación), como las criaturas y el conjunto de las realidades creadas (lo creado), es claro que toda la creación es destinataria del anuncio evangélico. Podemos decir que existe una vocación planetaria al encuentro con Dios. El ser humano no es el único protagonista en la historia de la salvación, sino que toda la creación participa de este dinamismo salvífico. Como escribe san Pablo en su Carta a los Romanos: «A partir de la creación del mundo, lo invisible de Dios [...] se puede describir a través de sus obras; de modo que [los hombres] son inexcusables, pues habiendo conocido a Dios, no lo glorificaron como Dios ni le dieron gracias» (1,20-21). Ciertamente, si Carlo viviera hoy, estaría completamente de acuerdo con el enfoque de estos temas ambientales que tiene el papa Francisco en su Carta encíclica *Laudato si'*. En ella el Papa nos exhorta a adoptar un enfoque de ecología integral en la conciencia de que todo está conectado. La ecología integral incluye las interacciones entre el entorno natural, la sociedad y sus culturas, las instituciones, la economía. En esta interconexión, debe prestarse especial atención a la restauración de la dignidad de los excluidos a través del cuidado de la naturaleza. El papa Francisco escribe en el párrafo 139: «Es fundamental buscar soluciones integrales que consideren las interacciones de los sistemas naturales entre sí y con los sistemas sociales. No hay dos crisis separadas, una ambiental y otra social, sino una sola y compleja crisis socio-ambiental. Las líneas para la solución requieren una aproximación integral para combatir la pobreza, para devolver la dignidad a los excluidos y simultáneamente para cuidar la naturaleza».

Cuando íbamos a Turín a visitar a los abuelos, para llegar a la colina donde vivían, pasábamos por delante de la fábrica Fiat. Enfrente había unas chabolas habitadas por gitanos. Carlo se escandalizaba de que aquella pobre gente tuviera que vivir en esas condiciones y decía que cada municipio debería organizarse con áreas designadas con todos los servicios necesarios y pensar también en estas periferias.

El ambiente en el que vivimos está íntimamente ligado al hombre, que es aquel a quien Dios ha designado para su cuidado. Si bien los estilos de vida dominados por la tecnología aparentemente parecen haberle dado al hombre un bienestar cada vez mayor, haciéndole creer que tiene la felicidad al alcance de la mano, por otro lado ocultan una degeneración cada vez más preocupante de la relación entre los seres humanos y la relación entre el hombre y la tierra. «La tecnología es hoy nuestro destino», escribió el filósofo Anders. Esta corre el riesgo de ser para nosotros similar a esa «semilla del fuego» que el mítico Prometeo robó a Zeus pensando que así había resuelto todos los problemas. Si no se usa bien, puede resultar contraproducente para los humanos, basta con pensar en la bomba atómica como una verdadera caja de Pandora.

Carlo había hablado con nosotros sobre este tema; intuyó que la técnica tenía el potencial de mejorar drásticamente la vida humana, pero que todo depende del uso que hagamos de ella. Mi hijo en particular tenía una clara percepción de que podemos decir que hemos mejorado nuestra condición humana gracias a la tecnología solo si dejamos un mundo mejor para las generaciones futuras, es decir, si el bienestar material adquirido se puede mantener preservando el capital natural recibido. Por lo tanto, la técnica debe servir para permitir el progreso material en el contexto de una economía circular sostenible. Como escribe el papa Francisco en *Laudato si'*: «Los recursos de la tierra también están siendo depredados a causa de formas inmediatistas de entender la economía y la actividad comercial y productiva. La pérdida de selvas y bosques implica al mismo tiempo la pérdida de especies que podrían significar en el futuro recursos sumamente importantes, no solo para la alimentación, sino también para la curación de enfermedades y para múltiples servicios. Las diversas especies contienen genes que pueden ser recursos clave para resolver en el futuro alguna necesidad humana o para regular algún problema ambiental» (n. 32).

Pero si el mundo es mejor no se medirá solo por el bienestar material, sino por el grado en que las personas correspondan a su vocación, es decir, a la razón por la que fueron creadas, que es el amor: amar a «Dios amor» por sí mismo y al prójimo por amor de Dios. El progreso tecnológico es una solución y no un problema siempre que sea utilizado por personas buenas. Aquí la responsabilidad está, en última instancia, en las manos de cada individuo. De nada sirve quejarse de lo que hacen los demás si no somos los primeros en usar nuestro ingenio para hacer acciones virtuosas. La suma de comportamientos virtuosos conduce a una sociedad virtuosa y por lo tanto sostenible. Ser ciegos frente al

Apocalipsis, como diría Gunther Anders, indiferentes y adictos a las convulsiones ambientales, ha creado una sociedad deshumanizada, que parece pensar solo en el consumismo. Benedicto XVI reiteró en la homilía del inicio de su ministerio petrino, el 24 de abril de 2005: «Hay muchas formas de desierto: el desierto de la pobreza, el desierto del hambre y de la sed; el desierto del abandono, de la soledad, del amor quebrantado. Existe también el desierto de la oscuridad de Dios, del vacío de las almas que ya no tienen conciencia de la dignidad y del rumbo del hombre. Los desiertos exteriores se multiplican en el mundo, porque se han extendido los desiertos interiores. Por eso, los tesoros de la tierra ya no están al servicio del cultivo del jardín de Dios, en el que todos puedan vivir, sino subyugados al poder de la explotación y la destrucción».

Como afirma Arne Naess, el teórico de la Ecología profunda: «Hasta la fecha, existe esencialmente una lamentable subestimación del potencial de la especie humana. Nuestra especie no está destinada a ser la plaga de la Tierra. Si el hombre está destinado a ser algo, probablemente sea él quien, conscientemente gozoso, capte el significado de este planeta como una totalidad aún mayor en su inmensa riqueza».

Recuerdo que pocos días después de su muerte me dirigí en oración a Carlo para pedirle que me diera una señal sobre una duda que tenía y que siempre me había creado malestar y preocupación. Porque me angustiaba la idea de que los animales terminaran en nada después de la muerte. La Iglesia nunca había definido completamente este punto. Habiendo tenido tantos animales a lo largo de mi vida, me consolaba la idea de que después de la muerte los encontraría a todos, como, entre otras cosas, el santo papa Pablo VI había asegurado a un niño desconsolado por la pérdida de su querido perro. Le dije a Carlo: «Si después de la muerte los animales también van al cielo, ven a visitarme en un sueño con mi perro Billy de cuando yo era niña y al que tanto quería». Hice esa pregunta en secreto convencida de que mi hijo me daría una señal. Y la respuesta no se hizo esperar. Declaro que no había hecho ninguna mención de esta solicitud a Carlo a nadie. Unos días después, mi tía de Roma me llamó para decirme que había soñado con Carlo junto a mi perro Billy.

Otra confirmación que tuve sobre la supervivencia de los animales incluso después de la muerte vino de la portería del edificio de Milán donde vivimos. La señora había perdido a su querido perro, que había sido atropellado por un automóvil. Estaba desesperada. Esa misma noche soñó con Carlo que estaba jugando con su perro. Este hecho la tranquilizó mucho y quiso decírmelo inmediatamente.

En 2019 Briciola, la perrita de Carlo, se fue al cielo. Yo estaba muy apegada a ella porque, especialmente después de la desaparición de mi hijo, se había convertido para mí en una especie de reliquia viviente. Desafortunadamente en los últimos meses había empeorado, ya tenía quince años. Nació el día de san

Francisco de Asís, el 4 de octubre de 2004. También en esta ocasión Carlo me dio una buena señal: apareció en un sueño con Briciola en brazos de un sacerdote la misma noche que murió el perro. Después de todo, Carlo, ya en vida, estaba seguro de que los animales no terminarían en la nada.

Hablando de animales, un día Carlo me contó un episodio relacionado con san Juan María Vianney, el Cura de Ars. «En 1852 san Juan se encuentra con dos hombres en la calle. Uno de estos se llamaba Francesco Dorel; era incrédulo sobre las cosas de la fe y estaba muy alejado de Dios. Para complacer a un amigo suyo, se fue con él a Ars. Deliberadamente trajo consigo a su perro de caza, porque no quería que lo confundieran con los demás peregrinos que acudían al santo sacerdote que confesaba día y noche y que era considerado por todos como un gran taumaturgo. Los dos viajeros entraron en el pueblo en el momento en que el cura, cruzando la plaza entre dos filas de peregrinos, avanzaba lentamente, con su habitual gesto de bendición. Francesco Dorel, curioso por el espectáculo, se había mezclado con la multitud, y el santo cura, llegado frente a él, se detuvo, mirando primero al perro y luego al cazador. Pronunció estas palabras con tono serio: "Señor, sería deseable que vuestra alma fuera tan hermosa como vuestro perro". El hombre, profundamente afectado, se sonrojó y bajó la cabeza, entró en la iglesia, se confesó por primera vez y luego se hizo religioso».

Carlo me confió mientras estábamos en Asís, que, contemplando la creación, la naturaleza, el cielo, las estrellas, los animales, se conmovía porque le recordaban a Dios y su grandeza. Como nos dice la Escritura: «Por la grandeza y hermosura de las criaturas se descubre por analogía a su creador» (Sab 13,5).

Quisiera concluir citando esos maravillosos versos escritos por G. Leopardi en su poema *El infinito* (1831):

«Siempre amé este yermo monte,
y este promontorio, que me oculta
la visión del último horizonte.
Mas sentado, contemplando
los interminables espacios lejanos,
los silencios sobrehumanos y su profundísima quietud,
se extravía el pensamiento,
hasta casi liberar mi corazón del miedo.
E igual que el viento
susurra entre estas plantas,
en el infinito silencio mido mi voz:
y me subyuga lo eterno, y las estaciones muertas,
y la presente y viva, con toda su sonoridad.
Así a través de esta inmensidad
se ahoga el pensamiento:
y naufragar en este mar me es dulce».

11

Un ángel caminará delante de ti

Carlo siempre tuvo una gran devoción por los ángeles. Desde niño oraba todos los días a su Ángel de la Guarda, y percibía su ayuda concreta en lo que le pedía. Su relación con estos mensajeros de Dios comenzó muy temprano. Las lecturas de las manifestaciones angelicales en la vida de los santos contribuyeron mucho a fortalecer su fe en estos mensajeros celestiales. Cuando Carlo tenía unos siete años, hicimos un viaje cultural a Italia con su abuela. Fuimos a visitar Florencia, luego Pisa y finalmente Lucca para conocer las bellezas artísticas de las que nuestro país es riquísimo. Estábamos alojados con unas monjas que estaban ubicadas en pleno centro de Florencia, cerca de la iglesia de San Ambrosio, un lugar especial ya que tuvo el privilegio de presenciar dos milagros eucarísticos que tuvieron lugar en 1230 y 1595. El primero ocurrió el 30 de diciembre. Un sacerdote llamado Uguccione, después de haber celebrado la misa, no se dio cuenta de que algunas gotas de vino consagrado habían quedado en el cáliz y se habían convertido en sangre. Al día siguiente, volviendo a celebrar la misa en la misma iglesia, encontró

dentro del cáliz gotas de sangre viva coagulada y encarnada. La sangre se recogió inmediatamente en un
vial de cristal. El otro milagro ocurrió el Viernes Santo
de 1595. Una vela encendida cayó accidentalmente al
suelo e incendió la capilla lateral, conocida como la del
Sepulcro. Inmediatamente la gente se apresuró a apagar
el fuego y se pudo salvar el Santísimo Sacramento y el
cáliz. En el bullicio general, del píxide que contenía
algunas Hostias consagradas, seis partículas cayeron
sobre la alfombra incandescente que, a pesar del fuego,
se encontraron intactas. En 1628 el arzobispo de Florencia, Marzio Medici, después de examinarlas, las encontró intactas y por lo tanto las colocó en un precioso
relicario. Cada año, durante las Cuarenta horas que se
celebran en mayo, las dos reliquias se exhiben juntas.

Ya entonces a Carlo le fascinaban estos prodigios
eucarísticos y le gustaba visitar estos santos lugares.
En Lucca fuimos a la tumba donde se conservan los
restos del cuerpo intacto de santa Zita, en la Basílica de
San Frediano. Además de ser la patrona de la ciudad,
santa Zita es también la patrona de las amas de casa y
de las empleadas de hogar. Porque a los doce años se
incorporó al servicio como empleada doméstica de la
familia Fatinelli, y vivió y trabajó en esta casa hasta su
muerte. Fueron muchos los milagros realizados en vida
atribuidos a su intercesión. A menudo era asistida por
los ángeles y por eso Carlo quería ir a esta iglesia con
el propósito de orar y pedirle que lo ayudara con su
Ángel de la Guarda para establecer una relación cada
vez más especial. Uno de los milagros de los que santa

Zita fue protagonista es el del «manto». Una tarde, en la misa de Nochebuena, mientras la santa salía de casa para ir a misa, se encontró con su patrón, que, preocupado por el gran frío que hacía, para que no enfermase, insistió en que Zita se pusiera su manto, cubierto de piel. Cuando llegó a la puerta sur de la iglesia, vio a un hombre pobre vestido con ropa desgastada y al que le castañeteaban los dientes por el frío. Conmovida por ese hombre, le prestó su capa, diciéndole que se la devolviera al final de los servicios porque pertenecía a su amo. Zita se sumergió tanto en la oración que no se dio cuenta de que la habían dejado sola en la iglesia y todos ya se habían ido. Cuando salió, el pobre hombre se había ido y, desesperada por la pérdida de su capa, volvió a su casa. El patrón aún estaba despierto y, cuando la vio sin su capa, comenzó a regañarla. Poco después escucharon un golpe en la puerta de la casa y apareció un hermoso joven, sosteniendo la famosa capa en su brazo. El misterioso personaje dio las gracias a la mujer frente al patrón por haberlo protegido del frío y de inmediato desapareció en un halo de luz. Era un ángel. Y desde ese momento el acceso sur a la basílica recibió el nombre de «la puerta del ángel». El milagro se recuerda en la vidriera colocada sobre el capitel de la citada puerta. El mismo Dante Alighieri, su contemporáneo, citó varias veces a santa Zita en *La Divina Comedia*, mucho antes de que fuera canonizada oficialmente.

Paramos una noche en Lucca y al día siguiente fuimos primero a la iglesia donde se guardan los restos de santa Gemma, y luego a visitar la casa Giannini.

Aquí la santa fue acogida tras la desaparición de sus padres y vivió el resto de sus días. Carlo quedó muy impresionado, al escuchar las historias que nos contó una de las monjas que custodian la casa museo, sobre la relación que se estableció entre Gemma y su Ángel de la Guarda. La monja nos contó que el Ángel de la Guarda regañó a santa Gema porque a veces se distraía durante la misa o porque se apegaba demasiado a los objetos, como le pasó con un reloj de oro que le habían regalado. Al ver la devoción de Carlo por la santa, le concedió permiso para sentarse en la misma silla en la que normalmente se sentaba Gemma. La monja se había sentido tan conmovida por Carlo que me dijo que le parecía un angelito. Acto seguido nos mostró también el dormitorio de santa Gemma, donde aún se encontraba el mueble que la santa utilizó para depositar al atardecer las cartas que escribía a su director espiritual, el padre Germano, que vivía en Verona. Durante la noche su Ángel de la Guarda venía a recoger las cartas e inmediatamente se las entregaba a su director. Santa Gemma nunca usó el correo ordinario porque era su Ángel de la Guarda quien actuaba como cartero.

También quedó muy impresionado por la gran devoción a los ángeles que tenía san Pío de Pietrelcina. En 2001 hicimos una peregrinación al Santuario de la Virgen del Rosario en Pompeya, y de allí continuamos a San Giovanni Rotondo para visitar a san Pío. Allí nos encontramos con un taxista que había sido hijo espiritual del Padre Pío, quien nos contó cómo el santo le pedía a menudo que acompañara a ciertas personas particularmente acosadas por el diablo directamente al Santuario de San Miguel Arcángel. Carlo me pidió que lo llevara a visitar este Santuario, y lo hice con mucho gusto. Grande fue su sorpresa al ver que no se encontraba fuera, sino dentro de una cueva muy profunda. Quedó muy impresionado por ese lugar sagrado y desde ese momento se acostumbró a recitar, cuando estaba de vacaciones, la *Corona Angélica del arcángel san Miguel*, dedicada a los nueve coros de los ángeles, que consta de 27 Avemarías y 9 Padrenuestros dedicados a las huestes angélicas.

También san Pío, a quien Carlo tanto amaba, tuvo como fiel compañero a su Ángel de la Guarda, quien desde la niñez lo condujo por las vías del bien y lo encaminó hacia los senderos que llevan al cielo. «Si tenéis necesidad, enviadme vuestro Ángel de la Guarda», repetía a los fieles. Y tenía mucho que hacer, durante las horas del día y de la noche, para escuchar los mensajes de tantas criaturas angélicas que le traían los mensajes de la gente de todo el mundo. En una carta del 20 de abril de 1915, dirigida a Raffaelina Cerase, el santo la exhorta a amar al Ángel: «Acostúmbrate a pensar siempre en él. A nuestro lado hay un espíritu celestial que, desde la cuna hasta la tumba, no nos abandona ni un momento». A menudo, el Ángel de la Guarda ayudó al Padre Pío a traducir las cartas que recibía de los fieles de todo el mundo a otros idiomas, o actuaba como su intérprete durante sus reuniones con peregrinos extranjeros. En este sentido, el padre

Agostino, su director espiritual, testimonia en su *Diario:* «El Padre Pío no sabe ni griego ni francés; su Ángel de la Guarda le explica todo y me responde de manera complaciente».

De las experiencias de estos santos, Carlo aprendió a acudir al Ángel de la Guarda, para que le ayudara a superar sus principales defectos. Decía que los ángeles de la guarda no entran en lugares donde se cultiva regularmente el pecado, como ciertas discotecas. Cuando consentimos el pecado, no gozamos de su protección ya que hay conformidad y compromiso espiritual por nuestra parte. Para Carlo era importante establecer una relación personal con su Ángel de la Guarda porque estos fieles mensajeros son un regalo especial y único que Dios da a cada persona. Al establecer esta relación personal nos beneficiaremos de sus inspiraciones. Si carecemos de la protección especial de nuestro Ángel de la Guarda, lamentablemente seremos presa fácil de los ataques del diablo. Los Ángeles Custodios nos guían desde el momento de nuestra concepción y a lo largo de todo el camino de nuestra vida, hasta acompañarnos al paraíso, para gozar por siempre de la presencia de Dios con nosotros. Si por casualidad después de la muerte vamos al purgatorio, allí también gozaremos de su asistencia y de su intercesión, pero no vendrá con nosotros si vamos a parar al infierno. El Padre Pío decía que si pudiéramos ver los demonios que nos rodean con nuestros ojos, ya no podríamos ver la luz del sol. En los lugares donde nuestra alma se siente edificada y más cerca de Dios es porque los santos ángeles están particularmente presentes en ese lugar. Carlo decía que el apego al pecado y la perseverancia en él, así como el desprendimiento de la comunión con Dios y con nuestros Ángeles Custodios, nos abre al poder del maligno, con todas las consecuencias de todos esos problemas espirituales, incluido el acoso y las posesiones diabólicas. Muchas enfermedades físicas y mentales dependen de influencias diabólicas. La forma en que Satanás es particularmente capaz de crear una devastación espiritual en las almas es haciéndolas caer en las redes de todas aquellas formas de superstición, adivinación y magia que son pecados contra el primer mandamiento, y, por lo tanto, pecados de idolatría, que, junto con los demás pecados, incluidos los de impureza, son la forma en que el diablo ata las almas a sí mismo y les impide su progreso espiritual. Carlo decía que, durante los exorcismos, el diablo canta victoria por los abortos, la pornografía, la inmoralidad, las traiciones familiares y todas las prácticas de la Nueva Era que se están extendiendo por el mundo, porque reemplazan arbitrariamente los mandamientos de Dios y las enseñanzas de Jesús que encontramos en el Evangelio. Todas las almas cercanas a Dios siempre han tenido que enfrentarse a combates espirituales, a menudo muy cruentos. Yo misma he sido testigo de experiencias con el Ángel de la Guarda a través de un alma sacerdotal favorecida por muchas experiencias místicas, como la de dialogar con su Ángel de la Guarda y con otros ángeles. Muchas veces he enviado a mi Ángel de la Guarda al de este sacerdote, que, a pesar de vivir a muchos kilómetros de distancia, recibió el mensaje y me dio respuestas a mis preguntas. A través del Ángel de la Guarda de este sacerdote recibí muchos consejos útiles para mi camino espiritual y para diversas circunstancias.

12

«Al final, mi Corazón Inmaculado triunfará»

Carlo siempre tuvo una gran devoción a la eucaristía y a la Virgen. Decía que «cada vez que nos dirigimos a la madre de Dios, nos ponemos en contacto directo e inmediato con el cielo. Casi, casi, entramos dentro. Al llamarla "llena eres de gracia", invocándola así, damos testimonio de nuestra confianza filial. Nosotros así lo creemos. Esperamos que sea la dadora de todos los bienes, de todas las gracias. Le decimos: ruega por nosotros. Es decir, la invitamos a que haga uso de su estatus, a que venga a nuestro encuentro. Nos dirigimos a ella conociendo su *Omnipotentia Supplex* (Omnipotente por intercesión). Su intercesión es segura. Su intervención es obvia. Su oración es infalible. El género humano, en María, ha sido elevado a la dignidad sobrenatural. Dios asoció una criatura con la Madre. ¡Misterio!».

Para Carlo eran muy importantes los lugares donde a lo largo de los siglos la Virgen se había manifestado tanto para obrar milagros como para guiar a sus hijos a la verdadera vida. Por eso, antes de morir, había comenzado a diseñar una exposición sobre las «Apelaciones de la Virgen», que después completamos nosotros. El último viaje que hicimos con Carlo fue en 2006 a Fátima y España. En aquellos días celebrábamos los 750 años del milagro eucarístico ocurrido en Santarém, Portugal, y por eso mismo, antes de llegar a Fátima, Carlo quiso ir a visitar este lugar santo. Le tenía mucho cariño y se puso muy contento al recibir como regalo medallas conmemorativas de este prodigioso evento, junto con muchas fotos para agregar a su exposición. En este pueblo ocurrieron dos milagros, uno en 1247 y otro en 1340. En el primero una mujer joven, acosada por los celos de su marido, recurrió a una bruja que le sugirió ir a la iglesia a robar una Hostia consagrada para hacer un filtro de amor. La mujer, entonces, la escondió en una sábana, que inmediatamente se manchó con sangre. Aterrorizada, corrió a casa. Cuando abrió el pañuelo para ver lo que había pasado, con gran asombro se dio cuenta de que la sangre brotaba directamente de la Hostia. Confundida, volvió a guardar la Hostia en un cajón de su dormitorio, pero comenzaron a emanar rayos de luz. El marido se dio cuenta del crimen e inmediatamente avisó al párroco, que fue a su casa a tomar la Hostia y llevarla de vuelta a la iglesia de San Esteban en una solemne procesión, acompañado de muchos religiosos y laicos. La Hostia sangró durante tres días consecutivos. Posteriormente se colocó en un magnífico relicario de cera de abeja. En 1340 ocurrió otro milagro. El sacerdote abrió el tabernáculo y encontró la vasija de cera rota en muchos pedazos: en su lugar había una vasija de cristal que contenía la sangre de la Hostia milagrosa mezclada con la cera.

Después continuamos hacia Fátima, donde nos encontramos con una monja amiga nuestra y con el entonces postulador de la causa de beatificación de Francisco y Jacinta Marto, el padre Luis Kondor. Nos contó muchas cosas y nos llevó a visitar una exposición llena de fotos inéditas de las apariciones de la Virgen, ocurridas en Fátima en 1917 a los tres pastorcitos: Jacinta, de siete años; Francisco, de nueve años, y Lucía, de diez años. Nos contó que sor Lucía, la vidente más anciana, que luego se hizo monja, había visto la imagen de la Virgen del convento llorando. Carlo había recibido muchas señales de los pastorcitos de Fátima. También había soñado con Francisco pidiéndole que reparara y ofreciera sacrificios para que la gente amara y honrara más la eucaristía. Pocos días después de la muerte de sor Lucía en 2005, Carlo soñó con ella mientras le decía que, con la práctica de los primeros cinco sábados del mes, los destinos del mundo podrían cambiar. En otra ocasión, cuando tenía unos ocho años, había visto a Nuestra Señora de Fátima que durante una procesión en la iglesia se detuvo frente a él y le dio su corazón y lo colocó en su pecho. Le dijo que se consagrara a su Inmaculado Corazón y al Sagrado Corazón de Jesús.

Carlo y yo quedamos muy impresionados con la historia de los pastorcitos. Se conmovió mucho al leer la historia de su vida, escrita por la prima de Lucía en sus *Memorias*. Como había predicho la Virgen María el 13 de junio de 1917, los dos hermanos Francisco y Jacinta fallecieron poco después, en 1919 y 1920, a causa de la pandemia de la gripe española. A la pregunta de Lucía:

«Quisiera pedirle que nos lleve al cielo», la Virgen María respondió: «Sí; a Jacinta y Francisco me los llevaré en breve, pero tú te quedarás aquí por un tiempo todavía. Jesús quiere servirse de ti para darme a conocer y amar. Él quiere establecer en el mundo la devoción a Mi Inmaculado Corazón. A los que la acepten, les prometo la salvación, y estas almas serán amadas por Dios, como flores puestas por mí para adornar su trono».

La muerte de un joven no siempre se acoge con fe, y después de la prematura muerte de Carlo, descubrí que muchos de sus compañeros y amigos estaban enfadados con el Señor. En particular, hubo una querida amiga suya que me dijo que su abuelo tenía noventa años y no podía entender por qué Jesús no lo había hecho morir a él en lugar de a Carlo. Entiendo que no siempre es fácil vislumbrar los planes de Dios, pero sabemos que todo contribuye al bien de quien lo ama. El libro de la Sabiduría nos dice al respecto: «El justo, aunque muera prematuramente, tendrá descanso. Una vejez venerable no son los muchos días, ni se mide por el número de años, pues las canas del hombre son la prudencia y la edad avanzada, una vida intachable. Agradó a Dios y Dios lo amó, vivía entre pecadores y Dios se lo llevó. Lo arrebató para que la maldad no pervirtiera su inteligencia, ni la perfidia sedujera su alma. Pues la fascinación del mal oscurece el bien y el vértigo de la pasión pervierte una mente sin malicia. Maduró en poco tiempo, cumplió muchos años. Como su vida era grata a Dios, se apresuró a sacarlo de la maldad. La gente lo ve y no lo comprende, ni les cabe esto en su cabeza: la gracia y la misericordia son para sus elegidos y la protección para sus devotos. El justo difunto condena a los impíos aún vivos: juventud madura en poco tiempo, afrenta para la longevidad del perverso» (Sab 4,7-16).

De un mal, Dios siempre sacará el bien. El cielo razona en términos de vida eterna. Hay un episodio significativo en torno a la madre de Jacinta, para comprender que los hechos no pueden juzgarse solo mirando el horizonte del tiempo, que aún es limitado, sino que deben leerse siempre con la mirada puesta en la eternidad. Sor Godinho, que atendió a Jacinta durante un tiempo cuando estaba hospitalizada en Lisboa, un día le preguntó a la madre de la pequeña si le gustaría que sus hijas abrazaran la vida religiosa. Hablaba sobre todo de Teresa, de quince años, y de Florinda, de dieciséis. La madre de Jacinta respondió casi asustada: «¡Dios no lo quiera!». Jacinta no estuvo presente en esa conversación, pero tiempo después le dijo a la monja: «Nuestra Señora quisiera que mis hermanas se hicieran monjas. Pero mi madre no quiere y por eso Nuestra Señora las llevará consigo al cielo». En realidad, poco después, las dos hermanas también fallecieron de neumonía. Probablemente la Virgen, sabiendo que tomarían decisiones contra el plan que Dios tenía para ellas, inmediatamente las llevó al paraíso. Mi hijo estaba convencido de que la belleza de la vida no depende de su duración, sino de si será posible o no poner a Dios en primer lugar. Esta era para él una vida de «éxito». Decía que «amar a Dios sobre todas las cosas» debería ser la «meta» ideal de la vida de todos. Para Carlo, si se logra este alto objetivo, se recibirán directamente de Dios las llaves para abrir las puertas que conducen al paraíso. Carlo decía que el cielo piensa de una manera muy diferente a la nuestra.

Por ejemplo, en la aparición de Kibeho, en África, a la vidente Nathalie, el 15 de mayo de 1982, la Virgen transmitió este mensaje: «Nadie llega al cielo sin sufrir... El hijo de María nunca se separa del sufrimiento». Esta aparición fue reconocida en 2001 y había impresionado mucho a Carlo. Aquí la Virgen pidió rezar todos los viernes el rosario dedicado a sus dolores, conocido como el *rosario de los siete dolores,* prometiendo que quienes lo hubieran rezado darían las gracias necesarias para arrepentirse de sus pecados antes de morir. Carlo lo recitaba a menudo, le gustaba meditar sobre los sufrimientos de María. También fue muy devoto de la coronita de las lágrimas de la Virgen. Asimismo, en Pellevoisin la Virgen María se manifestó a la joven Estelle Faguette en 1876 y la curó de una enfermedad incurable. En una de sus apariciones, después de que Estelle le pidiera que la llevara inmediatamente al cielo, la Virgen le respondió: «Ingrata, si mi hijo te deja con vida es porque lo necesitas. ¿Qué es lo más precioso que Dios ha dado al hombre en la tierra sino el don de la vida? Sin embargo, al darte la vida no creas que estás exenta de sufrimientos. No, sufrirás y no estarás exenta de los dolores. Esto es lo que nos da méritos en nuestra vida. Si mi hijo se ha conmovido, es por tu gran resignación y paciencia».

En 1918, la Virgen le preguntó a Jacinta si quería quedarse un poco más en la tierra para ofrecerse y salvar a otros pecadores. La pequeña aceptó generosamente esta prueba por amor de Dios, pero, tal como le había anunciado la Virgen María, moriría sola en el hospital sin el consuelo de sus seres queridos, experimentando un gran sufrimiento a causa de la neumonía y de la cirugía costal a la que tuvo que someterse sin anestesia. Así como Jesús fue traspasado por una lanza en el costado, así también la pequeña Jacinta sufrió una herida muy dolorosa en el costado que la asimilaba a la pasión de Jesús. El sufrimiento es un medio para expiar el pecado del mundo si se une al sufrimiento de Jesús y de María. Las largas horas de contemplación de Cristo crucificado y resucitado y de su Santísima Madre al pie de la Cruz (cf Jn 19,25) llevaron a Carlo a profundizar en el misterio del sufrimiento humano, origen del mal, pero sobre todo en el sentido y el valor que la fe cristiana da a los grandes interrogantes del hombre sobre la muerte, el sufrimiento, la enfermedad y el destino final del hombre. Carlo observaba con sano realismo lo que enseña la palabra de Dios sobre el mal y el pecado cometido por el hombre y «el desorden que esto ha traído en la vida personal, familiar y social». En efecto, en las primeras páginas de la Escritura se nos muestra que la desobediencia de Adán y Eva a los mandamientos de Dios cambió radicalmente el destino y la vida de cada hombre y de cada mujer, de todo el género humano. Antes de pecar poseían la gracia santificante y los dones sobrenaturales: la integridad, la inmortalidad, la entereza y la ciencia infusa. Posteriormente, después del «pecado original», el desorden, el cansancio, la enfermedad y la muerte se apoderaron de sus vidas. Carlo decía al respecto: «Misteriosamente, todo sufrimiento tiene dos caras: la consecuencia de un desorden anterior que lo provocó y la acción purificadora de la misericordia de Dios, perfectamente unida a su justicia. En efecto, Dios, en su infinita sabiduría, ha dispuesto que el mal, fruto del pecado, es decir, de la rebelión contra Dios, contribuya al bien de los que le aman, mediante su purificación y santificación». San Ignacio de Loyola escribió: «Si Dios te envía muchos sufrimientos, es señal de que tiene grandes planes para ti, y ciertamente quiere hacerte santo». Famoso es el episodio de santa Teresa de Ávila cuando, de camino a su convento, se vio sorprendida por una repentina tormenta, resbaló de su caballo y cayó en un charco de barro. Irónicamente le dijo a Jesús: «¡Si así tratas a tus amigos, no me extraña que tengas tan pocos!». Desgraciadamente, el camino que lleva a la santidad es muy difícil: «Entrad por la puerta estrecha. Porque ancha es la puerta y espacioso el camino que lleva a la perdición, y muchos entran por ellos» (Mt 7,13). No se quedó atrás el heroísmo de la beata Alejandrina María da Costa, estigmatizada, que vivió en cama durante catorce años, alimentándose solo de la eucaristía. Decía que el Señor se le había aparecido y le había dado como programa de vida el de «amar, sufrir, reparar». La Virgen misma le había obtenido la gracia de aceptar este programa de inmolación: «Nuestra Señora me ha hecho una gracia aún mayor. Primero la resignación, luego la completa conformidad a la voluntad de Dios, y finalmente el deseo de sufrir». Seguramente cuando Carlo enfermó tenía en mente los ejemplos de estos santos que supieron aceptar el sufrimiento sabiendo que todo contribuye al bien si se ofrece a Dios con fe y confianza.

Carlo veía indisolublemente unidas la misericordia y la justicia de Dios que redime al hombre de las consecuencias de su pecado. Dios no abandona al hombre en su situación de desorden, no lo deja solo, sino que llama continuamente a su corazón para darle su gracia y su reconciliación. Todo sufrimiento humano, incluido el de los inocentes, es efecto del pecado original, desorden que ha privado a la humanidad, hasta el fin del mundo, de esa «vida dichosa» que Dios había pensado en el paraíso terrenal al crear al hombre y a la mujer. Esta vida dichosa, la bienaventuranza eterna, no es un sueño que haya fracasado para siempre. Los creyentes saben que, con su obediencia a los mandamientos de Dios, su paciencia y mansedumbre para vivir las situaciones felices, pero también a veces tristes y dramáticas de la vida, ya están en camino a esa vida bendita que Adán y Eva perdieron, pero Cristo Jesús nos ha reconquistado con su pasión, muerte y resurrección. Hay dos mujeres: la primera, la de la desobediencia a los mandamientos de Dios, del «no» a los planes de Dios, es Eva; la segunda, la del «sí» al plan providencial de Dios, es María santísima. Eva nació sin pecado original, María fue concebida sin pecado original en anticipación de la pasión, muerte y resurrección de su hijo Jesús. En estas dos mujeres, Eva y María, estamos nosotros, hombres y mujeres del tercer milenio. Nosotros también tenemos la libertad de elegir el bien o el mal, y así estaremos en el camino de la vida eterna o de la muerte eterna.

En virtud del cuerpo místico, del cual Jesús es la cabeza y nosotros los miembros, cada una de nuestras buenas obras, cada una de nuestras oraciones, cada uno de nuestros sacrificios beneficiará a todos los miembros de este cuerpo, y viceversa, cada una de nuestras malas obras y las oportunidades perdidas de hacer el bien serán en detrimento de todos. Como dice san Pablo en su Carta a los Colosenses: «Me alegro de mis sufrimientos por vosotros: así completo en mi carne lo que falta a los padecimientos de Cristo, en favor de su cuerpo que es la Iglesia» (Col 1,24). En la Constitución dogmática *Lumen gentium*, la Iglesia nos recuerda sabiamente que: «Todavía de camino en este mundo, siguiendo sus huellas en el dolor y en la persecución, nos unimos a sus sufrimientos como el cuerpo a su cabeza. Sufrimos con Él para ser glorificados con Él» (LG 7). Cristo también nos llama a cooperar de alguna manera en la redención que Él realizó de una vez por todas al morir en la cruz por nuestra salvación. El Catecismo de la Iglesia católica reitera: «La eucaristía es igualmente el sacrificio de la Iglesia. La Iglesia, que es el cuerpo de Cristo, participa en la ofrenda de su cabeza. Con él, ella misma se ofrece totalmente. Se une a su intercesión ante el Padre por todos los hombres. En la eucaristía, el sacrificio de Cristo se hace también el sacrificio de los miembros de su cuerpo. La vida de los fieles, su alabanza, su sufrimiento, su oración y su trabajo se unen a los de Cristo y su total ofrenda, y adquieren así un nuevo valor. El sacrificio de Cristo presente sobre el altar da a todas las generaciones de cristianos la posibilidad de unirse a su ofrenda» (n. 1368).

En la aparición en Fátima del 19 de agosto de 1917, la Virgen María exhortó a los pastorcitos invitándolos a orar y ofrecer sacrificios: «Orad, orad mucho; y haced sacrificios por los pecadores, pues muchas almas van al infierno porque no hay quien ore y se sacrifique por ellas». Carlo había tomado estas palabras literalmente y siempre se sentía culpable porque decía que no hacía suficientes sacrificios y oraciones por aquellos que estaban lejos de Dios.

La Escritura confirma que los sufrimientos, las tribulaciones, para los que aman a Dios, son fuente de gracias para sí mismos y para los demás: «Pues eso es realmente una gracia: que, por consideración a Dios, se soporte el dolor de sufrir injustamente» (1Pe 2,19). El mismo Catecismo de la Iglesia católica nos dice: «El perdón del pecado y la restauración de la comunión con Dios entrañan la remisión de las penas eternas del pecado. Pero las penas temporales del pecado permanecen. El cristiano debe esforzarse, soportando pacientemente los sufrimientos y las pruebas de toda clase y, llegado el día, enfrentándose serenamente con la muerte, por aceptar como una gracia estas penas temporales del pecado; debe aplicarse, tanto mediante las obras de misericordia y de caridad, como mediante la oración y las diversas prácticas de penitencia, a despojarse completamente del hombre viejo y revestirse del hombre nuevo» (n. 1473). Carlo siempre citaba la Escritura para explicar el motivo del sufrimiento; decía que Cristo cargó sobre sí todo el peso del mal: «Mi siervo justificará a muchos, porque cargó con los crímenes de ellos. Le daré una multitud como parte, y tendrá como despojo una muchedumbre. Porque expuso su vida a la muerte y fue contado entre los pecadores, él tomó el pecado de muchos e intercedió por los pecadores» (Is 53,11-12) y quitó el «pecado del mundo», del cual la enfermedad es solo una consecuencia. El profeta Isaías, a pesar de escribir unos setecientos años antes de la venida de Jesús, intuye que el sufrimiento del justo también redime los pecados de los demás. Con su pasión y su muerte en la cruz, Cristo dio un nuevo sentido al sufrimiento y nos asimiló a su redención.

El apóstol Santiago nos invita a interceder por los demás: «Mucho puede la oración insistente del justo. Elías era semejante a nosotros en el sufrimiento, y rezó insistentemente para que no lloviera, y no llovió sobre la tierra durante tres años y seis meses. Volvió a rezar, y el cielo dio la lluvia y la tierra produjo su fruto. Hermanos míos, si alguno de vosotros se desvía de la verdad y otro lo convierte, sepa que quien convierte a un pecador de su extravío se salvará de la muerte y sepultará un sinfín de pecados» (Sant 5,16-20).

Cuando Carlo era más pequeño, Jacinta se le apareció y le dijo que no hay palabras en la tierra para describir el horror del infierno. Precisamente por eso meditaba a menudo sobre las realidades últimas, incluido el infierno y la posibilidad de acabar en él. De vez en cuando me decía: «Mamá, ¿te das cuenta de lo que significa ir al infierno, por toda la eternidad? Intenta imaginar estar en un lugar para siempre, para siempre, para siempre, para siempre...». Ser consciente del riesgo que tantos corren de ir allí fue lo que le impulsó a realizar la exposición sobre «Infierno, purgatorio y cielo». La Virgen hizo posible que los tres pastorcitos vieran el infierno el 13 de junio de 1917. Al principio exhortó a los videntes diciéndoles: «Sacrificaos por los pecadores, y repetid muchas veces, especialmente cada vez que hagáis algún sacrificio: "Oh Jesús, es por amor vuestro, por la conversión de los pecadores y en reparación de los pecados cometidos contra el Corazón Inmaculado de María"». «Mientras terminaba de pronunciar estas últimas palabras, la Virgen volvió a abrir sus manos, como en los dos meses anteriores. Parecía que el reflejo penetraba en la tierra y lo veíamos como un mar de fuego. Sumergidos en ese fuego, los demonios y las almas, como si fueran brasas transparentes y oscuras, o de bronce, en forma humana, flotaban en el fuego, transportados por las llamas que salían de sí mismos, junto con nubes de humo que caían por todas partes, semejantes a la caída de las chispas en las grandes hogueras, sin peso ni equilibrio, entre los gritos y los gemidos de dolor y de desesperación que despertaban horror y nos hacían temblar de miedo».

Lucía precisó: «Debe haber sido frente a esta visión cuando dejé escapar ese "¡ay!" que dicen que me escucharon decir». «Los demonios se distinguían por las formas espantosas y repugnantes de animales temibles y desconocidos, pero transparentes, como negros carbones encendidos. Asustados y como pidiendo ayuda, levantamos la mirada hacia Nuestra Señora, quien con bondad y tristeza nos dijo: "Habéis visto el infierno, donde caen las almas de los pobres pecadores. Para salvarlos, Dios quiere establecer en el mundo la devoción a mi Corazón Inmaculado. Si hacéis lo que os digo, muchas almas se salvarán y tendrán paz. La guerra está a punto de terminar. Pero, si no dejan de ofender a Dios, en el pontificado de Pío XI comenzará otra peor. Cuando veáis una noche iluminada por una luz desconocida, sabed que es la gran señal que Dios os da, que castigará al mundo por sus crímenes, por medio de la guerra, el hambre y la persecución de la Iglesia y del Santo Padre. Para evitarlo, vendré a pedir la consagración de Rusia a mi Corazón Inmaculado y la comunión reparadora de los primeros sábados. Si escuchan mis peticiones, Rusia se convertirá y habrá paz. Si no, esparcirá sus errores por el mundo, provocando guerras y persecuciones a la Iglesia. Los buenos serán martirizados, el Santo Padre sufrirá mucho, varias naciones serán destruidas. *Al final, mi Corazón Inmaculado triunfará.* El Santo Padre me consagrará Rusia, que se convertirá, y se concederá al mundo un tiempo de paz. En Portugal, se salvaguardará siempre el dogma de la fe... Cuando recéis el rosario, después de cada misterio decid: *Oh Jesús mío, perdónanos, líbranos del fuego del infierno, lleva al cielo a todas las almas, especialmente a las que más lo necesitan*"».

Carlo lamentó muchísimo que tantos corriesen el riesgo de perderse para toda la eternidad: para él era una realidad impactante. Había anotado algunos escritos de santos que describían el infierno. Los utilizó para catequizar a los que no creían en la existencia del infierno. Relato aquí uno sobre el infierno tomado del *Diario* de sor Faustina Kowalska, la santa de la divina misericordia: «Hoy he estado en los abismos del infierno, conducida por un ángel. Es un lugar de grandes tormentos, ¡qué espantosamente grande es su extensión! Los tipos de tormentos que he visto: el primer tormento que constituye el infierno, es la pérdida de Dios; el segundo, el continuo remordimiento de conciencia; el tercero, aquel destino no cambiará jamás; el cuarto tormento, es el fuego que penetrará al alma, pero no la aniquilará, es un tormento terrible, es un fuego puramente espiritual, incendiado por la ira divina; el quinto tormento, es la oscuridad permanente, un horrible, sofocante olor; y a pesar de la oscuridad los demonios y las almas condenadas se ven mutuamente y ven todos el mal de los demás y el suyo; el sexto tormento, es la compañía continua de Satanás; el séptimo tormento, es una desesperación tremenda, el odio a Dios, las imprecaciones, las maldiciones, las blasfemias. Estos son los tormentos que todos los condenados padecen juntos, pero no es el fin de los tormentos. Hay tormentos particulares para distintas almas, que son los tormentos de los sentidos: cada alma es atormentada de modo tremendo e indescriptible con lo que ha pecado. Hay horribles calabozos, abismos de tormentos donde un tormento se diferencia del otro. Habría muerto a la vista de aquellas terribles torturas, si no me hubiera sostenido la omnipotencia de

Dios. Que el pecador sepa: con el sentido que peca, con
ese será atormentado por toda la eternidad. Lo escribo
por orden de Dios para que ningún alma se excuse [di-
ciendo] que el infierno no existe o que nadie estuvo allí
ni sabe cómo es. Yo, Sor Faustina, por orden de Dios,
estuve en los abismos del infierno para hablar a las almas y dar testimonio de que el infierno existe. Ahora
no puedo hablar de ello, tengo la orden de dejarlo por
escrito. Los demonios me han demostrado un gran odio,
pero por orden de Dios tuvieron que obedecerme. Lo
que he escrito es una débil sombra de las cosas que he
visto. He observado una cosa: la mayor parte de las
almas que allí están son las que no creían que el infierno existe. Cuando volví en mí no pude reponerme del
espanto, qué terriblemente sufren allí las almas. Por
eso ruego con más ardor todavía por la conversión de
los pecadores, invoco incesantemente la misericordia
de Dios para ellos. Oh Jesús mío, prefiero agonizar en
los más grandes tormentos hasta el fin del mundo, que
ofenderte con el menor pecado»[1].

Otro pasaje que utilizaba a menudo en sus catequesis
fue el relacionado con las apariciones de la Virgen en
Laus, en Francia. De 1664 a 1718, durante cincuenta
y cuatro años, la Virgen María se apareció a la pastora Benoîte Rencurel, instruyéndola directamente y
revelándole muchas cosas sobre el infierno, el cielo y
el purgatorio. Un día la llevaron a ver el infierno. Era
1694, su padre Gaillard relata así este episodio: «Una

---

[1] F. KOWALSKA, *Diario*, o.c., 304-305. (N. de la E.).

vez, los demonios llevaron a Benoîte al infierno. Vio una inmensidad de personas, conocidas suyas, sumergidos hasta el estómago en las llamas. Se quedó allí unos momentos, luego llegaron dos ángeles y se la llevaron de ese lugar desesperado. Le dijeron que Dios había permitido esto para que tuviera más compasión por los pecadores. El ángel también le dijo: ¡Has visto, hija mía, las llamas y el fuego! Esa persona tan impaciente (dijo su nombre) vendrá a este lugar si no se corrige».

El jueves 7 de abril de 1927 el Señor se apareció a la beata Dina Bélanger. He aquí el relato de la beata: «Desde el 20 de marzo la enfermedad me obliga a guardar cama. Esta mañana, antes de la comunión, el Señor me presentó el tema de mis consideraciones para estos dos días, a saber, el dolor infligido a su corazón agonizante por la inutilidad de sus sufrimientos para un número tan grande de almas. En el momento de la comunión me dio su bendito cáliz. Durante la acción de gracias me hizo ver, en espíritu, a millones y millones de personas que corrían hacia la perdición eterna, siguiendo a Satanás. Y él, el Salvador, rodeado de un pequeño número de almas fieles, sufría, pero en vano, por todos aquellos pecadores. Su corazón los veía caer, por miles, al infierno. Ante este terrible panorama le dije: Jesús mío, por tu parte la redención fue completa; pero entonces, ¿qué falta para que se pierdan tantas almas? Me respondió: La razón es que las almas piadosas no se asocian suficientemente a mis sufrimientos».

El 6 de mayo, primer viernes del mismo año, Dina escuchó estas palabras del esposo celestial que le explicaba mejor por qué se perdían tantas almas: «Mi pequeña esposa, si ves tantas almas cayendo al infierno, es sin duda porque lo quieren, pero también porque las almas consagradas abusan de mis gracias. Por mi Santísima Madre y mi Divino Corazón, ora y suplica a mi Padre celestial para que salve y santifique a todas las almas. Implora y pídele que santifique a todas las almas consagradas. Mi Corazón ama infinitamente a cada alma. Durante mi vida terrena no pude hacer más por la salvación y santificación de las almas, y desde entonces quiero continuar la redención por medio de mi vida en las almas. Ora y suplica a mi Divino Padre. Suplicar significa orar con insistencia, orar sin cansarse, orar con la certeza de ser escuchado. Ora y suplica».

Nos habían regalado tres litografías de Salvador Dalí sobre *El infierno, el cielo y el purgatorio*, y descubrimos que la visión del infierno de Fátima había convertido a Dalí, que inmediatamente después empezó a crear algunas obras de carácter religioso y eclesiástico, entre las que destaca *La Virgen de Port Lligat* y *El Concilio ecuménico*, en homenaje al Concilio Vaticano II y algunas ilustraciones de *La Divina Comedia* encargadas por el gobierno italiano.

Después de las seis apariciones públicas de la Virgen, santa Jacinta recibió varias visitas privadas de la Virgen María mientras estaba enferma, obligada a permanecer en cama. La Madre celestial le precisó: «Los pecados que llevan más almas al infierno son los pecados de la carne. Vendrán ciertas modas que ofenderán mucho a

Jesús. La gente que sirve a Dios no tiene por qué seguir la moda. La Iglesia no tiene modas. Jesús es siempre el mismo...».

Carlo también era muy devoto de san Juan Bosco, quien, acompañado de su Ángel de la Guarda, también fue llevado a visitar el infierno, donde vio que también había jóvenes. San Juan Bosco dijo que el ángel le había revelado que los pecados que más almas llevan al infierno son los que se cometen contra el sexto mandamiento y la inmodestia. Por eso Carlo se preocupó tanto por esta virtud y se hizo apóstol entre sus compañeros para ayudarlos a respetar este mandamiento. Entre los apuntes de Carlo encontré reflexiones sobre el mensaje de Fátima que había aprendido escuchando varias catequesis y leyendo algunos libros.

Cuando hablamos del Mensaje de Fátima, nos referimos a un conjunto de apariciones que se han producido durante trece años. Nos referimos en primer lugar a las apariciones del ángel en 1916, exactamente a tres apariciones, que tuvieron lugar en primavera, verano y otoño a los tres pastorcitos: a Francisco, a su hermana Jacinta y a su prima Lucía, la mayor, quien después se hizo monja y murió en 2005. Después, del 13 de mayo al 13 de octubre de 1917, tenemos las seis apariciones de Nuestra Señora en Cova da Iria, lugar donde actualmente se encuentran la capilla de la Virgen y el santuario. Una excepción es la que tuvo lugar el 19 de agosto de 1917 en los Valinhos, pospuesta porque los niños fueron secuestrados el 13 de agosto y encarcelados. Fue el presidente del Congreso quien dio la orden de arrestarlos para averiguar cuál era el contenido del secreto confiado por la Virgen a los pastorcitos el 13 de julio. Aunque no les hicieron ningún daño físico, los torturaron psicológicamente, incluso amenazando con hacerlos morir cocinándolos en aceite hirviendo si no revelaban el secreto. Precisamente esta actitud heroica de los pastorcitos de no revelar el secreto demuestra claramente la veracidad de las apariciones y su credibilidad.

Las apariciones de Nuestra Señora en Fátima incluyen también las que tuvieron lugar en España, en Pontevedra en 1925, a sor Lucía. Aquí la Virgen y el Niño Jesús pidieron la devoción reparadora del primer sábado de cada mes durante cinco meses por las ofensas hechas a María Santísima: «Apareció la Santísima Virgen y, a su lado, suspendido en una nube luminosa, un Niño. La Santísima Virgen, poniendo su mano sobre mi hombro, me mostró también un corazón coronado de espinas que tenía en la otra mano. Al mismo tiempo el Niño dijo: Ten compasión del Corazón Inmaculado de vuestra Santísima Madre, que está cubierta de las espinas que los hombres ingratos os están clavando continuamente, sin que nadie haga un acto de reparación para arrancarlas. Después dijo la Virgen: Mira, hija mía, mi corazón cercado de espinas que los hombres ingratos me clavan continuamente con blasfemias e ingratitudes. Tú, al menos, procura consolarme y di que todos aquellos que durante cinco meses, en el primer sábado se confiesen, reciban la santa Comunión, recen la tercera parte del Rosario y me hagan quince minutos de compañía, meditando en los quince misterios del Rosario con el fin de desagraviarme, yo prometo asistirles en la hora de la muerte con todas las gracias necesarias para la salvación de sus almas...».

Un confesor de sor Lucía le preguntó en 1930 el porqué del número cinco. Ella se lo preguntó a Jesús, quien respondió: «Se trata de reparar las cinco ofensas dirigidas contra el Inmaculado Corazón de María:

1. Las blasfemias contra su Inmaculada Concepción.
2. Contra su Virginidad.
3. Contra su Maternidad divina y la negativa a reconocerla como Madre de los hombres.
4. La obra de quienes infunden públicamente en el corazón de los pequeños la indiferencia, el desprecio y hasta el odio contra esta Madre Inmaculada.
5. La obra de quienes la ofenden directamente en sus sagradas imágenes».

En 1929, en Tuy (Pontevedra), la Virgen se apareció nuevamente a sor Lucía junto con la Santísima Trinidad. Aquí Lucía recibió aclaraciones sobre el misterio de la Santísima Trinidad y la importancia de la santa misa como fuente de misericordia para toda la humanidad. Pero veamos el relato que da la propia vidente en sus *Memorias*: «La única luz era la de la lámpara del santuario. De repente, toda la capilla se iluminó con una luz sobrenatural, y sobre el altar apareció una Cruz de luz que llegaba hasta el techo. En una luz más intensa, en la parte superior de la Cruz, se podía ver el rostro de un hombre y su cuerpo hasta la cintura; sobre su pecho había una paloma de luz, clavada en la Cruz pude ver a otro hombre. Un poco más abajo de la cintura pude ver una gran hostia suspendida en el aire, sobre la que caían gotas de sangre del rostro de Jesús Crucificado y de la herida de su costado. Estas gotas corrieron sobre la hostia y cayeron en el cáliz. Bajo el brazo derecho de la Cruz estaba Nuestra Señora y en Su mano estaba Su Corazón Inmaculado (Era Nuestra Señora de Fátima, con Su Corazón Inmaculado en Su mano izquierda, sin espada ni rosas, pero con una corona de espinas y llamas). Bajo el brazo izquierdo de la Cruz, grandes letras como de agua cristalina que corrían sobre el altar, formaban estas palabras "Gracia y Misericordia". Comprendí que era el misterio de la Santísima Trinidad lo que se me mostró, y recibí luces sobre este misterio que no me es permitido revelar...»[2]. La aparición de Tuy estuvo enteramente dedicada a la Santísima Trinidad y a hacernos comprender el valor salvífico de la eucaristía y de la intercesión del Inmaculado Corazón de María.

Cuando le preguntaron a Francisco qué le había gustado más de las apariciones, respondió que le gustaba mucho el ángel, pero que más aún le gustaba la Virgen, pero que realmente lo que le gustaba todavía más era Dios. Francisco había comprendido lo esencial de los acontecimientos. Carlo decía que las apariciones de Fá-

---

[2] Cf D. CHIMENO-J. M. NAVALPOTRO, *Cien años de luz. Fátima, un foco de paz desde 1917*, Palabra, Madrid 2017. (Traducción ligeramente modificada. [N. de la E]).

tima fueron una catequesis de 360 grados. Fátima es un único mensaje unitario, que tiene un valor místico-profético. Para Carlo, el significado apocalíptico del mensaje de Fátima no terminaba con los eventos que tuvieron lugar en 1916 y 1917, sino que continúa siguiéndonos incluso después y continúa hablándonos. Las palabras del ángel y de la Virgen María fueron vividas y encarnadas en la vida de Francisco, Jacinta y Lucía que se convirtieron en testigos concretos. En el mensaje de Fátima tenemos una gran dimensión mística. Carlo dijo que en Fátima, de principio a fin, la Virgen nos revela de manera significativa el amor que la Santísima Trinidad tiene por todos nosotros y su misericordia que nos dona a través del Corazón Inmaculado de María.

Desde el principio hasta el fin, desde 1916 hasta 1929, pero aún después, todo en el mensaje refleja cuánto se preocupa la Santísima Trinidad por nuestra salvación y nuestro progreso espiritual. Los tres videntes tuvieron una verdadera experiencia mística de Dios. En 1916, durante la segunda aparición, el ángel dijo: «Los corazones de Jesús y de María tienen designios de misericordia para con vosotros». Los corazones de Jesús y María os aman y tienen misericordia de vosotros. Incluso en la última aparición de Tuy, la última palabra fue misericordia, que no es otra cosa que el amor de Dios que arde por encima de las miserias de nuestros corazones. Todo en Fátima refleja a la Trinidad que nos ama, todo en Fátima estimula la experiencia de Dios. Una cosa es tener fe, pero sin haber tenido una experiencia directa, es decir, ser como los que creyeron en las palabras de la samaritana, pero que sin embargo no hicieron una verdadera experiencia de Dios. Y una cosa es ser creyentes como los samaritanos de la segunda hora que en cambio experimentaron a Jesús, porque lo vieron y nos hablaron y lo reconocieron como el Salvador del mundo. Haber experimentado a Dios nos hace no solo creyentes, sino que nos abre a la fe. Carlo estaba convencido de que Fátima ayudaba realmente a tener una experiencia concreta de Dios. El 13 de mayo de 1917, Nuestra Señora preguntó a los pastorcitos: «¿Queréis ofreceros a Dios para llevar todos los sufrimientos que Él os enviará en un acto de reparación por los pecados con que es ofendido, y de súplica por la conversión de los pecadores?», «Sí, lo queremos», respondieron. Después de esta respuesta, la Virgen «abrió sus manos por primera vez, comunicándonos una luz tan intensa, una especie de reflejo que salía de ellas y penetraba en nuestro pecho y en lo más íntimo del alma, haciéndonos ver en Dios, que era esa luz, más clara de lo que nos vemos en el mejor de los espejos. Entonces, por un impulso íntimo también comunicado a nosotros, caímos de rodillas y repetimos con el corazón: Santísima Trinidad, yo te adoro. Dios mío, Dios mío, te amo en el Santísimo Sacramento».

Aquí la Virgen no hizo más que reiterar a los pastorcitos aquellas mismas palabras pronunciadas por Jesús: «Si alguno quiere venir en pos de mí, que se niegue a sí mismo, tome su cruz cada día y me siga. Pues el que quiera salvar su vida la perderá; pero el que pierda su vida por mi causa la salvará. ¿De qué le sirve a uno ganar el mundo entero si se pierde o se arruina a sí mismo?» (Lc 9,23-25). La Virgen también les predijo que, aunque tuviesen que sufrir mucho, la gracia de Dios sería siempre su consuelo. Jesús vino a salvarnos y restaurarnos en gracia, pero aún no ha eliminado el sufrimiento del mundo, pues nos dio libre albedrío porque con nuestras elecciones podemos merecer la vida eterna o no, pero prometió ayudarnos a llevar nuestra cruz si nos encomendamos a él con confianza y amor. El sufrimiento es para nosotros un misterio, a veces incomprensible, pero la gracia de Dios es nuestra fuerza, nuestra esperanza.

San Leopoldo Mandic, cuando se le preguntó cómo entendía las palabras del Señor cuando nos exhortaba a tomar nuestra cruz, respondió: «No hay necesidad de hacer penitencias extraordinarias. Basta con que soportemos con paciencia las tribulaciones ordinarias de nuestra miserable vida: las incomprensiones, las ingratitudes, las humillaciones, los sufrimientos que nos ocasionan los cambios de estación y del ambiente en que vivimos...».

El siglo pasado fue escenario de hechos terribles, como la segunda guerra mundial, los campos de concentración, los Gulags, la explosión de la bomba atómica, la persecución de los mártires cristianos. Todo esto ha suscitado muchas preguntas en el hombre, entre ellas la fundamental: «Pero ¿dónde estaba Dios?». Fue Fátima quien dio la respuesta y la clave de lectura de los acontecimientos que asolaron todo el siglo XX y están afectando también al XXI. Especialmente cuando la Virgen habló del tercer secreto, quiso asegurarnos que Dios no ha abandonado al hombre, sino que siempre ha continuado comprometiéndose con la historia. Esta fue la dimensión profética de Fátima, mostrarnos a un Dios que se preocupa tanto por nosotros que viene a hablarnos a través de María. Fátima nos interpela a que también nosotros nos hagamos responsables de la historia de nuestros hermanos.

También hay una dimensión mística en Fátima, basta con pensar en la oración que el ángel pide inicialmente: «Dios mío, yo creo, adoro, espero y te amo. Te pido perdón por todos los que no creen, no adoran, no esperan y no te aman». Son las tres virtudes teologales: fe, esperanza y caridad, los pilares del sacramento del bautismo. Aquí se pone a Dios en el centro y se recibe una invitación a adorarlo. Los santos son venerados (*dulía*) pero Dios es adorado (*latría*). Aquí se reafirman las principales verdades de nuestra fe, que son que Dios es uno y trino, que la segunda persona de la Santísima Trinidad se encarnó y vivió, murió y resucitó, misterio pascual que se realiza en la eucaristía.

Las oraciones vocales también eran muy importantes para Carlo, que las consideraba un medio muy eficaz para unirse con Dios. Sumergirse en Dios a través del recogimiento y la oración fue para Carlo como entrar al cielo por una puerta secreta y sentarse por un momento en su propio lugar en la eternidad. Carlo tenía un espíritu contemplativo, siempre pensaba en Dios, que se convirtió en la guía de su corazón y de sus acciones.

Para Carlo, un medio muy eficaz para meditar sobre la vida de Jesús era el rezo diario del santo rosario. María vivió con la mirada fija en Cristo, atesorando cada una de sus palabras: «Conservaba todas estas cosas, meditándolas en su corazón» (Lc 2,19). Al rezar el rosario, viviremos estos misterios a través del corazón de María y será más fácil planificar nuestra vida imitando la de Jesús y María. Como decía Carlo: «Al acoger el mensaje del ángel que anuncia el nacimiento del Salvador, con su sí, María nos ha ofrecido la imagen ideal sobre la que modelar también nuestra vida». El fruto sublime de su cooperación en el plan salvífico de Dios fue su maternidad universal: «Por esta razón es nuestra madre en el orden de la gracia» (LG 61). En unión con Cristo y sumisa a él, colaboró a obtener la gracia de la salvación para toda la humanidad, de modo único e irrepetible. «Sufriendo con su Hijo que moría en la cruz, colaboró de manera totalmente singular a la obra del Salvador» (LG 61). Compendio de todo el Evangelio, el rosario nos hace revivir los misterios de la encarnación y de la redención obrados por Jesús con María, para nuestra salvación.

La Virgen María hizo quince promesas especiales al aparecerse al beato Alano de la Roche, monje dominico que vivió en el siglo XV. En 1461 el beato Alano estaba en el convento de Lilla, y recibió las primeras revelaciones de la Virgen María, quien le dijo que difundiera su Salterio y le habló de una Cofradía dedicada a Ella. En una de sus biografías se dice que nuestro fraile «estaba en un estado de gran sufrimiento, pues desde hacía siete años había sido azotado por períodos de gran aridez espiritual y tentaciones carnales». Tanto es así que, en un día no especificado de 1464, mientras residía como lector en el convento de la ciudadela francesa de Douai, «decidió quitarse la vida. Pero la Virgen lo detuvo diciendo: "¿Qué haces, pobre hombre? Si me hubieras pedido ayuda, como lo has hecho en otras ocasiones, no habrías corrido un peligro tan grande"».

Las tentaciones, sin embargo, no habían terminado y el beato estaba resuelto a dejar la vida religiosa, pero la Virgen, una noche, mientras «yacía miserablemente en ardientes gemidos», se le apareció de nuevo y «lo saludó muy dulcemente». Como Madre solícita, se inclinó sobre él y «le colgó al cuello una cadena trenzada de su cabello de la que colgaban ciento cincuenta piedras preciosas, entremezcladas con otras quince, según el número de su rosario». Después de siete años de infierno, comenzó una nueva vida para Alano, y un día, justo cuando estaba rezando, se le apareció de nuevo la Virgen María, dándole quince promesas para quienes rezaran su rosario con devoción:

1. «Aquellos que me sirvan constantemente rezando el rosario recibirán alguna gracia especial.
2. A todos los que recen mi rosario con devoción, les prometo mi especial protección y grandes gracias.
3. El rosario será un arma muy poderosa contra el infierno, eliminará los vicios, liberará del pecado, destruirá las herejías.
4. Hará florecer de nuevo las virtudes y las obras

santas, obtendrá de Dios abundantísimas mise-
ricordias para las almas; sacará los corazones de
los hombres del vano amor del mundo al amor de
Dios y los elevará al deseo de las cosas eternas.
¡Oh, cuántas almas serán santificadas por este
medio!

5. El alma que se me encomiende con el rosario no
perecerá.

6. Quien rece el rosario con devoción meditando los
misterios no será oprimido por las desgracias, no
experimentará la ira de Dios, no morirá de muerte
imprevista, sino que se convertirá si es pecador;
si es justo, perseverará en la gracia y será juzgado
digno de la vida eterna.

7. Los verdaderos devotos de mi rosario no morirán
sin los sacramentos.

8. Quiero que quienes recen mi rosario tengan luz
y plenitud de gracias en la vida y en la muerte;
y que participen en la vida y en la muerte de los
méritos de los bienaventurados.

9. Cada día libero del purgatorio a las almas devotas
de mi rosario.

10. Los verdaderos hijos de mi rosario gozarán de gran
gloria en el cielo.

11. Lo que pidas con el rosario lo obtendrás.

12. Ayudaré en todas sus necesidades a los que difun-
dan mi rosario.

13. He obtenido de mi Hijo que los inscritos en la
Cofradía del rosario tengan como hermanos en la
vida y en la muerte a todos los santos del cielo.

14. Los que rezan mi rosario son mis hijos y hermanos de Jesucristo, mi unigénito.
15. La devoción a mi rosario es un gran signo de pre-destinación».

San Juan Pablo II, para completar la vida de Cristo, introdujo también los misterios luminosos o misterios de la luz, que son una invitación a configurarnos con Cristo, a convertirnos, a transfigurarnos a través de la eucaristía, cuya institución se contempla en el último misterio luminoso, donde todo se cumple en Cristo. Carlo decía que al rezar el rosario revivimos la vida de Jesús y de la Sagrada Familia, que debe convertirse en el espejo en el que modelar también nuestra vida. Jesús es la luz del mundo, es el faro que ilumina el mar de la vida y dirige el camino de nuestras vidas hacia un puerto seguro llamado Trinidad. En cuanto a los demás misterios del rosario, el papa León XIII dijo que, a través de su rezo, el alma rechaza los tres males que obstaculizan su camino hacia Dios: el rechazo de las tareas humildes de la vida cotidiana (misterios gozosos); la aversión al sufrimiento (misterios dolorosos); el olvido de los bienes eternos (misterios gloriosos). Con el rezo del rosario, las fases de la vida de Cristo y de su Madre irán transformando poco a poco nuestra alma. Detrás de cada misterio hay una virtud, y la meditación de esas sagradas palabras ahondará en nosotros y nos hará captar lo que en nosotros no es conforme al santo Evangelio y nos ayudará a comprender qué clase de gracia necesitaremos para continuar nuestro camino. Uno de los más grandes cantores de la Virgen María, san Luis María Grignion de Montfort, autor del *Tratado de la verdadera devoción a la Santísima Virgen María*, escribió: «Recordaos siempre de que en la medida en que más dejareis actuar a María en la Comunión, tanto más será Jesús glorificado. Y dejaréis tanto más actuar a María para Jesús y a Jesús en María, cuanto más profundamente os humillareis y los escuchareis con paz y silencio, sin importaros nada el ver, gustar, ni sentir, pues el justo vive en todo de la fe»[3].

También en Fátima la Virgen pidió a los pastorcitos: «Rezad el rosario todos los días para obtener la paz en el mundo y el fin de la guerra». Muchos son los santos que han recomendado esta oración. Sor Lucía de Fátima dijo que «debido al poder que el Padre le ha dado al rosario en los últimos tiempos, no hay problema personal, familiar, nacional o internacional que no se pueda resolver con el rosario». Incluso san Pío de Pietrelcina, a quien le gustaba rezar todos los días muchos rosarios, en más de una ocasión reiteró a sus hermanos cuál era su testamento espiritual: «Amad a la Virgen y haced que la amen. Rezad siempre el rosario... Hablad del rosario, de mi Santísima Madre, hablad a las almas de los grandes medios de la salvación: la eucaristía y el rosario».

El fundador del Santuario de la Virgen del Rosario de Pompeya, tan amado e invocado por Carlo, escuchó

---

[3] L. M. GRIGNION DE MONTFORT, *Tratado de la verdadera devoción a la Santísima Virgen*, IX, 273, Heraldos del Evangelio, Madrid 2019, 127. (N. de la E.).

una vez a un ángel que le anunciaba: «Si quieres la salvación, propaga el rosario. Es la promesa de María: quien extiende el rosario se salva». Y el santo Cura de Ars decía: «Una sola Avemaría bien dicha hace temblar al infierno». Y para concluir, mi hijo siempre repetía: «Después de la sagrada eucaristía, el santo rosario es el arma más poderosa para combatir al diablo y es la escalera más corta para subir al cielo».

La Virgen María ha renovado esta petición de rezar siempre el rosario a lo largo de los siglos en numerosas apariciones; basta con pensar en Lourdes, Banneaux, Beauraing, Pontmain, La Salette, Laus, Kibeho, por nombrar solo algunas. Carlo también lo recitaba por partes, de camino a la escuela, o en el autobús, o cuando íbamos de paseo. Sabía que la Iglesia concede la indulgencia plenaria si el rosario se reza en familia, o en comunidad, o en la iglesia, o en todo caso acompañado de alguien, y por eso siempre trató de hacerlo respetando estas condiciones para así poder aplicarlo a las almas del purgatorio.

Respecto a la imposibilidad de rezar el rosario con alguien, recuerdo que se había apuntado un episodio relatado en una de las biografías de san Pío de Pietrelcina. Una de sus hijas espirituales, Margherita Cassano, le preguntó un día a san Pío: «Padre, me han dicho que la oración hecha en común es más válida que la rezada sola según lo que dijo Jesús: "Donde dos o tres están reunidos en mi nombre, allí estoy yo en medio de ellos" (Mt 18,20). Rezo el rosario sola en casa, sola en la calle, sola en el trabajo». Y el padre respondió: «¿Y por qué no rezas el rosario con tu Ángel de la Guarda? El Dios te salve, María, se lo encomiendas a él y te reservas desde el Santa María. El Avemaría, como nos ha dicho san Lucas, es el saludo de Dios a María puesto en la boca de un ángel; por eso es bueno y hermoso que los Ángeles Custodios también estén ahí diciéndolo». Así que, desde entonces Carlo decidió imitar a esta piadosa devota y comenzó a recitarlo del mismo modo, invocando a su Ángel de la Guarda. La repetición hace que los misterios desciendan de la mente al corazón. Da ritmo a nuestras oraciones y nos ayuda a elevar el alma al cielo.

San Juan Pablo II, en su Carta apostólica *Rosarium Virginis Mariae*, reitera lo siguiente: «El Rosario nos transporta místicamente junto a María, dedicada a seguir el crecimiento humano de Cristo en la casa de Nazaret. Eso le permite educarnos y modelarnos con la misma diligencia, hasta que Cristo *sea formado* plenamente en nosotros (cf Gál 4,19). Esta acción de María, basada totalmente en la de Cristo y subordinada radicalmente a ella, favorece, y de ninguna manera impide, la unión inmediata de los creyentes con Cristo. Es el principio iluminador expresado por el Concilio Vaticano II, que tan intensamente he experimentado en mi vida, haciendo de él la base de mi lema episcopal: *Totus tuus*. Un lema, como es sabido, inspirado en la doctrina de san Luis María Grignion de Montfort, que explicó así el papel de María en el proceso de configuración de cada uno de nosotros con Cristo: Comoquiera que toda nuestra perfección consiste en el ser conformes, unidos y consagrados a Jesucristo, la más perfecta de la devociones es, sin duda alguna, la que nos conforma, nos une y nos consagra lo más perfectamente posible a Jesucristo. Ahora bien, siendo María, de todas las criaturas, la más conforme a Jesucristo, se sigue que, de todas las devociones, la que más consagra y conforma un alma a Jesucristo es la devoción a María, su Santísima Madre, y que cuanto más consagrada esté un alma a la Santísima Virgen, tanto más lo estará a Jesucristo» (n. 15).

Son muy importantes las últimas palabras que dijo la Virgen al concluir el famoso «secreto» en Fátima: «Al final, mi Corazón Inmaculado triunfará...». Es un mensaje extraordinario de esperanza inquebrantable. Este es el «secreto de los secretos», el alma del mensaje de Fátima, la luz capaz de iluminar con su llama ardiente nuestros tiempos oscuros. Es el secreto que Jacinta recordó a su prima como último testamento, poco antes de ser hospitalizada en Lisboa: «Di a todos que Dios nos concede gracias por medio del Corazón Inmaculado de María. ¡Que la gente le pregunte! Y que el Corazón de Jesús quiere que el Corazón Inmaculado de María sea venerado a su lado...». Es el secreto admirable de la mediación de la gracia y de la misericordia por el Corazón Inmaculado de María. «Es un secreto que casi nadie conoce»[4] y que, sin embargo, se dirige a cada uno de nosotros. Sor Lucía, después de que la Virgen le anunciara

---

[4] L. M. Grignion de Montfort, *El secreto de María*, Claretianas, Madrid 2006, 351. (N. de la E.).

que Francisco y Jacinta pronto serían llevados al cielo y que ella en cambio tendría que quedarse un poco más en la tierra para que se conociese y amase la devoción a su Corazón Inmaculado, confió a su director espiritual: «Siempre recordaré la gran promesa que me llenó de alegría: "Nunca te dejaré sola. Mi Corazón Inmaculado será vuestro refugio y el camino que os conducirá a Dios"». Esta promesa no fue solo para Lucía, sino para todas las almas que voluntariamente se refugien en su Corazón Inmaculado, y se dejen conducir por Ella por los caminos que conducen al cielo. La Virgen quiere ser un refugio espiritual para cada uno de nosotros.

La Conferencia Episcopal Portuguesa, en la nota del Centenario de las Apariciones, se expresó así: «Para los pastorcitos, el Corazón de la Señora era el Santuario de su encuentro con Dios». Carlo hizo la consagración al Corazón Inmaculado de María muchas veces de manera solemne, pero cada día la renovaba rezando esta breve oración: «Corazón Inmaculado de María, me consagro totalmente a Ti, para siempre, con todos mis seres queridos». En su comentario al Mensaje de Fátima, el papa Benedicto XVI, cuando aún era cardenal, confirmó que otra palabra clave del famoso «secreto» era la frase: «Al final mi Corazón Inmaculado triunfará». Lo que significa tener un corazón abierto a Dios, purificado por la contemplación de Dios, que vence las guerras y miserias del mundo. El *fiat* de María, que salió de su corazón, ha invertido el curso de la historia del mundo, que nuestro Salvador nos ha merecido. Gracias a este «sí», Dios ha asumido la naturaleza humana, ha tomado un corazón humano, dando la posibilidad a todos los hombres de todos los tiempos de orientar su libertad hacia el bien, para siempre. La libertad para el mal ya no tiene la última palabra. El maligno no tiene poder para separarnos de Dios si no lo queremos. Jesús nos asegura que ha vencido al mundo (cf Jn 16,33). El mensaje de Fátima nos invita a confiarnos a esta promesa. Los tres pastorcitos experimentaron una visión del infierno durante un momento terrible. Vieron la caída de las «almas de los pobres pecadores». Y la Virgen les explica que han sido expuestos en este momento para «salvarlo» y mostrar a las almas un camino de salvación. En la Primera carta de san Pedro se afirma: «La meta de vuestra fe: la salvación de vuestras almas» (1,9). El Corazón Inmaculado de María se indica como el camino para este fin. La palabra «corazón» en el lenguaje bíblico significa el centro de la existencia humana, donde se toman las decisiones más profundas, donde nuestra voluntad se dirige hacia el bien. El «corazón inmaculado», nos explica el evangelista Mateo, es un corazón que, partiendo de Dios, ha alcanzado una perfecta unidad interior y, por tanto, «ve a Dios» (cf Mt 5,8). La devoción al Corazón Inmaculado de María es «acercarse a esta actitud del corazón, en la que el *fiat* –hágase tu voluntad– se convierte en el centro anunciador de toda la existencia». El cardenal Pierre de Bérulle escribió sugerentemente que el *fiat* de María fue mucho más importante para nosotros que el *fiat* pronunciado por Dios durante la creación, porque «si por el último creó el mundo, por el primero hizo presente al mismo autor del mundo».

Recuerdo que durante el Jubileo del año 2000, con motivo de la fiesta de la Virgen del Rosario en octubre, logramos conseguir entradas para participar en la ceremonia que se celebró al aire libre, en la Plaza de San Pedro, en presencia de san Juan Pablo II, que había convocado a todo el episcopado mundial para consagrar el milenio a la Virgen de Fátima y a su Corazón Inmaculado. También habíamos invitado a su primo de Roma, Umberto, para que viniera con nosotros, junto con su madre y su padre. Carlo quedó muy impresionado por aquella ceremonia y estoy segura de que en su corazón rezaba intensamente por muchas intenciones, por todos los jóvenes y para que el mundo se acercara más a Dios, reservándole ese culto de alabanza y adoración que se debe solo a él. Carlo se conmovió al ver a tantos obispos rezando frente a la imagen de Nuestra Señora de Fátima que había venido especialmente de Portugal. Durante su vida realizamos siete actos de encomienda a la Virgen de Pompeya, que no es otra que la Virgen del Rosario, completada con la bendición de un sacerdote.

En la calle San Antonio de Milán hay una pequeña iglesia donde un sacerdote, que forma parte de la *Asociación Maria Riparatrice*, celebra la misa todos los domingos e inmediatamente después consagra a la Virgen a los fieles que lo desean. En memoria del acto de encomienda, al final de la ceremonia se entrega a todos una medalla milagrosa con una cinta azul, el color de María. Carlo había coleccionado muchas de esas medallas. Recuerdo que una vez, desde Roma, vinieron a visitarnos unos primos romanos para pasar las fiestas navideñas con nosotros. Carlo insistió mucho en que ellos hicieran la consagración a la Virgen en esa pequeña iglesia. Recuerdo que fue un día memorable, porque inmediatamente después de haber hecho la consagración, cruzando la Plaza de la Catedral, se nos acercaron algunos jóvenes que pertenecían a la obra del hermano Ettore, un santo sacerdote que dedicó toda su vida a acoger a los hombres y mujeres sin domicilio fijo, y cuya causa de canonización está en curso. Estos jóvenes tenían muchos rosarios en sus manos y nos dieron muchos de ellos. Carlo y sus primos lo vieron como una señal de la alegría de la Virgen, que, a través de esos regalos inesperados, nos invitaba a todos a rezar el Santo Rosario y a difundir esta devoción.

En 2017 fui con mis hijos Francesca y Michele a renovar la consagración a la Virgen en esta pequeña iglesia de Milán. Nuevamente, recibimos una hermosa señal. Acabábamos de hacer la consagración y nos dirigíamos hacia el coche. Mientras atravesábamos la Plaza del Duomo, no sé por qué me atrajeron los carteles expuestos fuera del Museo del Novecento. Sentí que tenía que llevar a los niños a verlo. Para nuestra gran sorpresa, al entrar al museo, casi chocamos con la postuladora de la causa de canonización de los pastorcitos de Fátima, sor Ángela Coehlo, que salía. Ya había tenido el placer de conocerla con motivo de la exposición que habían hecho en el Santuario de Fátima en 2016, por el centenario de las apariciones, en la que el rosario y la mochila que pertenecían a Carlo estaban expuestos y colocados junto a unos objetos de sor Lucía. Esta monja forma parte de una orden nacida en 1974, *Aliança de Santa Maria,* que continúa la espiritualidad de Fátima difundiendo el rezo del rosario y los llamamientos de la Virgen a la reparación y consagración a su Corazón Inmaculado. Sor Ángela había venido a Milán por motivos de trabajo y también a ella se le había ocurrido ir a visitar el Museo. El hecho de encontrarla tan inesperadamente, además en Milán, me pareció un signo de la Providencia y una confirmación de que la Virgen desea que las personas se consagren a su Corazón Inmaculado.

Carlo decía que es muy importante ayudar a la Virgen a acompañar a las personas a encomendarse a su Corazón Inmaculado, «puerto de salvación para todos los náufragos de este mundo», como lo definió sor Lucía.

El 13 de julio de 1917 la Virgen María entregó un «secreto» a los tres pastorcitos dividido en tres partes: las dos primeras fueron dadas a conocer en 1942, mientras que la última parte fue revelada en el año 2000, por decisión del papa Wojtyla, con un comentario del entonces cardenal Joseph Ratzinger, entonces prefecto de la Congregación para la Doctrina de la Fe. La primera y la segunda parte del secreto contienen la aterradora visión del infierno, la devoción al Corazón Inmaculado de María, la segunda guerra mundial y los problemas causados al mundo por Rusia y el ateísmo comunista. La tercera parte muestra la imagen de los sufrimientos de la Iglesia y del Papa, en quien se reconoció el papa Juan Pablo II.

El 15 de septiembre de 1943, monseñor José Alves Correia da Silva, obispo de Leiria, visitó a Lucía, que se encontraba muy enferma. Temiendo que su muerte fuera inminente, le ordenó que escribiera el «tercer secreto» completo. Antes de partir definitivamente de Fátima, la aún joven Lucía tuvo una visión de la Virgen María, quien le dijo que de ahora en adelante debía seguir siempre lo que el obispo le dijera que hiciera, porque en él se manifestaría siempre sobre ella la voluntad de Dios. En los meses siguientes intentó cumplir la orden cinco veces, entre noviembre y diciembre, pero no pudo escribir nada: «No sé qué es, pero, cuando trato de llevar la pluma al papel, mi mano empieza a temblar y no puedo escribir ni una palabra: me parece que no es un nerviosismo natural, porque, cuando empiezo a escribir algo diferente, mi mano está quieta. Me parece que ni siquiera es miedo moral, porque mi conciencia obra según la fe, y creo que es Dios quien me dice que lo haga a través de Su Excelencia. Y no sé qué hacer».

Finalmente, el 3 de enero de 1944, sor Lucía finalmente pudo hacerlo: «Me arrodillé junto a la cama, que, a veces, sirve de mesa para escribir, y volví a intentarlo, sin poder hacer nada; lo que más me impresionó fue que fácilmente podía escribir cualquier otra cosa. Entonces le pedí a Nuestra Señora que me hiciera saber cuál era la voluntad de Dios y me dirigí a la capilla. Sentí entonces que una mano amiga, afectuosa y maternal tocaba mi hombro, levanté la mirada y vi a la querida Madre celestial». La Virgen María le dijo: «No temas, ya que Dios ha querido probar tu obediencia, fe y humildad; ten calma y escribe lo que te ordenen, pero no lo que te den a entender de su significado. Después de haberla escrito, métela en un sobre, ciérralo y séllalo y escribe en el exterior: "puede ser abierto en 1960 por el cardenal patriarca de Lisboa o por el obispo de Leiria"».

En ese momento Lucía volvió a tener una visión: «Sentí el espíritu inundado por un misterio de luz que es Dios y en Él vi y oí: la punta de la lanza como una llama que se estira hasta tocar el eje de la tierra; y se estremece: montañas, ciudades, pueblos y aldeas con sus habitantes están enterrados; el mar, los ríos y las nubes salen de las riberas, se desbordan, inundan y arrastran en un vórtice un número incalculable de casas y personas: es la purificación del mundo del pecado en que se ha sumergido; ¡el odio, la ambición provocan una guerra destructiva!; luego en el latido acelerado y en mi espíritu escuché el retumbar de una dulce voz que decía: "Con el tiempo, una sola fe, un solo bautismo, una sola Iglesia, santa, católica, apostólica. En la eternidad, el cielo". La palabra "cielo" llenó mi alma de paz y felicidad, hasta tal punto que, casi sin darme cuenta, estuve repitiendo por mucho tiempo: "el cielo, el cielo". Tan pronto como pasó esa fuerza sobrenatural abrumadora, me puse a escribir y lo hice sin dificultad, el 3 de enero de 1944, de rodillas, apoyada en la cama que me servía de mesa».

Sin duda las frases que se leen en el diario de Lucía del 3 de enero son muy intensas y dramáticas, con las imágenes de las aguas que desbordan y matan. Ya en una carta que había escrito seis años antes, la vidente había descrito imágenes aún más intensas y perturbadoras. A finales de 1937, el obispo Correia da Silva envió a Lucía, para verificar que el contenido fuera correcto, el borrador de la biografía sobre Jacinta escrita por José Galamba de Oliveira, cuya primera edición se publicó en mayo de 1938. En la respuesta a dicha carta, Lucía mencionó algunos detalles que entendemos estaban relacionados con el secreto. En su carta, Lucía se lamentaba diciendo: «Si al menos el mundo reconociera el momento de gracia que aún se le está concediendo e hiciera penitencia»; luego la confianza: «Veo, en la luz inmensa que es Dios, estremecerse la tierra y temblar ante el soplo de su voz: ciudades y pueblos sepultados, arrasados, tragados; montañas de gente indefensa. Veo las cataratas entre truenos y relámpagos, los ríos y los mares que se desbordan y se inundan y las almas que duermen el sueño de la muerte...». La frase termina con puntos suspensivos, semejantes al «etc.» que leemos al final de la segunda parte del secreto, después de la anotación sobre Portugal aparecida en la *Memoria* IV, donde Lucía dice que conservará siempre el dogma de la fe.

Sor Lucía dijo una vez: «Padre, mi misión no es mostrar al mundo el castigo material que ciertamente le espera, si no se convierte a tiempo en la oración y la penitencia. No. Mi misión es recordarnos a cada uno de nosotros el peligro de perder nuestras almas inmortales, si persistimos en el pecado». En la *Documentação Crítica de Fátima*, se relatan los interrogatorios a los que el Dr. Formigão sometió a los videntes. En el capítulo de la aparición del 13 de octubre de 1917, en la página 40, se relatan las palabras de Jacinta: «Y tomando un aspecto más triste: *"¡Que no ofendan más a Nuestro Señor, que ya está muy ofendido!* Si la gente cambia, la guerra terminará, si ellos no cambian, el mundo terminará"». También en el interrogatorio del 19 de octubre de 1917, realizado por el padre Manuel Nunes Formigão en la casa de los videntes Francisco y Jacinta, esas palabras se encuentran textuales y son pronunciadas por Jacinta, en su octava respuesta. El mismo día, el padre José Ferreira de Lacerda también interrogó a los niños. Y el informe fue un documento en el que aparecía lo mismo en la vigésima segunda pregunta: «*¿Qué dijo Nuestra Señora?* Lo que dijo Nuestra Señora», responde de nuevo Jacinta con ese concepto: «Si las personas no se enmiendan, el mundo se acabará». Finalmente, entre los documentos recogidos en esos volúmenes hay una carta del padre Manuel Pereira da Silva, presente en aquella aparición del 13 de octubre de 1917 en Cova da Iria, en la que informa a su amigo el padre António Pereira de Almeida –de testigo ocular y auricular– que había oído hablar a los niños del «fin del mundo» si la humanidad «no hace penitencia y cambia de vida».

La hora del triunfo del Corazón Inmaculado de María coincidirá con el advenimiento del Reino universal del Sagrado Corazón de Jesús, es decir, de Jesús eucaristía. Como dijo san Maximiliano Kolbe: «Los tiempos modernos están dominados por Satanás, y lo estarán aún más en el futuro. Solo la Inmaculada ha recibido de Dios la promesa de la victoria sobre el demonio.

Sin embargo, desde que ella está en el cielo, necesita nuestra colaboración. Busca almas que se consagren enteramente a Ella y se conviertan en sus manos en instrumentos para vencer a Satanás y para realizar el reino de Dios». En Pentecostés se formó la Iglesia y María estuvo presente y maternalmente la sigue acompañando, para interceder por el nuevo pueblo de Dios. Seguir el Corazón Inmaculado de María significa renunciar a juzgar a los demás, acción que nace del amor propio. Significa aprender de ella a negarse a sí mismo: «No juzguéis, para que no seáis juzgados. Porque seréis juzgados como juzguéis vosotros, y la medida que uséis, la usarán con vosotros. ¿Por qué te fijas en la mota que tiene tu hermano en el ojo y no reparas en la viga que llevas en el tuyo? ¿Cómo puedes decirle a tu hermano: Déjame que te saque la mota del ojo, teniendo una viga en el tuyo? Hipócrita: sácate primero la viga del ojo; entonces verás claro y podrás sacar la mota del ojo de tu hermano» (Mt 7,1-5).

Carlo solía decir que «todo bautizado es profeta». Profeta en el sentido verdadero, preciso, exacto y completo de testigo del mañana. Testimonio con la fe valientemente profesada, con la esperanza incesantemente vivida y con la caridad más vivamente cultivada y expresada. Es decir, las virtudes teologales que ha infundido el bautismo deben ser cultivadas y fecundadas en el ejercicio diario de las virtudes y en la lucha siempre diaria contra los defectos. Los demás deben darse cuenta de que tienen delante y al lado personas que viven su espiritualidad, una espiritualidad sufrida y ofrecida. El cristiano es profeta si consigue influir en su entorno de tal manera que lo transforme radicalmente. Para Carlo, «ser profeta es dar al mundo la prueba de que uno está en contacto continuo, eficiente y eficaz con el cielo. Contacto evidenciado por la sonrisa, la disponibilidad, la paciencia, la comprensión, el inteligente saber comprender al otro. Contacto profético, es decir, sobrenatural. La profecía es la documentación de la vida en gracia. La profecía es testimonio del Evangelio hecho vida y vitalidad... La vida cotidiana debe situarse en el clima del bautismo. Esta atmósfera es otro aire, otro clima, otra área, otra zona. Si se entra en este orden de ideas y de ideales, la evangelización se convierte en un hecho nuevo y renovador. Se habla mucho de la nueva evangelización. Es esta. No otra».

Además de su Corazón Inmaculado y el santo rosario, la Virgen María nos ha regalado numerosas fuentes de agua milagrosas, como la de Lourdes, Caravaggio, Collevalenza y muchas otras. En estos manantiales la Virgen quiere invitarnos a volver a vivir la gracia bautismal, asociándoles extraordinarias propiedades taumatúrgicas de curación tanto física como espiritual. Santa Bernardita decía sobre el agua que brotaba de la gruta de Lourdes: «Se toma el agua como una medicina... hay que tener fe, hay que orar: ¡esta agua no tendría virtud sin la fe!». Para encontrar la fuente, Bernardita tuvo que cavar en el suelo en medio del barro y la tierra, símbolo de lo que cada uno de nosotros debería hacer dentro de sí mismo. Si somos capaces de hacer una seria introspección y análisis de conciencia, será una consecuencia lógica querer empezar a hacer un camino serio y sincero de conversión para eliminar ese «barro» y esas imperfecciones que nublan nuestra alma. El gesto de cavar para encontrar la fuente del agua equivale a cavar dentro de nosotros para quitar esos residuos de polvo del pecado, en los que si no estamos muy atentos, caeremos todos los días. En cada persona hay una «fuente de agua viva» escondida por descubrir: la imagen y semejanza de Dios, cubierta y mancillada por el pecado. Esa invitación de Nuestra Señora a Bernardita: «Vete a beber a la fuente y a lavarte» es lo mismo que también nos hace a nosotros. Carlo supo aprovechar estos lugares de gracia. Muchas veces hemos ido a Lourdes, Collevalenza, Caravaggio, la Madonna del Pozzo en Roma, Montichiari, Banneux y a muchos otros lugares, para beber estas aguas santificadas por la Virgen.

Carlo decía que lo que realmente importa es la curación del alma, de nuestro corazón. Para mi hijo eran muy importantes las curaciones físicas que tienen lugar en estos lugares, pero lo que realmente hace que estos lugares sean especiales es que a través de ellos el Señor nos ofrece la posibilidad de arrepentirnos y comenzar una nueva vida a partir de la Resurrección. En estos lugares ha habido curaciones asombrosas, cuerpos regenerados, paralíticos que han vuelto a caminar, ciegos que han recobrado la vista, sordos que han vuelto a oír, mudos que han vuelto a hablar. Pero también ha habido conversiones de médicos y científicos, incluidos dos premios Nobel. El primero fue Alexis Carrel, premio

Nobel de medicina, que era agnóstico, pero que, tras ir a Lourdes en 1903, como médico, acompañando a varios enfermos, se convirtió tras ser testigo presencial de la inexplicable curación de una joven enferma terminal. Como escribió Luis Pasteur: «Un poco de ciencia nos aleja de Dios, mucha ciencia nos acerca a Él». Luc Montagnier, que fue director del Instituto Pasteur, descubridor del virus del VIH y premio Nobel de medicina, escribió: «Sobre los milagros de Lourdes que he estudiado, en realidad creo que es algo que no se puede explicar... Yo no me explico estos milagros, pero reconozco que hay curaciones que la ciencia actual no comprende».

«El que bebe de esta agua vuelve a tener sed; pero el que beba del agua que yo le daré nunca más tendrá sed: el agua que yo le daré se convertirá dentro de él en un surtidor de agua que salta hasta la vida eterna» (Jn 4,13-14). Todas estas fuentes son un recuerdo de nuestro bautismo. Así como nos dice la Escritura en el libro del Génesis: «La tierra estaba informe y vacía; la tiniebla cubría la superficie del abismo, mientras el espíritu de Dios se cernía sobre la faz de las aguas» (1,2). La gracia se nos comunica a través de estas aguas milagrosas, si actuamos de buena fe y estamos sinceramente dispuestos a hacer un camino de conversión. Es palmaria la aparición de la Virgen María en Venezuela, en Guanare, en 1651, al nativo Coromoto, donde María habló explícitamente del sacramento del bautismo: «Vete a la casa de los blancos, para que te pongan agua en la cabeza para poder ir al cielo».

En este lugar, la Virgen María quiso dejar una señal concreta. E imprimió su imagen en un pequeño pergamino que aún hoy se puede venerar en el santuario dedicado a ella, tal como sucedió unos cien años antes en Guadalupe, México, en 1531, donde la Virgen imprimió su imagen en el manto de san Juan Diego, conocido como la Tilma.

13

«La eucaristía es mi autopista al cielo»

En las *Admoniciones* escritas por san Francisco de Asís y contenidas en las *Fuentes franciscanas* leemos: «Ved que diariamente se humilla, como cuando desde el trono real descendió al seno de la Virgen; diariamente viene a nosotros El mismo en humilde apariencia; diariamente desciende del seno del Padre al altar en manos del sacerdote. Y como se mostró a los santos apóstoles en carne verdadera, así también ahora se nos muestra a nosotros en el pan consagrado. Y lo mismo que ellos con la vista corporal veían solamente su carne, pero con los ojos que contemplan espiritualmente creían que Él era Dios, así también nosotros, al ver con los ojos corporales el pan y el vino, veamos y creamos firmemente que es su santísimo cuerpo y sangre vivo y verdadero. Y de esta manera está siempre el Señor con sus fieles, como Él mismo dice: Ved que yo estoy con vosotros hasta la consumación del siglo (Mt 28,18-20)»[1].

---

[1] FRANCISCO DE ASÍS, *El cuerpo del Señor, Admonición Primera*, tomado de https://www.vatican.va/spirit/documents/spirit_20010612_francesco-assisi_sp.html. (N. de la E.).

Jesús promete estar siempre con nosotros. Esta es la alianza nueva y definitiva con la que Dios se une a su pueblo. Dios Padre lo había revelado a través de su mensajero: «Mirad: la Virgen concebirá y dará a luz un hijo y le pondrá por nombre Enmanuel, que significa Dios-con-nosotros» (Mt 1,23). El profeta Isaías también escribió: «Pues el Señor, por su cuenta, os dará un signo. Mirad: la Virgen está encinta y da a luz un hijo, y le pondrá por nombre Enmanuel» (Is 7,14).

Así comentaba Carlo las palabras de Jesús cuando promete «estar siempre con nosotros» hasta el fin del mundo. «El *con vosotros* significa la existencia de dos. El *con* significa vida juntos. Y vida en común significa: convivencia, compartir, colaboración, planes para dos, interacción, armonías organizativas, preguntas y respuestas, actividades concertadas, ideas innatas, ideales perseguidos juntos, valores vividos juntos, valores defendidos juntos, valores mejorados juntos. El *con vosotros* es el tabernáculo entendido, es el tabernáculo ayudado, es el tabernáculo colaborador. Las dos palabras deben cobrar vida. Y cobran vida si son vida por dentro. Al tomar conocimiento del tabernáculo, reapropiándose del tabernáculo, administrando el tabernáculo, maniobrando el tabernáculo, es cuando finalmente tiene lugar el *con vosotros*. El programa trinitario hacia el ser racional es claro: elevación al estado sobrenatural, adopción de hijo, herencia de la coeternidad». Dios había dicho a Moisés: «Yo estoy contigo» (Éx 3,12), y Jesucristo nos lo repite a cada uno de nosotros, bautizados en su nombre, que tratamos de vivir observando su Evangelio. Carlo era tan consciente de esto que puso toda su existencia en el encuentro diario con Jesús a través del Santísimo Sacramento.

Para comprender la espiritualidad de Carlo, hay que adentrarse en el misterio eucarístico. Desde que hizo su primera comunión a la edad de siete años, comenzó a ir a misa y a hacer la adoración eucarística, antes o después de ella, todos los días. Decía: «Si reflexionamos detenidamente, somos mucho, mucho más afortunados que los que vivieron junto a Jesús en Palestina hace más de 2.000 años. Los apóstoles, los discípulos, la gente de aquellos tiempos podían encontrarse con él, tocarlo, hablarle, pero estaban limitados por el espacio y el tiempo. Muchos tenían que caminar kilómetros para encontrarlo, pero no siempre era posible acercarse a él, porque siempre estaba rodeado de multitudes. Pensemos en Zaqueo, que se subió a un árbol para verlo. A nosotros, en cambio, nos basta con ir a la iglesia más cercana, y ya tenemos Jerusalén al lado de nuestra casa». Y en otra ocasión: «Las personas que vivían al lado de Jesús no podían alimentarse de su Cuerpo y de su Sangre como podemos hacerlo nosotros. No pudieron hacer la adoración eucarística a través de la cual Jesús nos transfigura y nos asimila cada vez más a Él. Es Él quien nos dijo: "Sed perfectos, como vuestro Padre celestial es perfecto" (Mt 5,48). Es Él quien, oculto en la eucaristía, nos da todo de sí mismo, su cuerpo, su sangre, su alma y su divinidad y nos ayudará a realizar nuestra santificación. Jesús nos invita a ir a Él: "El que tenga sed, que venga a mí y beba el que cree en mí;

como dice la Escritura: de sus entrañas manarán *ríos de agua viva*" (Jn 7,37-38)».

Para san Ignacio de Antioquía, la eucaristía era una «droga de inmortalidad». Para mi hijo, la eucaristía era lo más sobrenatural que existe en la tierra, porque en ella está presente Dios, nuestro Creador. Decía que «si la gente entendiera la importancia de la eucaristía, habría tantas colas para ir a comulgar que ya no sería posible entrar en las iglesias».

Fue Monseñor Pasquale Macchi, secretario personal del papa Pablo VI, quien garantizó personalmente la madurez de Carlo y su formación cristiana como condición para anticipar el primer encuentro con Jesús. Él nos aconsejó que celebráramos el sacramento en un lugar que favoreciera el recogimiento interior, el silencio del alma, la unión del espíritu con Dios. Así, el 16 de junio de 1998, en un espléndido día soleado, lleno de luz y de alegría, cuando Carlo tenía apenas siete años, acudimos al Monasterio de Bernaga, en Perego, para este importante acontecimiento.

Es difícil decir qué sentimientos tuvo mi hijo. Y cuáles experimentamos nosotros. Ciertamente la unión con Jesús eucaristía fue desde ese momento el corazón de los días de Carlo. A partir de ese día empezó a ir a misa todos los días. Para él la relación con el Cuerpo de Cristo se había convertido en VIDA. En misa dialogaba con Él, le hablaba y escuchaba sus palabras, sacaba inspiración y energía para todo lo que hacía. Su creatividad, su energía constructiva, brotaba de la misa diaria. Recuerdo muchas cosas del día de su primera comunión, incluido el viaje en coche que hicimos desde Milán. Poco antes de llegar a las monjas, mientras subíamos la cuesta que lleva al monasterio, un pastor con un cordero blanco se cruzó por la carretera. Mi marido se vio obligado a detener el coche. Recuerdo la sonrisa de Carlo, su rostro alegre. Le gustaban mucho los corderitos. Tanto es así que decía que aquel corderito que aparecía de la nada le parecía como una señal que había llovido del cielo, como un pequeño regalo totalmente para él. Estaba radiante. Carlo era consciente de lo que iba a hacer. La eucaristía se convirtió en algo tan importante para él que declaró: «Estar siempre unido a Jesús, este es mi programa de vida». En su ordenador, después de su muerte, encontré escritas estas palabras: «Amar el mañana es dar hoy el mejor fruto». Y ciertamente Carlo se encomendó a la eucaristía para madurar esos frutos gracias a los cuales se nos abren de par en par las puertas del cielo. La entonces madre superiora del monasterio, la madre Maria Emanuela, a quien Carlo había permanecido muy unido durante toda su vida terrena, nos hizo una hermosa descripción de aquel memorable día: «Conservo muy vivo su recuerdo en mí, al igual que lo está en toda la comunidad monástica, avivado por su repentina subida al cielo, de aquel 16 de junio de 1998, martes después a la solemnidad del *Corpus Domini,* día en que Carlo recibió su primera comunión en el altar de nuestra iglesia monástica, en forma privada, pues aún no tenía la edad marcada para acercarse al sacramento de la eucaristía con sus compañeros, pero ya estaba preparado y dispuesto a hacerla.

Sereno y tranquilo durante el transcurso de la Santa misa, comenzó a mostrar signos de impaciencia a medida que se acercaba el momento de recibir la Sagrada Comunión. Con Jesús en su corazón, después de sostener la cabeza entre sus manos por un corto tiempo en actitud serena, comenzó a moverse como si ya no pudiera quedarse quieto. Parecía que algo había sucedido en él, solo conocido por él, algo demasiado grande que no podía contener... Las monjas más cercanas al altar no pudieron evitar mirarlo con profunda emoción, aunque a través de las finas cortinas de la reja, y adivinar que Carlo había cumplido el deseo de una larga espera. Y aquello se quedó grabado en el corazón de todas. Me llamó la atención su armonioso desarrollo físico, pero más aún la claridad de su mirada, el brillo de su sonrisa y la paz que se vislumbraba en su rostro, de rasgos tan hermosos. Se presentaba como un chico distinguido pero no refinado; sencillo y libre en su forma de expresarse, y siempre muy educado. Recuerdo que al dirigirse a sus padres lo hacía con una espontaneidad filial, muy cordial, pero igualmente respetuosa, que me atrevo a decir que se ha perdido un poco hoy día... También me impresionó mucho que Carlo, tanto en esa ocasión como en las siguientes, antes de irse, me pedía siempre que lo acompañara con la oración, para que pudiera llevar a cabo los proyectos que el Señor tenía para él en su vida de estudiante y de un joven perteneciente a una época histórica como la nuestra...».

Ya en el monasterio de Bernaga, en Perego, Carlo había demostrado que había recibido este mensaje. Era uno de los «lugares del silencio» de su tierra natal, en lo alto de una montaña donde cada palabra que escuchas adquiere significados especiales. Le impresionaron unas frases escritas por la madre Maria Candida Casero, fundadora de las monjas romitas de la Orden de San Ambrosio de Nemus: «El Espíritu Santo es un fuego que se adhiere fácilmente a las almas purificadas, como el fuego natural a las hojas secas. El cuerpo del Señor está sobre la mesa. Allí está su hermoso corazón, reposando sobre las llamas y flamas que brotan: ¡sumérjete en Él! Comulgar todos los días te da todo esto. En la resurrección, el alma de Jesús dio vida a su cuerpo; en la sagrada comunión el cuerpo de Jesús da vida a tu alma... Dios hecho sacramento. ¿Has profundizado alguna vez en esto? Él está verdaderamente vivo; y durante siglos las ataduras del diablo lo han mantenido siempre atado como víctima... ¡Bebe de la Santa Hostia la pureza, la vida! Que tu cielo también la contemple en espíritu. Deléitate en el Señor, y Él te concederá lo que le pidas. Donde esté tu tesoro, allí estará tu corazón. Jesús, tu tesoro, está sentado a la diestra del Padre y habita en el tabernáculo santo. Aquí cierras tu corazón, tus pensamientos al cielo. No querer saber ni buscar las cosas celestiales... Un día sin comunión se puede comparar a un día sin sol, sin pan, sin sonrisa, sin descanso. Ora para que esto nunca suceda por tu culpa... Este "pan suprasustancial" tiene el sabor de todas las virtudes. Acuérdate de recibirlo, anhela adquirir una y otra virtud, y sé dócil a sus instrucciones... Cuando escuches la santa misa, también tú eres el oferente del sacrificio y esa preciosa sangre es también tuya... Sumérgete en Él, con plena confianza, y te comunicará el ardor de sacrificarte generosamente. Tu admiración sagrada, ante tu Dios eucarístico, se renueva siempre: ¡el cuerpo del Señor está allí! ¡Allí está su hermoso corazón, llamas que brotan! Su alma inmensa está allí, un mar de luz y de santidad. Comulgar todos los días nos da todo esto... ¿Sería demasiada locura de amor? Esa pequeña Hostia sería capaz de incendiar el mundo: ¡tú también debes arder! Es capaz de herir más que una espada afilada: ¡entrégale tu corazón! La eucaristía es todo el cielo caído aquí en el exilio. Cuando vayas a la iglesia piensa: ¡voy al paraíso! La eucaristía es una llama: gira siempre amorosamente en torno a esta llama, y acabarás cayendo como una pequeña mariposa eucarística y quedarás incinerado. Todo lo encontrarás en esa pequeña Hostia, porque ahí está el Todo. Es una palanca para elevarte a la santidad, una chispa para encenderte, un lavado para tus manchas, un suplemento para tus carencias, una puerta que te introducirá en el cielo. El alma eucarística no solo vive de Jesús eucaristía, diariamente en la Sagrada Misa, sino que también procura mantener su pensamiento y su afecto ante el trono eucarístico: ¡siempre! Cuida también de inculcar las virtudes de la Hostia santa en todos tus actos».

Hizo suyas estas palabras. No fue casualidad que Carlo hiciera su primera comunión precisamente en este monasterio, donde se respiraba esta misticismo eucarístico tan fuerte. El hecho de que el destino de Carlo estuviera ligado por la Divina Providencia a estas santas monjas, que han seguido siempre orando por él, incluso después de su muerte, creo que es una señal del cielo, y la confirmación de cómo la espiritualidad de Carlo estaba ligada a la eucaristía desde el principio. Estas monjas, que viven en silencio y oración todo el día, siguen los acontecimientos del mundo y de las personas que habitan el mundo con una profundidad y dedicación únicas, y Carlo estaba muy interesado en ser ayudado por sus oraciones. Fue increíble cómo estuvieron siempre al tanto de los acontecimientos de Carlo, aun permaneciendo siempre dentro de los muros de su propio monasterio. Carlo las quería muchísimo. Una vez más lo que atrajo a mi hijo de este monasterio fue la vida totalmente unida a la eucaristía que allí llevaban las monjas. Estaba fascinado por su unión con Jesús, de alguna manera él también quería vivir con la misma intensidad. Después de haberlas conocido escribió: «Cuantas más eucaristías recibamos, más nos asemejaremos a Jesús y ya en esta tierra esperaremos el paraíso». Evidentemente, fueron estas monjas, a las que Carlo definió como «tabernáculos vivientes», quienes lo inspiraron. Carlo se detenía a menudo para adorar a Jesús en la eucaristía. A sus amigos les pedía que intentaran hacer como él: «Hacedlo como yo —les decía— y veréis qué revolución se desencadena en vuestro interior». De aquí, de este profundo apego a la eucaristía, nacía también su amor por los pequeños, por los últimos, por los pobres. Estoy segura de que muchas de aquellas personas sin techo que acudieron a su funeral habían conocido a Carlo gracias al impulso que le había dado a Carlo el encuentro diario con Jesús en la eucaristía, en el que Dios, entregándose a nosotros, nos enseña a entregarnos nosotros mismos a los demás. Como escribió santa Teresa de Calcuta: «Si no sabéis reconocer a Cristo en los pobres, no podréis encontrarlo ni siquiera en la eucaristía. Una sola fe, idéntica, igual, ilumina ambas cosas».

Cuando en el *Padrenuestro* decimos «danos hoy nuestro pan de cada día», el adjetivo «cada día» en griego es un derivado compuesto por ἐπι-ουσία, donde ἐπι significa «arriba» y ουσία «sustancia». Solo figura dos veces en la Biblia griega, en las dos versiones del Padrenuestro. Se traduce con el término «de cada día», pero también podría aludir al pan «suprasustancial», al pan «del mundo venidero», como subrayó el papa Benedicto XVI: «[Es] el pan de la vida eterna, del nuevo mundo, que ya se nos da hoy en la santa misa, para que desde ahora el mundo futuro comience en nosotros. Por tanto, con la Eucaristía el cielo viene a la tierra, el mañana de Dios desciende al presente, y en cierto modo el tiempo es abrazado por la eternidad divina»[2].

Siguiendo con este tema, entre las notas de Carlo encontré esta hermosa meditación para explicar a la gente cómo verdaderamente, en nuestro planeta, la Santísima Trinidad realmente se ha instalado entre nosotros desde hace más de 2.000 años: «Y el Verbo se hizo carne... asumiendo la naturaleza humana, asocián-

---

[2] BENEDICTO XVI, Concelebración eucarística en la Solemnidad del Corpus Christi. Homilía. Atrio de la basílica papal de San Juan de Letrán, jueves 11 de junio de 2009. (N. de la E.).

dola a la naturaleza divina en una sola persona divina...
y vino a habitar entre nosotros. Pero el término habitar
no debe entenderse en el sentido común de tener una
residencia, de tener su casa en esta tierra. No es esto.
Cuando usamos este término, habitar, instintivamente
pensamos en algo así: ha adquirido una casa en un de-
terminado lugar. Este término, habitar, es un término
que lleva a conclusiones terriblemente reduccionistas.
El verbo habitar, que es un verbo latino, proviene del
verbo haber, que significa tener, pero tiene muchas
otras acepciones como verbo auxiliar. Quiere decir... de
repente... tener, pero quiere decir guardar, frecuentar,
quiere decir poseer, quiere decir santificar, quiere decir
asimilar, quiere decir connatural, quiere decir hermanar,
y muchas otras cosas... Por tanto, tenemos que tomar
este término, Habitó entre nosotros, como un término
mucho más general, mucho más universal, mucho más
amplio, infinitamente más amplio; por lo tanto, cuando
digo: ... y el Verbo se hizo carne y habitó entre nosotros,
digo algo en sí mismo muy simplista, que no traduce
el pensamiento del verbo inspirado por el evangelista
Juan, que al escribir por medio del Espíritu Santo quería
decir muchas cosas. Cuando Jesús asumió la naturaleza
humana y se hizo Hombre, bajó a este planeta, no como
un extraterrestre, sino como "Uno" que, habitando fuera del tiempo y del espacio, entró, con la naturaleza, en
el tiempo y en el espacio y se la ha incorporado, como
asimilada, como innata, como hermanada. Así Jesús se
hizo, como dice el apóstol Pablo: "Todo en todos...", y
entonces tomó de este planeta la verdadera realidad,

la verdadera sustancialidad; este planeta Tierra que es parte de la creación, por lo tanto del universo.

Antes de la encarnación, la humanidad, prisionera de la culpa original y actual, había avanzado a lo largo de los siglos en un abismo que parecía insondable, infranqueable. Pero, en cierto punto, el "amor" prevaleció sobre la "justicia", la "misericordia" prevaleció sobre el "castigo" y el pecado fue vencido por la encarnación... Este planeta que ha visto en Ti, desde hace una generación, a la segunda persona de la Santísima Trinidad, encarnada, desde hace más de veinte siglos, ya no es el de antes. Sí, astronómicamente, científicamente, geológicamente, puede ser el planeta que era antes, pero, desde el punto de vista del evangelio, de la encarnación, ya no es el planeta que era antes, es un planeta que se ha incorporado en la eternidad, en un plan divino, por el cual estamos verdaderamente involucrados, desde hace veintiún siglos, en este plan. Debemos pensar en esta llamada "habitación" como una apropiación del planeta por parte de Jesús, ese Jesús que todavía se mueve en la eucaristía, como en la fe, en medio de nosotros; por eso camina entre nosotros, vive en medio de nosotros, con nosotros comparte esta vida cotidiana, tanto en la eucaristía como en la fe, por lo que debemos ver esta morada como una verdadera morada de Cristo en este planeta Tierra. Vemos a Jesús entre nosotros, vemos a Jesús con nosotros, verdaderamente vemos a Jesús en nosotros.

Y la eucaristía es una "segunda encarnación", llega a serlo verdaderamente, no el sacramento entendido ritualmente, sino el sacramento entendido sobrenaturalmente. Por tanto, cuando comulgamos, Jesús, que se detiene en nosotros durante quince minutos, escondido bajo las especies del pan y del vino, sustancialmente presentes, vive de verdad, en el sentido que decía antes, es decir, comparte con nosotros esta vida cotidiana y continúa, después de que las especies del pan y del vino se hayan descompuesto, con su gracia, su morada con nosotros. Así nos convertimos en su casa, su morada, para que Jesús, presente, vivo y verdadero, no sea solo un hecho de fe, no sea solo un hecho de "sacramentalidad", sino un hecho de "vida", es decir, Jesús está conmigo y yo con él, como un hecho sumamente personal, individual. Este contacto directo entre Jesús y yo se realiza a través de la eucaristía y de la fe. Cuando Jesús vino al planeta Tierra, trató de reasumir, o como dice Pablo, de recapitular en sí mismo toda la eternidad, toda la humanidad. La humanidad anterior a Él, la humanidad durante Él, la humanidad después de Él. Esto es habitar. Y Jesús, viviendo en este sentido, resumió en sí mismo, día tras día, hora tras hora, todo el género humano, en todos los sentidos... Y entonces nos encontramos ante un milagro que nos deja verdaderamente asombrados y verdaderamente sorprendidos. Es el milagro de la redención, es el milagro de la vida de Jesús con nosotros, que, recapitulando en sí mismo a toda la humanidad, se hizo verdaderamente, realmente redentor, salvador, santificador, de cada uno de nosotros». Pierre Teilhard de Chardin escribió: «Cuando Cristo desciende sacramentalmente en cada uno de sus fieles, no es solo para conversar con él... Toda la

Naturaleza experimenta, lenta e irresistiblemente, la gran consagración».

Carlo decía que «a través de la eucaristía seremos transformados en el amor». Así como el pan y el vino después de la consagración, por el poder del Espíritu Santo, se convierten en el cuerpo y la sangre de Jesús, así también nosotros seremos «transubstanciados» en Cristo. El mismo Jesús asegura: «Yo soy el pan de vida», «Yo soy el pan vivo bajado del cielo». Y reitera con autoridad que no es Moisés quien nos dio el pan del cielo, sino que es su Padre quien nos da el verdadero pan del cielo. Jesús es el verdadero pan vivo bajado del Cielo que no perecerá nunca, y no lo que comió el pueblo de Israel en el desierto, el maná, que, al contrario, es un pan que perece (cf Jn 6,31-35).

En los apuntes de Carlo he encontrado estas hermosas meditaciones sobre el pan de vida bajado del cielo:

«Cuando Jesús dice que "no fue Moisés quien os dio el pan del cielo, sino que es mi Padre el que os da el verdadero pan del cielo" (Jn 6,32), el verdadero, nos introduce en la eucaristía. Su gran diseño, su maravilloso plan, su prodigioso proyecto va tomando forma, va prefigurando la realidad. Introduce al Padre que se declara el dador del pan, el verdadero: se define como el pan de Dios. Entramos en el contexto de la eucaristía. "El que baja del cielo" (Jn 6,33): expresión que debe ser prontamente reescrita, meditada, estudiada y contemplada. Cielo: la eternidad. Hablamos de descenso porque pensamos en el cielo como una entidad desde arriba. El término simplemente significa *venida, llegada* de la eternidad al tiempo. Del espacio exterior al planeta tierra. Tenemos una intervención única: la Santísima Trinidad se pone en contacto personal con el ser racional. Hay un encuentro que se realiza. Pan de Dios: la vida. Los judíos "entonces le dijeron: Señor, danos siempre de este pan. Jesús les contestó: Yo soy el pan de vida. El que viene a mí no tendrá hambre, y el que cree en mí no tendrá sed jamás" (Jn 6,34-35).

Jesús declara de manera inequívoca e ineludible que él es "el pan de vida". Se define como pan, y precisa: de vida. Su diseño va tomando forma en sus palabras. Nos promete ser alimento. Pensándolo bien, es sorprendente, un evento histórico. La expresión "Yo soy el pan de vida" significa que el peso anómalo y enorme es asumido por Cristo, es sostenido por la naturaleza divina, es hecho completamente celestial por la persona divina para no tener más hambre ni más sed. Cristo está real y sustancialmente presente bajo las especies o apariencias del pan y del vino. Es el pan que da a la existencia el punto de inflexión para el más allá. Y agrega: "Pero, como os he dicho, me habéis visto y no creéis" (Jn 6,36). Los acusa de falta de fe. Hablan de la insólita expresión: "Yo soy el pan bajado del cielo".

Se refieren al conocimiento personal de Él. Conocen a María y a José. Tenemos una valiosa demostración o prueba de la historicidad de Cristo. Para ellos es una cosa extraña, absurda, que no está ni en el cielo ni en la tierra. Han oído bien: *Yo soy el pan bajado del cielo.* ¿Qué tipo de pan es ese? ¿De qué cielo habla? ¿Qué es este descenso? Y se argumenta, se razona, se especula.

Están en crisis, casi angustiados. Jesús los afronta: "No critiquéis. Nadie puede venir a mí si no lo atrae el Padre que me ha enviado. Y yo lo resucitaré en el último día [...] En verdad, en verdad os digo: el que cree, tiene vida eterna" (Jn 6,43-47). Jesús los lleva al terreno de la sobrenaturalidad. Jesús explica: "El que coma de este pan vivirá para siempre. Y el pan que yo daré es mi carne para la vida del mundo" (Jn 6,51). Ha especificado su voluntad: quiere darse a sí mismo en comida y bebida. No hace teoría. No se atrinchera en el absoluto. No se complica con razonamientos abstrusos. Habla del maná, del desierto, de los padres, de los muertos. Sobre esto no pueden discutir. La Biblia está allí, en la sinagoga, y todos la pueden leer y recordar. Pero enseguida, como un rayo caído del cielo, añade que Él es el pan vivo que asegura la eternidad. Habla de su carne para la vida del mundo. Es su realidad físico-psíquica-espiritual. Esta realidad es el pan de vida. Pan que hay que comer si se quiere vivir para siempre. De lo contrario, muerte eterna. Tiró la piedra al estanque: la gran, enorme, asombrosa declaración –afirmación– prometida. Hablaba tan claro, se expresaba en términos tan precisos e inequívocos, que "disputaban los judíos entre sí: ¿Cómo puede este darnos a comer su carne?" (Jn 6,52). Lo entendieron bien. Casi lo llaman instigador del canibalismo. Carne para comer: han centrado el tema-problema.

Es cierto que las afirmaciones o declaraciones de Jesús no son las más obvias. Son expresiones insólitas. Son destellos del cielo. Pero Jesús continúa: "En verdad, en verdad os digo: si no coméis la carne del Hijo del hombre y no bebéis su sangre, no tenéis vida en vosotros. El que come mi carne y bebe mi sangre tiene vida eterna, y yo lo resucitaré en el último día. Mi carne es verdadera comida y mi sangre es verdadera bebida. El que come mi carne y bebe mi sangre habita en mí y yo en él. Como el Padre que vive me ha enviado, y yo vivo por el Padre, así, del mismo modo, el que me come vivirá por mí. Este es el pan que ha bajado del cielo, no como el de vuestros padres, que lo comieron y murieron; el que come este pan vivirá para siempre" (Jn 6,47-58). Hay seis versículos que constituyen el centro de gravedad, de una tremenda fuerza de atracción, seis sobre el más allá y seis sobre la eternidad. No habla en términos genéricos o aproximados. No habla del tema desde la lejanía. No da rodeos. Inmediata y concretamente pide que nos alimentemos de él, de lo contrario no tendremos vida. Él se nos ofrece como comida y bebida. Él quiere que nos alimentemos de Él. Pone su realidad divino-humana a nuestra completa, total y global disposición. Si esto no es *Amor*, ¿qué será el amor? Jesús establece con nosotros un vínculo muy estrecho y muy íntimo, un vínculo vital, un vínculo al alcance de la eternidad. Jesús y nosotros, Jesús con nosotros. Jesús por nosotros, Jesús en nosotros. Como se puede observar, se crea una relación interpersonal.

Cada hombre y cada mujer están unívocamente interesados en establecer esta convivencia. Comer y beber significa ingerir comida y bebida diaria dentro de nosotros. Ingerir es introducir en el cuerpo. Hasta que se degradan las especies o apariencias del pan y del vino, en nosotros está la presencia del cuerpo y la sangre, el alma y la divinidad de Cristo. Nuestro organismo vivo está íntimamente ligado a Jesucristo, verdadero Dios y verdadero hombre. Jesús promete la vida eterna a los que comulgan. Y no dice *tendrá,* sino *tiene* la vida eterna. La vida, por lo tanto, es eterna, es decir, la coeternidad. Con la comunión se tiene la vida eterna. Tener vida eterna es y significa tener todo lo necesario e indispensable para ser parte de la coeternidad, estar inscritos en el registro del cielo, ser a todos los efectos ciudadanos de la coeternidad. E insiste: "Mi carne es verdadera comida, y mi sangre es verdadera bebida". Lo da todo. Y otra vez más: "El que come mi carne y bebe mi sangre habita en mí y yo en él". El que comulga hace un hogar, una casa en convivencia, juntos bajo el mismo techo. "En mí, en él": más que cohabitación, es la cohesión de organismos que no se confunden ni se fusionan, sino que se difunden, pero se unen. Esta unión no es simbólica, no es poética, no es sentimental. ¿Entonces qué es? Evidentemente es lo contrario del otro o del prójimo. Se trata de una realidad que toca las raíces, que llega al fondo, que se sumerge en el fondo. Jesús quiere realizar y efectuar esta unión entregándose en cuerpo y sangre, alma y divinidad. Y termina así: "Como el Padre que vive me ha enviado, y yo vivo por el Padre, así, del mismo modo, el que me come vivirá por mí. Este es el pan que ha bajado del cielo: no como el de vuestros padres, que lo comieron y murieron; el que come este pan vivirá para siempre".

Jesús, el revelador de la Trinidad, nos presenta la Trinidad en absoluta unidad, e indica sus respectivos nombres: Padre, Hijo, Espíritu Santo. El Padre engendra, el Hijo es engendrado. El Espíritu Santo procede del Padre y del Hijo. Tenemos la existencia. Con la comunión esto lleva a la vida. Jesús habla de vida, promete la vida, da la vida. Esta vida es la eucaristía. La eucaristía es Cristo, verdadero hombre y verdadero Dios, el pan de vida es Cristo. Es el pan que descendió del cielo. Desde la eternidad a lo largo del tiempo. Del Cielo al planeta tierra. Descender: moverse de arriba hacia abajo. El arriba se abre en la plenitud del tiempo y se comunica con el abajo. Comunión: inyección sustancial y sustanciosa de vida a la existencia. En conclusión: Jesús se hace sustancialmente presente en cuerpo y sangre, en alma y divinidad, bajo las especies o apariencias del pan y del vino. El Concilio de Trento habla de transubstanciación. Del pan y del vino, después de la consagración, quedan las cosas concretas, el color, el sabor, el olor, la cantidad. Pan y vino en lo concreto y Jesús en la sustancia».

Carlo había transcrito algunas frases de santos que explican el misterio de la transubstanciación. San Juan Crisóstomo, el gran doctor de la Iglesia, escribió: «Para que lleguemos a ser esto no solo por el amor, sino en realidad, mezclémonos con aquella carne. Se consigue por medio del alimento que él nos dio, deseoso de mostrarnos el amor que nos tiene. Por este motivo se mezcló con nosotros y fundió su propio cuerpo con nosotros, para que llegáramos a formar un todo, como el cuerpo unido a la cabeza [...] Cristo ha hecho lo mismo: moviéndonos a una mayor amistad, y mostrándonos el amor que nos tiene, no solo permitió a los que le aman verlo, sino tocarlo, comerlo, clavar los dientes en su carne, masticarla. En suma, saciar toda el ansia de amor. Como leones que respiran fuego, apartémonos de aquella mesa temibles al diablo, y pensando en el que es como nuestra cabeza y en el amor que nos ha manifestado. Muchas veces los padres entregan a los hijos a otros para que los sustenten. Mas yo –dice– no actúo así, sino que os alimento con mis propias carnes, me sirvo a mí mismo en vuestra mesa [...] Quise ser hermano vuestro, por vosotros participé de carne y sangre, y de nuevo os entrego la misma carne y sangre por las que me hice semejante a vosotros»[3].

También le gustaba mucho santo Tomás de Aquino y lo utilizaba para meditar sobre la presencia real de Jesús en el Santísimo Sacramento: «"Porque mi carne verdaderamente es comida: y mi sangre verdaderamente es bebida. El que come mi carne y bebe mi sangre, en mí mora, y yo en él". Y dice esto, o bien para que crean en lo que estaba diciendo y no que era enigma o parábola, sino para que comprendan que conviene en absoluto comer el cuerpo de Jesucristo; o bien quiere decir que es verdadera comida esta que salva al alma [...] Después manifiesta en qué consiste comer su cuerpo y beber su sangre, diciendo: "El que come mi carne,

---

[3] JUAN CRISÓSTOMO, *Homilía 46*, en *Homilías sobre el evangelio de Juan* II, Ciudad Nueva, Madrid 2001, 178-179. (N. de la E.).

etc., permanece en mí y yo en él". Esto es, pues, comer aquella comida y beber aquella bebida, a saber: permanecer en Cristo y tener a Cristo permaneciendo en sí. Y por esto el que no permanece en Cristo y aquel en quien Cristo no permanece, sin duda alguna ni come su carne ni bebe su sangre, sino que, por el contrario, come y bebe sacramento de tan gran valía para su condenación. [...] Y en realidad, muchos que comen aquella carne y beben aquella sangre hipócritamente, se hacen apóstatas. ¿Acaso permanecen en Cristo y Cristo en ellos? Pero hay cierta manera de comer aquella carne y de beber aquella sangre, para que el que la coma y la beba permanezca en Cristo y Cristo en él»[4].

Carlo decía que del Santísimo Sacramento presente en el sagrario, se irradia ese amor sanador que solo Dios puede obrar y nos unimos a la Iglesia triunfante, la que está en el paraíso y que en ese momento está reunida y postrada ante el cordero de Dios, para implorar gracias y bendiciones para toda la Iglesia. En el sagrario, Jesús está presente en esa actitud de adoración al Padre con la que quiere asociar a todos los hombres. Jesús quiere enseñarnos cómo adorar también al Padre. Nosotros también debemos tener esta actitud de reverencia ante la eucaristía. San Agustín nos exhorta a tener las correctas disposiciones cuando recibimos la eucaristía: «Nadie come esta carne sin antes adorarla [...] pecaremos si no lo adoramos»[5].

---

[4] TOMÁS DE AQUINO, *Catena aurea. Comentarios al evangelio de Juan*, Ivorypress, Madrid 2016 (edición digital). (N. de la E.).

[5] AGUSTÍN DE HIPONA, *Obras completas XXI. Enarraciones sobre los Salmos* (3º), BAC, Madrid 1965. (N. de la E.).

En el mundo antiguo, la palabra griega προσκύνησις (*proskýnesis*) y su equivalente latino *adoratio* se usaban para indicar actos de veneración, adoración, sumisión y respeto por la divinidad. La sumisión cristiana no es más que una forma de amor y de confianza en ese Dios que nos amó primero y que cada día se convierte en nuestro compañero de camino en el Santísimo Sacramento. Como decía Carlo, sumisión significa «estar disponible, completo, total, global para Dios». Carlo había leído la carta encíclica *Ecclesia de Eucharistia* de Juan Pablo II, que exhorta a todos los creyentes a acudir a «la escuela de María, mujer eucarística». Porque nadie más que María puede introducirnos a adorar a su Hijo, que en cada eucaristía se hace pan para nuestra salvación: «Ese Cuerpo entregado en sacrificio y representado en los signos sacramentales es el mismo Cuerpo concebido en su seno». Aquí está el estrecho vínculo entre María y la eucaristía. El vientre de María es el primer «tabernáculo» de la tierra. Como Juan, que acogió a María en su casa, también nosotros debemos acogerla para que nos ayude a convertirnos también nosotros en «tabernáculos vivientes»: «Jesús, al ver a su madre y junto a ella al discípulo al que amaba, dijo a su madre: Mujer, ahí tienes a tu hijo. Luego, dijo al discípulo: Ahí tienes a tu madre. Y desde aquella hora, el discípulo la recibió como algo propio» (Jn 19,26-27).

* * *

Carlo decía: «Esta mujer, que nunca hubiera pensado en ser inmaculada, esta mujer, que siempre pensó que era la sierva del Mesías, esta mujer que nunca hubiera soñado con momento así, esta noble mujer del pueblo, descendiente de David, esta mujer escogida y querida por la Trinidad, supo exclamar: "He aquí la esclava del Señor; hágase en mí según tu palabra" (Lc 1,38)». Sierva o esclava, es decir, disponible, completa, total, global para Dios. Esclava: totalmente inclinada a las órdenes de Dios Esclava: sin peros. Esclava: entera, en cuerpo y alma. Esclava: en todos los aspectos. Esclava: a las órdenes sin discusión alguna. Esclava: no objeta, no discute, no interviene, no influye, pero se arrodilla, levanta las manos, vuelve la mirada y exclama «sí».

Aunque no haya una referencia explícita en los evangelios, ¿cómo no pensar que la participación espiritual de la Santísima Virgen con los discípulos en el banquete eucarístico ha corroborado su corazón a esta total disponibilidad hacia Dios y la comunidad naciente? Los gestos de adoración, que son inclinar la cabeza, hacer genuflexión, postrarse, expresan siempre reverencia, afecto, sumisión, anulación, deseo de unión, de servicio y ciertamente nunca de servilismo. La verdadera adoración no significa extrañamiento, distancia, sino que es una identificación de amor. Santo Tomás de Aquino explica que, en la adoración auténtica, la humillación exterior del cuerpo manifiesta y suscita la devoción interior del alma, el anhelo de someterse a Dios y de servirle. A imitación de los ángeles, nosotros también debemos tener espiritualmente esa misma actitud hacia Dios de alabanza y de acción de gracias.

Para no dejarse abrumar por la tibieza y la sequedad espiritual en la oración, Carlo decía que la posición que uno asume con el cuerpo mientras ora es muy importante: «Adorad al que hizo el cielo, la tierra, el mar y los manantiales de las aguas» (Ap 14,7). Incluso cuando uno está asistiendo a misa debe demostrar lo que cree con el cuerpo. Por supuesto, si me echo a reír, o me pongo a masticar el chicle que me saco de la boca justo antes de comulgar o me siento inadecuadamente en el banco, ciertamente eso no me ayudará a orientar mi corazón hacia Dios. Al respecto hay un episodio relativo a santa Gema que encontramos en su *Diario:* «En la iglesia, el ángel no deja de llamarla porque por un momento levantó los ojos para mirar a dos niñas cómo estaban vestidas». Pensando en el ángel de Gemma, Carlo decía bromeando: «Imaginemos lo que nuestros Ángeles de la Guarda nos dirían hoy cuando ven con qué poca reverencia asistimos a misa y lo fácilmente que nos distraemos».

Para adorar será importante dirigir el corazón a Dios también con nuestro cuerpo, para adorar al Señor con todo el corazón, con toda el alma y con todas nuestras fuerzas: «Escucha, Israel: el Señor es nuestro Dios, el Señor es uno solo. Amarás, pues, al Señor, tu Dios, con todo tu corazón, con toda tu alma y con todas tus fuerzas. Estas palabras que yo te mando hoy estarán en tu corazón» (Dt 6,4-6).

Adorar es ofrecer lo mejor que uno tiene a Dios, es encomendarse a Jesús y con Jesús al Padre y al Espíritu Santo. Para mi hijo, dos abismos se encuentran en la adoración eucarística: el abismo de nuestra pobre humanidad pecadora con el de la Divina Misericordia. El profeta Malaquías nos asegura que del sol de la justicia de Dios seremos sanados: «Os iluminará un sol de justicia y hallaréis salud a su sombra» (Mal 3,20). Este sol resplandeciente de justicia es Jesús en la Hostia consagrada, y la curación que trae concierne a toda la humanidad, doliente y herida, en el purgatorio y en la tierra. Es todo el misterio de la Iglesia que está allí. Una irradiación de amor. Dios siempre quiere asociar al hombre al misterio de la obra de la santificación, a la difusión de su gracia, y a la adoración eucarística es una de las formas en que obra esta redención. El cardenal De Bérulle escribió: «Así como la luz creada se unió al sol para ser un principio de luz en la tierra y en el cielo, así la luz eterna se une e incorpora a la humanidad de Jesús para crear, en Él y por medio de Él, un cuerpo de luz para toda la eternidad». Carlo tenía una grandísima devoción por los tabernáculos, decía que debían visitarse como cuando se hace una peregrinación. Al respecto escribió: «Si Jesús permanece siempre con nosotros, dondequiera que haya una Hostia consagrada, ¿qué necesidad hay de hacer la peregrinación a Jerusalén para visitar los lugares donde vivió Jesús hace más de 2.000 años? Por eso, ¡también los tabernáculos deben visitarse con la misma devoción!».

Se lamentaba de que a menudo estuvieran desiertos. Al respecto dijo: «El sagrario es sinónimo de cuna de la gracia. En el tabernáculo trabaja la Santísima Trinidad. Veo el tabernáculo dinámico. La realidad eucarística es la prueba, la reprueba y la contraprueba de este destino a la santidad, santidad que se alcanza con la fidelidad a la eucaristía, con la práctica heroica de las siete virtudes: las tres virtudes teologales (fe, esperanza y caridad) y las cuatro virtudes cardinales o morales (prudencia, justicia, fortaleza, templanza). El modelo es Dios, las herramientas son la razón y la gracia. Esta se da o no por los sacramentos. El tabernáculo está cerca del santo, en intimidad con él, desde hace veinte siglos. La frecuencia con el santo lo hace santo. Consiguientemente, ir al tabernáculo es preocuparse por la santidad. Y puede haber, una no respuesta, una no fidelidad, una hipocresía, una expresión egoísta, una no solución arriesgada, una ida y vuelta peligrosa. Nos presentamos por lo que somos, con humildad y sencillez. La humildad que no altera las condiciones. La sencillez que no complica las relaciones. Con esta presentación, comienza el coloquio, que sin duda se caracteriza por la familiaridad y la confianza. Esta visita debe ser calificada de adoración. Adorar. Reconocemos que estamos ante el Dios Uno. La distancia es infinita, aunque el sagrario esté a pocos metros. Adoración: rendir homenaje reservado solo a Dios. Usar palabras de conversación con un interlocutor absoluto. Refleja en tu interior que estás frente a la eucaristía. La visita se desarrolla en el sentido respetuoso del culto entrelazado con la fe en el único Dios, con la esperanza en el único Dios, con el amor al único Dios, la Iglesia y el andar por los caminos de los deberes del propio estado. Y se hace oportuno el rezo del Padrenuestro, el Avemaría, el Gloria al Padre, el Ángel de Dios, el Descanso Eterno. La visita está llegando a su fin. El programa del día se somete al Señor, replicando que todo se hará para mayor gloria de Dios. El saludo de despedida puede sustituirse por alguna jaculatoria: Oh Jesús, haz que te ame cada día más; Señor, tómame como soy y hazme como Tú quieres; Trataré de ofenderte menos; Señor, me abandono en Ti. Y otras similares».

Para Carlo, el episodio de Moisés orando en el monte Sinaí frente a la zarza ardiente es una anticipación de la adoración eucarística. Cuando Moisés oró en la presencia de Dios, el pueblo de Israel salió victorioso contra los amalecitas, pero cuando dejaron de orarle, fueron derrotados. Precisamente adorando a Dios, que se manifiesta en la zarza ardiente del monte Sinaí, fue cuando Moisés recibió el mandato del Señor de liberar al pueblo de Israel de la esclavitud y opresión de Egipto. La zarza ardiente en la que el Señor se manifiesta a Moisés es figura de la eucaristía, de la adoración eucarística, que nos libera de la esclavitud del pecado. Incluso la adoración de los santos magos y de los pastores del Niño Jesús colocado en un pesebre es otra prefiguración de la adoración eucarística. Carlo quedó muy sorprendido cuando descubrió que Jesús, al elegir nacer en este pequeño pueblo llamado Belén, ya estaba manifestando implícitamente su destino: convertirse en nuestra comida y bebida. La palabra Belén (Beyt lehem - בֵּית לֶחֶם), en hebreo significa «casa de pan» y en árabe significa «casa de la carne» (Bayti Lah, بيت لحم). Jesús mismo dirá de sí mismo: «Yo soy el pan vivo que ha bajado del cielo; el que coma de este pan vivirá para siempre. Y el pan que yo daré es mi carne para la vida del mundo» (Jn 6,51).

En 1916 el Señor preparó a los tres pastorcitos para la aparición de Nuestra Señora en Fátima enviando tres veces a su mensajero, el ángel protector de Portugal que algunos creen que es san Miguel. Durante la tercera aparición, cuenta sor Lucía que el ángel se les volvió a presentar, esta vez con un cáliz en la mano izquierda y una Hostia suspendida sobre él, de la que caían unas gotas de sangre. Dejando el cáliz y la Hostia suspendidos en el aire, se postró en tierra y repitió tres veces esta oración: «Santísima Trinidad, Padre, Hijo y Espíritu Santo, os adoro profundamente y os ofrezco el preciosísimo cuerpo, sangre, alma y divinidad de Jesucristo, presente en todos los sagrarios de la tierra, en reparación de todos los ultrajes, sacrilegios e indiferencias con que él mismo es ofendido. Y por los méritos infinitos de su Santísimo Corazón y del Corazón Inmaculado de María, os pido por la conversión de los pobres pecadores». Entonces el Ángel se levantó y presentó la Hostia a Lucía y repartió el contenido del cáliz entre Francisco y Jacinta, diciendo a cada uno: «Tomad y bebed el cuerpo y la sangre de Jesucristo, horriblemente ultrajado por los hombres ingratos. Reparad sus pecados y consolad a vuestro Dios».

Carlo se tomó muy en serio esta petición del ángel y por eso, además de realizar la adoración eucarística para santificarse e interceder, también lo hizo para reparar los ultrajes contra la santísima eucaristía. El cardenal De Bérulle escribió que «el Dios eterno está en la tierra, "rebajado en su grandeza, revestido de nuestra mortalidad". En Jesús, el hombre y Dios se encuentran en lo más íntimo del ser. Por eso la encarnación merece adoración y es precisamente en este misterio en el que la Iglesia debe estar siempre comprometida».

Sabemos que hay tres misterios fundamentales de la fe cristiana: el misterio de la Santísima Trinidad, por el cual fueron creados todos los hombres. Luego está la encarnación, por la cual la vida nueva reina en la tierra y el pecado es destruido. Finalmente, la eucaristía, a través de la cual Dios ofrece su gracia, su Espíritu y su divinidad para alcanzar la «vida eterna». Adorando a Dios presente en la Hostia consagrada encontraremos presente a todo el Universo y podremos interceder y pedir gracias para el mundo entero y obtener también muchas vocaciones. Carlo pensaba que, de pie ante la eucaristía, nos hacemos santos, somos transfigurados ya en esta tierra.

Entre sus apuntes encontré estas hermosas palabras sobre la importancia de los tabernáculos:

«Debemos entrar en la mentalidad del tabernáculo. Es una mentalidad muy especial. El bautismo es regeneración espiritual. La confirmación es crecimiento espiritual. La eucaristía es el alimento espiritual.

El sacramento de la eucaristía, aunque múltiple en su materia, es uno solo en su forma y perfección. En un sentido absoluto, la eucaristía es un sacramento. La eucaristía es el sacramento de la unidad. Aunque hay dos elementos, a saber, el pan y el vino, de los que se constituye todo el sacramento de la eucaristía, sin embargo, enseñados por la autoridad de la Iglesia, profesamos que el sacramento es uno solo. El bautismo es necesario para comenzar la vida sobrenatural. La eucaristía es necesaria para llevar a término la vida sobrenatural. El sacramento de la eucaristía tiene tres significados: el primero se refiere al pasado ya que conmemora la pasión del Señor. Por eso se llama sacrificio. El segundo se refiere a la unidad de la Iglesia. Por eso se llama comunión o sinapsis. El tercero se refiere al futuro: es prefigurativo de la bienaventuranza eterna y se llama viático por este aspecto. Hay tres elementos en el sacramento de la eucaristía: *Sacramentum tantum,* es decir, el pan y el vino. *Res et sacramentum,* el verdadero cuerpo de Cristo. *Res tantum* que es el efecto de este sacramento.

El cordero pascual es la figura principal de la eucaristía. Cristo instituyó este sacramento bajo las especies del pan y del vino. Se desprende de los evangelios. En la eucaristía se come pan y vino, alimentos comunes a los seres racionales. En este sacramento, el pan se asume separadamente, como sacramento del cuerpo, y el vino, como sacramento de la sangre. Este sacramento es el memorial de la pasión del Señor, que ocurrió con la separación de la sangre del cuerpo. El cuerpo de Cristo para la salvación del cuerpo. La sangre de Cristo para la salvación del alma. ¡Ay de vaciar de sentido el "con vosotros"! Es necesario demostrar, documentar, testimoniar que la eucaristía existe. Basta con mirar desde la esquina, con girar la puerta, con entrar en cualquier iglesia... Hay gente de rodillas. Hay una ceremonia en curso. Hay algo. Hay alguien, pedimos, preguntamos. Es prueba documental, es prueba testimonial, es prueba casi palpable de la influencia de la eucaristía. Entonces tiene el sacrosanto derecho de ciudadanía. Debemos hablar de ello. La realidad debe sentirse. *¡Debe sentirse!* Estamos hablando de cinco continentes: Europa, Asia, África, América y Oceanía. Sufre y soporta todos y cada uno de los acontecimientos del planeta. No lo piensas, no lo notas, no lo prevés, pero cuando hay un terremoto, una erupción, una inundación y cosas por el estilo, el tabernáculo se desborda, como todo lo demás. Cuando se anuncia un evento catastrófico, no se menciona la participación y alteración de los tabernáculos. Presencia que comparte, que participa, que... Presencia que es presencia. En el sagrario y desde el sagrario la divina presencia sustancial, sustanciante, sustanciosa actúa. Es absolutamente imposible no tener esto en cuenta. Hace más de veinte siglos que es así. Está junto a nosotros. Dentro del tabernáculo hay vida, está el ser, la eternidad, el infinito. Es un mundo en sí mismo, un nuevo planeta, una nueva estrella. Debe incluirse en los textos geográficos, así como en los históricos.

El tabernáculo debe convertirse en la casa de todos, el domicilio de todos, el lugar de encuentro de las personas, el punto de referencia, el parámetro, la unidad de medida. La adoración: hay que profundizarla. Hay que hacerla más personalizada. Tenemos que estar agradecidos por este regalo. Dar gracias es reconocer el bien que se hace. Es saber y sentir que se nos han otorgado gracias. Agradecer, dar gracias, apreciar los dones de Dios. El sagrario es uno de los mayores dones de Dios El sagrario es el ambiente de acción de gracias. Aquí Jesús da gracias, da gracias al Padre, da gracias al Espíritu Santo. Hay que dar gracias por la Iglesia, por todos y cada uno, por mí, por ti, por él, por ella, por ellos. Efluvios de agradecimiento salen del tabernáculo, pero también propiciación. La Pasión continúa. El perdón hay que merecerlo. En nuestro nombre el tabernáculo alza sus brazos al cielo».

Para mi hijo, la presencia de Jesús en el sagrario era comparable a un imán muy poderoso, que en cuanto te acercas a él, atrae inevitablemente a todas aquellas almas que sinceramente lo buscan y las hace enamorarse de Él. Los que estén disponibles sintonizar «su voz», aunque esto implique cansancio, perseverancia, compromiso, sacrificio, tarde o temprano lo lograrán. Y cuanto más avancen en este camino, más podrán percibir ese latido del corazón de Jesús que incesantemente late de amor por nosotros. Para Carlo «la historia de los sagrarios es la historia de la salvación que desde hace más de dos milenios, de forma incruenta, se actualiza cada minuto en todo el mundo. La han acompañado. La han seguido. La han marcado. Cada tabernáculo tiene su propia crónica, sus propios casos, su propia historia. Y no de las más simples. Siempre que se instala un tabernáculo significa que ya se ha construido una iglesia o capilla. Durante más de veinte siglos, de año en año, ha habido una admirable proliferación de tabernáculos. Si pudiéramos, al menos continente por continente, actuar como un mapa de bombillas, veríamos encenderse millones de ellas. La eucaristía debe entrar en este mundo y mezclarse con todos los que viven en este mundo. Debe liberarse, debe purificarse, debe humanizarse con la eucaristía. No es una cuestión extraña e incomprensible. Se trata de rehumanizar, recivilizar, reintegrar. La presencia viva y vital de la eucaristía definitivamente puede servir a este propósito. Debemos tratar de difundir la idea cultural. Cultural, de culto. Existe un grave riesgo de que lo que es nuestra originalidad, nuestra exclusividad, se lo trague el atasco cultural. Es preciso "eucaristizar" todo esto. No parece una acción utópica. Sí, es gigantesca, pero no imposible. Si la eucaristía logra entrar en este mundo, salir adelante, abrirse camino, investir este mundo de sí misma, está hecho. ¡Victoria! ¡Aire fresco! Un botón, un gesto, un dedo y estás en contacto con el mundo de la pequeña y gran industria. Teléfono, radio, TV, ordenador, internet están en casa las 24 horas. Si estamos *eucaristizados,* emprendemos el vuelo. Vuelo *internético,* vuelo intercontinental, cósmico. Y todo nos pasa por delante. Si somos capaces de *eucaristizarlo,* está hecho. ¿Lo conseguiremos? Entonces se forma una corriente impetuosa en la que todo viene a ser tomado, recogido, fusionado, masificado. Dado que la eucaristía existe sustancial y vitalmente, debe ser transmitida en esta corriente. Es una corriente llamada multimedia.

Es un flujo enorme. Es una gran afluencia. Es un océano de noticias, ideas, palabras, consejos, sugerencias, propuestas, insinuaciones, tentativas, injerencias, etc. Y estamos metidos hasta el cuello. Corremos el riesgo de ser abrumados. Es un vórtice que se lo come todo. Es la ocasión, no quisiera decir la última, de poner la eucaristía en el vórtice. Casi de violencia. Casi de arrogancia. Hablar de ello, discutirlo. Confinada como está y como está en los sagrarios, corre el riesgo de ser prisionera de por vida. Cerrado, encerrado, blindado... El Todopoderoso... Dentro, en secreto, el Omnisciente. Allí, el ser. Allí, lo esencial. Allí, el único. Allí, el uno. Allí, el Trino. Allí, el cielo. Allí, las 24 horas del día, sin parar, sin concesiones, sin descanso, sin nada. El infinito en lo finito de una caja. El infinito en lo finito de un contenedor. El infinito en lo finito de un interior».

Dina Bélanger, beatificada por Juan Pablo II en 1993, escribió en su *Diario*: «Si las almas comprendieran el tesoro que poseen en la divina eucaristía, los tabernáculos se protegerían con muros inexpugnables, porque en el delirio de un hambre santa y devoradora ellos mismos se alimentarían del pan de los ángeles. Las iglesias rebosarían de adoradores consumidos de amor por el divino cautivo, tanto de día como de noche».

Según Carlo, cuanto más culpables nos sintamos, más tendremos que acercarnos a la eucaristía como viático para nuestra salvación personal. Él no se sentía en absoluto mejor que nadie. Al contrario. Se consideraba un joven como tantos otros que, sin embargo, a dife-

rencia de los demás, había descubierto que el secreto
de una vida feliz estaba enteramente en abandonarse a
Jesús, en encontrarlo en la eucaristía, en poner a Dios
en el primer puesto de nuestra vida.

Mi hijo estaba convencido de que a través del encuentro con el santísimo sacramento cada uno puede
aportar todo lo que es sin miedo a ser juzgado. En la
eucaristía, Jesús se nos entrega a sí mismo como «puro
amor». Carlo había descubierto este «amor» y había
decidido no dejarlo ya. Había aprendido en Asís y en el
Santuario de La Verna a hacer la adoración eucarística.
Cuántas veces hemos ido a estos lugares, especialmente
a La Verna, donde san Francisco recibió el regalo de los
estigmas del Serafín. Aquí verdaderamente sentimos
que era un lugar de gracia, donde se sentía con fuerza la
presencia de Dios. Es allí donde hacíamos retiros espirituales con mi hijo. Un año, durante las vacaciones de
verano, Carlo y yo nos quedamos un mes. Fueron momentos de crecimiento espiritual. Precisamente en este
lugar, Carlo recibió la gracia de sentir interiormente la
pasión de Cristo. Tuvo una intensa experiencia, que lo
marcó profundamente y lo ayudó a comprender mejor
el sacrificio de la misa. Recuerdo que tardó mucho en
recuperarse y lo vi muy emocionado. Después de esta
fuerte experiencia comenzó a recitar la oración del
Vía Crucis. Fue entonces cuando empezó a construir
cruces de madera con las ramas que encontrábamos
por los paseos que dábamos por La Verna, mientras caminábamos por el bosque. Le gustaba diseminarlas por
los caminos de los bosques, como regalo, para quienes

las encontrasen, para ayudarlos a meditar en la pasión
de Cristo. En algunas de ellas escribía algunas frases,
incluida la pronunciada por san Juan Pablo II durante
la homilía de la misa al comienzo de su pontificado, el
22 de octubre de 1978: «¡No tengáis miedo! ¡Abrid,
más todavía, abrid de par en par las puertas a Cristo!».

Carlo decía: «Delante del sol uno se broncea, pero
frente a Jesús eucaristía uno se hace santo». Todos los
días hacía un poco de adoración eucarística antes o
después de la misa. Para él, estar frente a la eucaristía
era como estar frente a un sol que brilla. Para hacer
entender a la gente lo que sucede en el alma cuando
se adora a Dios en el santísimo, utilizó esta metáfora:
«Cuando un delgado rayo de luz entra en una habitación poco iluminada, el polvo en el aire se ve a simple
vista; y en realidad, serán precisamente los granos de
polvo los que se encuentren en la trayectoria del haz
de luz para esparcirla en todas direcciones, como le
sucede a la luna que es visible de noche en el cielo. Lo
mismo ocurrirá con nuestra alma. Al hacer la adoración eucarística, seremos impactados por la luz que la
eucaristía desprende y así podremos ver todo ese polvo
que contamina nuestra alma y nos impide avanzar en el
camino de la santidad que normalmente no es posible
ver a simple vista». La adoración satisface esa aspira-
ción profunda de hacer silencio para escuchar la voz
de Dios que tantos hombres, a menudo inconscientemente, escuchan. Adorando a Dios, que se humilla por
amor a nosotros, permaneciendo con nosotros bajo las
humildes especies del pan y del vino, también nosotros

aprenderemos a amar. Y como el amor tiende siempre a la humildad, en la escuela de Jesús aprenderemos a imitarlo y creceremos en la humildad. A través de la adoración, Jesús nos ayuda a descentralizarnos para abrirnos a la voluntad divina. Así como la tierra gira alrededor del sol, así todo el universo, con todas sus infinitas galaxias, estrellas y planetas, gira alrededor de la eucaristía. Santa Teresa de Lisieux, en una de sus cartas, escribió: «Piensa, pues, que Jesús está allí en el sagrario expresamente para ti, para ti sola, y que arde en deseos de entrar en tu corazón [...] la naturaleza del amor es humillarse. Para que el amor se satisfaga plenamente, debe rebajarse a la nada y transformar esta nada en fuego». Consejo espiritual de san Pedro Julián Eymard: «Ved la hora de adoración que habéis escogido como una hora del paraíso: id como se fuerais al cielo, al banquete divino, y esta hora será deseada, saludada con felicidad. Retened dulcemente el deseo en vuestro corazón. Decid: "Dentro de cuatro horas, dentro de dos horas, dentro de una hora iré a la audiencia de gracia y de amor de Nuestro Señor. Él me ha invitado, me espera, me desea"».

Una capilla de adoración eucarística perpetua será como una «central nuclear» que esparcirá la luz de Cristo sobre el mundo entero, derramando abundantemente gracias y bendiciones sobre todos. En la Biblia se trazan dos caminos: uno «estrecho» que lleva a la salvación, a la felicidad eterna, y el otro «ancho», que lleva a la perdición, a la eterna infelicidad. Ser fieles a Dios y a sus palabras de vida, a los mandamientos, merecerá la bendición divina. Si el hombre sigue el camino opuesto, se condenará a sí mismo y no recibirá ninguna bendición. Rechazar al Señor es privarse de sus bendiciones. Fue justo después de que Moisés recibió las tablas de la ley cuando el pueblo de Israel fue liberado de la esclavitud en Egipto y comenzó su «éxodo» a la tierra prometida. Para crecer, una planta se regirá por las leyes naturales que la rigen, y necesitará suelo fértil, agua fresca y luz. Si le doy aceite en lugar de agua, morirá. Así nos pasará a nosotros también: si no seguimos los mandamientos que Dios nos ha dado, seremos como esa planta que si se riega con aceite morirá inexorablemente. Hemos sido creados por Dios, quien ha dispuesto «leyes» para nosotros para nuestro bien. Seamos claros: seremos libres de rechazar su ayuda y sus «reglas», pero esto nos llevará inexorablemente a caer en un abismo del que no habrá vuelta atrás. Jesús no vino a abolir los mandamientos, sino a cumplirlos dándonos la clave de lectura: el amor.

El Deuteronomio habla de una maldición: sin Dios, nada bueno puede suceder. La adoración eucarística es para las almas un anticipo de la visión beatífica a la que por voluntad de Dios están destinados todos los redimidos. En presencia del santísimo sacramento, las almas que tienen un corazón predispuesto son instruidas en las cosas celestiales, ya que Jesús está verdaderamente presente en este admirable sacramento y se convierte en su maestro como lo fue para sus discípulos durante sus tres años de ministerio público. Aquí los adoradores son a la vez irradiados por la gracia y sumergidos en el inmenso océano del amor del corazón de Jesús y en su infinita misericordia. En la eucaristía encontramos al buen samaritano y al médico celestial que venda las heridas de los corazones quebrantados y da fuerza y vigor transfigurando las almas pecadoras y heridas por el antiguo pecado en auténticos testigos, dispuestos a dar la vida por su Señor y salvador y por los hermanos. Para vivir de amor, las almas deben alimentarse de amor y este alimento espiritual lo recibimos alimentándonos del pan de vida eterna y estando en presencia de Aquel que, como prisionero de amor, quiso quedarse con nosotros para siempre hasta el final del mundo. La eucaristía es el signo visible y tangible de Dios que en la persona del Hijo ha querido que los hombres de todos los tiempos puedan vivir constantemente en su presencia para que Dios esté con ellos y enjugue toda lágrima de sus ojos, como dice el libro profético del Apocalipsis.

A Carlo le gustaba mucho la valentía y el ejemplo del sacerdote Don Oreste Benzi, cuya causa de canonización está en proceso; fundador de la Comunidad papa Juan XXIII, que se ocupaba de los últimos, de los enfermos, del tráfico de mujeres, de los drogadictos. Una «verdadera cascada de luz en un océano tormentoso y oscuro», lo definió mi hijo. Sobre la eucaristía escribió lo siguiente:

«Si los cristianos entendieran lo que es la misa, competirían por entrar en la iglesia, por no salir nunca de ella, porque verdaderamente es un acto creador de vida dentro de nosotros y es la vida misma de Jesús. La misa no es una devoción: la misa es un acontecimiento, algo grande que sucede en nosotros, en nuestra vida, en la que nos involucramos con Jesús, como co-inmolados con Él. La misa no es otra cosa que el sacrificio de la cruz, el único sacrificio eterno que se renueva y que nos involucra íntimamente en nuestro ser miembros de su cuerpo. Cristo es un ser colectivo: si Él es sacrificado, somos co-sacrificados con Él; si Él es inmolado, también nosotros somos co-inmolados con Él... El paraíso ya está dentro de nosotros y nosotros ya estamos en el paraíso. Sin embargo, mientras estemos en esta tierra, este amor está crucificado; no en vano Jesús quiso permanecer con nosotros en su amor sacrificado, en el sacramento de la eucaristía. Decir que amas a otro y no aceptar la cruz que el otro lleva, es un engaño. La característica del amor en esta tierra será siempre la de ser amor crucificado. Unidos a Jesús, su amor crucificado nos engendra; pero es una cruz que da vida, no muerte: su cruz da resurrección, así que no es tristeza ni desesperación. Sería desesperación si sufriéramos por lo que no da vida. Esta ósmosis se realiza en la eucaristía: el amor sacrificado de Cristo me toma y transforma mi persona, mis sentimientos, mi voluntad, todo en mí. Entro en Jesús, en su misterio íntimo y me convierto en él, alcanzando esa comunión esencial y fundamental con mi Señor para la que fui creado. Él pasa dentro de mí y yo dentro de Él. Si empezáis a ir a misa todos los días, ya no se puede parar más. Y os aseguro que os pasará esto: si antes no encontrabais tiempo para hacer nada, después de haber ido a misa encontraréis tiempo para hacerlo todo. Haced esta experiencia».

¿Queremos saber cómo será la eternidad? ¿Queremos vivir la eternidad en la casa del Padre? Vayamos, pues, ante Jesús vivo, verdadero y activo en la santísima eucaristía. En efecto, cada vez que nos encontramos personalmente con el Señor Jesús, verdadero Dios y verdadero hombre, realmente presente y obrante en su sacramento del amor, subimos al monte Sinaí, estamos en el monte Tabor, donde seremos transfigurados como lo hizo Jesús. Subimos al *monte santo* del Señor para vivir en su presencia desde ahora y por la eternidad. El culto al único Dios libera al hombre de toda alienación que lo encierra en sí mismo. Un momento muy importante de la misa para Carlo era el de la consagración: «Durante la consagración –decía– es necesario pedir a Dios Padre por los méritos de su Hijo Unigénito Jesucristo, por sus santas llagas, su preciosa sangre y las lágrimas y los dolores de la Virgen María que, siendo su madre, es quien mejor puede interceder por nosotros». Al final de la consagración hacía siempre esta oración: «Por el Sagrado Corazón de Jesús y por el Corazón Inmaculado María os ofrezco todas mis peticiones y os pido que me las concedáis». Apenas Carlo recibió a Jesús en la eucaristía, dijo: «¡Jesús, toma asiento! ¡Hazlo como si estuvieras en casa!». Repetía a menudo: «¡Vas derecho al cielo si te acercas a la eucaristía todos los días!». Muy importante para Carlo fue la acción de gracias después de recibir la comunión. Decía que era útil recordar la palabra latina *ardor*, que nos recuerda que debemos tratar de despertar en nosotros sentimientos de adoración, de acción de gracias, de petición, de ofre-

cimiento, de reparación. Santa Teresa de Ávila decía
que es un momento sumamente precioso el que sigue
a la comunión, porque en ese momento Jesús se com-
place en instruirnos y debemos tratar de escucharlo.
Incluso santa María Magdalena de Pazzi declaró que el
tiempo después de la comunión es el tiempo más precioso que tenemos en esta vida, y el más oportuno para
tratar con Dios e inflamarnos con su amor divino. En la
eucaristía no necesitamos libros, porque Jesús mismo es
el maestro y nos enseña cómo debemos amarlo. Cuando
comulgamos debemos tener los mismos sentimientos
que tuvieron los discípulos de Emaús, que al reconocer
a Jesús sintieron que su corazón ardía de amor (cf Lc
24,13-35).

Para mi hijo, «ser verdaderos discípulos de Jesús»
presupone amar a Dios sobre todas las cosas y en consecuencia al prójimo como a uno mismo. En el acto
extremo de amor, Dios nos dio a su Hijo Unigénito,
quien al morir en la cruz nos readmitió a la vida divina
instituyéndonos los sacramentos y especialmente con la
eucaristía, el sacramento que mejor expresa este inmenso amor que Dios nutre por sus criaturas. En ella Él se
inmola cada día en el altar por nuestra salvación. Cada
minuto en el mundo, donde se celebra una misa, se renueva de forma incruenta ese mismo sacrificio que tuvo
lugar hace más de 2.000 años en la cruz. Pero pensemos
en qué cosa tan extraordinaria sucede. Y como escribió san Juan, el discípulo amado: «Todo el que ama ha
nacido de Dios y conoce a Dios. Quien no ama no ha
conocido a Dios, porque Dios es amor» (cf 1Jn 4,7-8).

Tenemos en cuenta que los diferentes tipos de amor que experimentamos deben basarse todos en el don gratuito de uno mismo, aunque en diferentes formas. Puede ser útil precisar que en nuestra lengua tenemos un solo término para decir «amor», mientras que en lengua griega *Eros* corresponde al amor sensible, instintivo; *Philía* indica el amor de amistad, como intercambio de bienes; *Agape* se refiere al amor de entrega, el más profundo; *Koinonía* al del compartir, el de la comunión. Tengamos en cuenta todos estos significados cuando decimos que el corazón es un símbolo natural del amor. La experiencia y la vida cristiana mantienen unidas todas las diversas facetas del amor presentes en estas palabras, pero el verdadero amor, que es don de Dios, quiere educarnos para poseer el verdadero bien. Por ejemplo, el amor de *philía*, de la amistad, que es la comunión de los bienes, en la vida cristiana es verdadero si se convierte en compañía para buscar el único bien, Dios. Pero nuestras diversas expresiones de amor son todas imperfectas y por eso solo nos ayudan hasta un cierto punto para comprender el amor que ha movido toda la obra de Jesucristo[6].

En el evangelio de san Juan queda claro lo que significa «amar» para el Señor: «Después de comer, dice Jesús a Simón Pedro: Simón, hijo de Juan, ¿me amas *(agapao,* amor gratuito) más que estos? Él le contestó: Sí, Señor, tú sabes que te quiero *(phileo,* amor de amis-

---

[6] Cf JUAN PABLO II, Carta encíclica *Dives in misericordia*, 1980, n. 14. (N. de la E.).

tad). Jesús le dice: Apacienta mis corderos. Por segunda vez le pregunta: Simón, hijo de Juan, ¿me amas (*agapao*, amor gratuito)? Él le contesta: Sí, Señor, tú sabes que te quiero (*phileo*, amor de amistad). Él le dice: Pastorea mis ovejas. Por tercera vez le pregunta: Simón, hijo de Juan, ¿me quieres (*phileo*, amor de amistad)? Se entristeció Pedro de que le preguntara por tercera vez: ¿Me quieres? Y le contestó: Señor, tú conoces todo, tú sabes que te quiero (*phileo*, amor de amistad). Jesús le dice: Apacienta mis ovejas» (21,15-17).

Como podemos ver en este pasaje, el Señor no se contenta con un simple amor, sino que pide más, pero luego comprende que Pedro no es aún capaz de amar de la manera en que a Jesús le gustaría y baja la exigencia de su petición. Se necesita una verdadera «hambre y sed» de la eucaristía, porque es cierto que cada misa tiene un valor infinito, pero también es cierto que la gracia que recibiremos será proporcional a nuestro deseo de santidad y al amor que tengamos para Dios. Tal como sucede cuando se saca el agua de una fuente. La cantidad de agua que podremos sacar siempre dependerá del tamaño del recipiente que tengamos disponible. Podemos comparar nuestro corazón con esta vasija: cuanto más pueda amar, más «gracia» recibirá.

¿Y dónde podemos encontrar la ayuda necesaria para aumentar nuestra capacidad de amar, si no es alimentándonos de la eucaristía, el sacramento que contiene ese mismo Dios del que habla san Juan que no es más que «amor»? Ese mismo Dios que murió en la cruz por la humanidad. Jesús es amor, y cuanto más nos alimentemos de la eucaristía, que realmente contiene su cuerpo, más aumentaremos también nosotros nuestra capacidad de amar; él mismo nos ayudará uniéndose a nuestro ADN y transformándonos. La eucaristía nos configurará de modo único con Dios. Santos como Dios nos quiere, solo lo seremos amándolo sobre todas las cosas y al prójimo como a nosotros mismos. Alimentándonos de la eucaristía, que no es otra que el sacramento del amor con que Dios nos ama, nos uniremos cada vez más al corazón de Cristo, asimilando sus sentimientos y disposiciones, para poder practicar las virtudes de quien Él es el maestro y el modelo, según la exhortación paulina: «Tened entre vosotros los sentimientos propios de Cristo Jesús» (Flp 2,5).

El apóstol san Juan, el discípulo tan amado y predilecto del Señor, en la Última Cena reposa su cabeza sobre el pecho-corazón de Cristo. En este gesto hay un claro mensaje e invitación eucarística. En efecto, la eucaristía contiene verdaderamente el cuerpo de Jesús, que es a la vez verdadero hombre y verdadero Dios, y cuya esencia, sustancia, es el «amor». Así la eucaristía es la sede del amor, y el gesto de Juan de recostarse en el pecho de Cristo, sede de su corazón, símbolo del amor, lo podemos definir como gesto eucarístico. ¿Queréis intimar con Jesús, ser discípulos predilectos, como Juan, que incluso reposaba apoyándose la cabeza en su corazón? Haced como él. Sed personas que hacen de la eucaristía el centro de su vida. Igual que Carlo. La invitación se dirige a todas las personas de todos los tiempos, a convertirse también en verdaderos discípulos de Cristo, podríamos decir una verdadera prefiguración del «discípulo predilecto», de la llamada universal que Dios dirige a seguirlo y hacerse amigos íntimos de él.

Para explicar la prefiguración de convertirse en «discípulos predilectos», y mostrar cómo toda la Escritura habla de Cristo, nuestro Salvador, a Carlo le encantaba contar aquellos episodios presentes en la Biblia que son figuras claras de Jesús, de los sacramentos y, en particular, del maravilloso regalo de la eucaristía que nos dejó. La Iglesia afirma que es toda la historia del pueblo de Israel la que prepara y anticipa la venida de Jesucristo, que es Dios que se hace hombre y elige habitar entre nosotros y ofrecerse en sacrificio para salvarnos. Solo por mencionar algunas de estas prefiguraciones recordemos, por ejemplo, la cena pascual de los judíos (cf Éx 12,1-11). Esta recuerda la liberación de la esclavitud en Egipto y la entrada en la «Tierra Prometida» del pueblo de Israel. En esta cena judía, debía ofrecerse en sacrificio un cordero «sin defectos». Para salvarse del ángel exterminador tuvieron que untar la sangre recogida en las jambas y en el dintel de la puerta de la casa, donde se reuniría la familia para la cena pascual. También debían comer panes sin levadura y vino, claras prefiguraciones de la mesa eucarística, en la que Cristo es inmolado por nuestra salvación. Durante el camino del Éxodo, se presentan otras imágenes eucarísticas. Por ejemplo, el maná (palabra hebrea que significa «qué es», *Man-hu*) es un alimento que descendía del cielo y era como pan. Gracias a esto, el pueblo de Israel pudo alimentarse en el desierto y no morir de hambre (cf Éx 16,11-15).

El Arca de la Alianza también era un signo de la presencia y morada de Dios entre el pueblo de Israel. Prefigura la morada de Jesús con su cuerpo, su sangre, su alma y su divinidad en la eucaristía, presente en todos los sagrarios del mundo: «Y sabed que yo estoy con vosotros todos los días, hasta el final de los tiempos» (Mt 28,20). Otra figura es la hogaza de pan (cf 1Re 19,4-8), que el ángel lleva al profeta Elías, entonces hambriento y descorazonado, lo que le permite proseguir su fatigoso viaje hacia el monte Horeb. Y también el pan que Dios da al profeta Daniel para su sustento, mientras está cautivo en el foso con los leones (cf Dan 14,33-39). El inocente Abel, asesinado por Caín por envidia, como el inocente Jesús (cf Gén 4). El patriarca Isaac (cf Gén 22,1-18), que, cuando está a punto de ser sacrificado por su padre Abrahán en honor a Dios, es salvado por Dios mismo. Y sin embargo, Dios no perdonó la vida de su Hijo Jesús, sino que lo entregó a la muerte, y muerte de cruz, convirtiéndolo en holocausto (víctima) total del sacrificio perfecto. Incluso la serpiente, ensalzada en el desierto, símbolo de Cristo ensalzado en la cruz, que salva a la humanidad del pecado por medio de su sacrificio. El Señor le dijo a Moisés: «Haz una serpiente abrasadora y colócala en un estandarte: los mordidos de serpientes quedarán sanos al mirarla» (Núm 21,8).

En el evangelio, Jesús dice: «Lo mismo que Moisés elevó la serpiente en el desierto, así tiene que ser elevado el hijo del hombre, para que todo el que cree en él tenga vida eterna» (Jn 3,14-15). El siervo sufriente, que fue descrito por el profeta Isaías, unos setecientos años antes de la venida de Jesús, con estas palabras: «Maltratado, voluntariamente se humillaba y no abría la boca: como cordero llevado al matadero» (Is 53,7). O el agua que brotó de la peña en Masá y Meribá después de ser golpeada por Moisés con el bastón (cf Éx 17). San Pablo ve los acontecimientos que anticipan el bautismo en la nube y en el paso del mar Rojo (cf 1Cor 10,1-2); en el maná y en el agua que brota de la roca ve anunciada la eucaristía: «Todos (los israelitas) comieron el mismo alimento espiritual; y todos bebieron la misma bebida espiritual, pues bebían de la roca espiritual que los seguía; y la roca era Cristo» (1Cor 10,3-4). Pero también en el Nuevo Testamento tenemos numerosas prefiguraciones de la eucaristía, como la multiplicación de los panes y los peces (cf Jn 6,11-13), las bodas de Caná (cf Jn 2,1-12), la resurrección de Lázaro (cf Jn 11,1-44), la llamada piscina de Betesda (casa de la misericordia), que tiene cinco soportales, como las cinco llagas de Cristo (cf Jn 5,2), por citar solo algunos. Volviendo a nuestro discurso del discípulo amado, con aquel gesto de san Juan de reclinar la cabeza sobre el corazón de Cristo, el apóstol nos exhorta todavía hoy a convertirnos como él en amigos íntimos de Jesús a través de una intensa vida eucarística. Dios crea a todos los hombres potencialmente santos, depende de nosotros implementar el plan único e irrepetible que el Señor tiene para cada uno de nosotros. Todos estamos llamados a ser, como Juan, discípulos amados, unidos a su corazón eucarístico.

Ya en la antigüedad el Sagrado Corazón era considerado un símbolo del amor infinito de Jesús por los hombres. Para confirmar que en la Hostia consagrada está el corazón inflamado de amor de Cristo, vienen a ayudar algunos prodigios eucarísticos. Por ejemplo, en el año 750, en el milagro eucarístico de Lanciano, la Hostia consagrada se transforma en carne que numerosos análisis científicos han confirmado que es una sección del miocardio, ese músculo particular que forma las paredes del corazón y que es responsable de transmitir el impulso a la contracción de sus diversas partes. El hecho de que la carne del corazón resulte ser el miocardio tiene un significado teológico. Lo cierto es que sin este músculo, el corazón no latiría. Da vida a nuestro organismo, como la eucaristía hace con la Iglesia. Como afirma el Catecismo de la Iglesia católica: «La eucaristía es fuente y culmen de toda la vida cristiana. Los demás sacramentos, como también todos los ministerios eclesiales y las obras de apostolado, están unidos a la eucaristía y a ella se ordenan. La sagrada eucaristía, en efecto, contiene todo el bien espiritual de la Iglesia, es decir, Cristo mismo, nuestra Pascua» (n. 1324).

Cuando Carlo aún vivía, hubo muchos milagros eucarísticos sorprendentes en Buenos Aires (Argentina), que involucraron al mismo papa Francisco, que entonces era cardenal (1992-1994-1996). También aquí la Hostia consagrada se transformó en carne, el miocardio. La muestra fue examinada por destacados científicos, incluido uno de los principales expertos mundiales en medicina forense cardíaca, el profesor Frederick

Zugibe, de la Universidad de Columbia, de Nueva York. Él también confirmó que la muestra correspondía al músculo cardíaco, al miocardio, exactamente al ventrículo izquierdo, y que el paciente a quien pertenecía la muestra había sufrido mucho. Según el profesor, el paciente había recibido un golpe en el pecho. Además, el corazón mostraba actividad dinámica (viva) en el instante en que fue llevado al laboratorio, ya que se encontraron glóbulos blancos intactos, que son transportados únicamente por la sangre, lo que confirmó que la muestra estaba latiendo. Doy fe de que el profesor no sabía que la muestra era una Hostia transformada en carne. Grande fue su asombro cuando supo la verdad.

Esta llamada a convertirse en discípulos íntimos de Jesús, a través del encuentro con el Señor en la eucaristía, es aún más evidente en el relato de la crucifixión. Bajo la cruz, en el monte Gólgota, además de la Virgen y las piadosas mujeres, encontramos de nuevo a san Juan, el discípulo amado, mientras todos los demás habían huido. Aquí también nos muestra la eucaristía como vía privilegiada de unión con Dios. Si reflexionamos con detenimiento en ese sacrificio de la cruz que se realizó hace dos mil años de manera cruenta se reaviva de manera incruenta en todas las misas que se celebran cada día en el mundo. Como Juan, nosotros también podemos asociarnos a ese mismo sacrificio de la cruz que ocurrió de manera cruenta hace más de 2.000 años, y así demostrar nuestro amor a Dios participando en la celebración eucarística todos los días. Participar en la misa significa ponerse al pie de la cruz como Juan y unirse a Cristo en el sacrificio que Él ofrece al Padre, por nuestra salvación. No podemos ignorar la invitación de Jesús a unirnos a él.

Antes de que Carlo muriera, siempre le decía que le pidiera a Jesús que hiciera otros milagros eucarísticos, parecidos al de Lanciano, donde era evidente que en la Hostia consagrada realmente está su presencia real. Creo que la intercesión de mi hijo fue escuchada, porque solo diez días después de su muerte, el 21 de octubre de 2006, se produjo un milagro eucarístico en Tixtla en México, y poco después dos más en Polonia, en Sokolka en 2008 y en Legnicka en 2013. Todos estos milagros, estudiados por eminentes científicos y confirmados por las autoridades eclesiásticas, son todos similares al milagro eucarístico de Lanciano. También en estos casos se había transformado en carne la Hostia consagrada, que, después de cuidadosos exámenes científicos, resultó estar compuesta de tejido cardíaco, el miocardio. Jesús obra estas maravillas para ayudarnos a reavivar nuestra fe, que a menudo flaquea. Ya entonces, estando aún en la tierra, Juan nos cuenta en su evangelio, capítulo 6, que Jesús promete el don de la eucaristía. Para preparar a los discípulos para que Él se haga presente en el pan y el vino consagrados, obra dos milagros, que muestran claramente que Él tiene el poder de suspender las leyes de la naturaleza. Porque multiplica los panes y los peces y cruza el lago Tiberíades caminando sobre las aguas. Así Jesús demuestra que también él tendrá el poder de convertir el pan y el vino en su cuerpo y sangre. Y en los milagros eucarísticos

Jesús sigue haciendo lo mismo, nos instruye sobre su presencia real en la eucaristía suspendiendo las leyes de la naturaleza, cosa que solo Él puede hacer.

En el acto extremo de amor, Dios nos dio a su Hijo Unigénito, que al morir en la cruz nos readmitió a la vida divina instituyéndonos los sacramentos. En particular la eucaristía, que es el sacramento que mejor expresa este inmenso amor que Dios tiene por sus criaturas. ¿Qué sería esta Divina Misericordia con la que Dios sustenta a todos los hombres, si no hubiese instituido los sacramentos, derivados de su costado traspasado, del que brotaron «ríos de agua viva»?

Los sacramentos son los medios que la Santísima Trinidad ha elegido para salvarnos y acompañarnos en el camino de la vida, que está plagado de espinas y tentaciones. Nos ayudan a orientar nuestra voluntad a Dios y sobre todo la eucaristía, que, como ya se ha mencionado anteriormente, es el mismo Cristo que se entrega a nosotros y nos sostiene para perseverar en el camino del bien. El mundo, como un pulpo, con sus tentáculos, trata de impedir nuestra santificación, atrayéndonos hacia él como un imán. Incluso el diablo, príncipe de este mundo, pone todo su empeño en enredarnos y hacernos desistir de hacer el bien, pero Jesús nos dijo que Él ha vencido al mundo, y quien lo sigue entrará en esta dinámica de salvación eterna obrada una vez por todas de su pasión, muerte y resurrección.

Carlo había visitado el Santuario del Amor Misericordioso en Collevalenza en numerosas ocasiones. Aquí me dijo que había recibido gracias interiores especiales.

La beata Madre Esperanza, fundadora de las Congregaciones de las Siervas del Amor Misericordioso y de los Hijos del Amor Misericordioso, gran taumaturga, presenció muchas apariciones de Jesús y de la Virgen. Precisamente a través de una visión que tuvo la beata de Jesús crucificado con la eucaristía detrás, tenemos la confirmación de que al instituir el sacramento de la eucaristía, Dios realizó el mayor acto de amor que pudo hacer por nosotros. El sacrificio de la cruz y la eucaristía coinciden.

El escultor español Cullot Valera recibió en 1930 el encargo de tallar un Crucifijo en el que se evidenciara no tanto el tormento de la cruz, sino el amor que Jesús llevó a la cruz para aniquilar nuestros pecados con su sangre. Para expresar esto, se representa a Jesús aún vivo; con el cuerpo no desgarrado ni desplomado sino recto, en actitud de víctima voluntaria; con un rostro que infunde serenidad aun en medio del dolor y el sufrimiento; con la mirada dirigida al cielo mientras dice al Padre: «Perdónalos, porque no saben lo que hacen» (Lc 23,34); con el corazón pintado en el pecho con las palabras *Charitas* (amor). La Hostia detrás de la cruz es la eucaristía de nuestros altares en la que cada día el Señor renueva el sacrificio de la cruz y se entrega a nosotros, signo de un amor llevado al extremo de lo increíble. El globo terráqueo sobre el que descansa la cruz indica la universalidad del amor salvífico de Dios; en realidad, Cristo murió para salvar al mundo entero. La corona real sobre el globo nos recuerda que Cristo es un Rey que reina desde la cruz porque, atrayéndonos a todos hacia sí con su muerte y resurrección, nos hizo pueblo de hijos de Dios, reino del amor y de la inmortalidad. El libro del lado izquierdo es el evangelio, abierto por la página donde se lee: «Este es mi mandamiento: que os améis unos a otros como yo os he amado» (Jn 15,12).

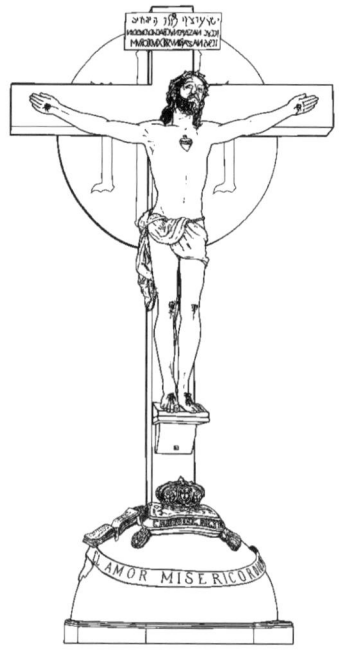

El Santuario de Collevalenza, en Umbria, donde se conservan los restos mortales de la monja, es como Lourdes, un lugar donde se reciben muchas gracias. Jesús dio la orden a la Madre Esperanza de cavar y encontrar la fuente a través de la cual daría copiosas bendiciones: «Quiero que digas, hasta que quede grabado en el corazón y en la mente de todos los que recurren a ti, que usen esta agua con mucha fe y confianza y se verán siempre libres de graves enfermedades; y que primero pasen todos a sanar sus pobres almas de las heridas que los afligen por este mi Santuario, donde los espera no un juez para condenarlos y luego darles el castigo, sino un Padre que les ama, les perdona, no tiene en cuenta los pecados y olvida [...] A esta agua el Señor dará el poder para curar el cáncer, ciertos tipos de leucemias y parálisis, figuras de almas en pecado mortal y con los habituales pecados veniales».

Jesús es el templo del que brota el agua viva de la salvación, él es quien nos da el Espíritu Santo. Tengamos presente que a la escena de la herida del costado asiste la madre de Jesús y de Juan, y que Jesús desde la cruz entregó la una al otro (cf Jn 19,25-26): aquí podemos ver el nacimiento de la Iglesia y el don de los sacramentos, con clara alusión al bautismo (agua) y a la eucaristía (sangre) (cf *Haurietis aquas*, 48).

A través de sus exposiciones, Carlo comprendió cada vez mejor el misterio de amor que se esconde en la devoción al Sagrado Corazón de Jesús. Asimismo, tuvo la oportunidad de leer las revelaciones hechas por el Señor a santa Margarita María Alacoque. En la eucaristía vio este Corazón escondido a los sentidos, pero perceptible con la fe. Para ello quiso que toda su familia se consagrara al Sagrado Corazón de Jesús, hecho por un padre jesuita en el Centro San Fedele de Milán. Consciente de las palabras de Jesús a santa Margarita María Alacoque, Carlo dedicaba la comunión de los primeros viernes de mes para expiar los pecados y ofensas cometidos contra Cristo.

Se había transcrito la revelación recibida por la santa entre el 13 y el 20 de junio de 1675, en la octava de la solemnidad del Corpus Christi: «He aquí aquel Corazón que tanto amó a los hombres, que no escatimó nada hasta agotarse y consumirse para dar testimonio de su amor por todos; y como gratitud no recibe más que ingratitudes de la mayoría de ellos, por sus irreverencias y sus sacrilegios, y por la frialdad y el desprecio que tienen por Mí en este sacramento de amor. Pero lo que más me entristece es que son los corazones consagrados a Mí los que se comportan así. Por eso te pido que el primer viernes después de la octava del Santísimo Sacramento se dedique a una fiesta particular para honrar mi Corazón, comunicándose ese día y haciendo una honrosa reparación con una honrosa enmienda, para reparar la indignidad que ha recibido durante el tiempo que ha estado expuesta en los altares. También te prometo que mi Corazón se dilatará para esparcir con abundancia las influencias de su divino amor sobre aquellos que le hagan este honor, y que se encarguen de que le sea rendido».

Carlo quedó impresionado por la gran promesa de Jesús de la perseverancia final revelada a santa Margarita María Alacoque en 1686 a cualquiera que se acercara a la comunión los primeros viernes de mes. Difundió esta práctica entre sus conocidos y trató de que participaran en la reparación. Sintió profundamente esta invitación a orar y ofrecer sacrificios por los pecadores y por aquellos que estaban lejos de la gracia divina. Durante la pasión, el corazón de Cristo fue golpeado con la lanza, vibrando precisamente para aceptar su muerte. Por eso, la llaga del Sacratísimo Corazón de Jesús, ahora cerrada, debe permanecer a lo largo de los siglos como imagen viva del inmenso don que Dios mismo entregó a la humanidad para ofrecer a su Hijo Unigénito por la redención del mundo. Cristo nos amó a todos con un amor tan vehemente que se ofreció a sí mismo como víctima de la cruenta inmolación en el Calvario: «Y vivid en el amor como Cristo os amó y se entregó por nosotros a Dios como oblación y víctima de suave olor» (Ef 5,2).

Índice